온누리교회의
더멋진세상 만들기 선교

온누리교회의 *더 영진 세상* 만들기 선교

발행	2020년 7월 10일
펴낸이	노영상
발행인	윤상문
디자인	박진경, 이보람
발행처	킹덤북스
등록	제2009- 29호(2009년 10월 19일)
주소	경기도 용인시 기흥구 동백동 622- 2
문의	전화 031- 275- 0196 팩스 031- 275- 0296

ISBN 979-11-5886-184-1 (03230)

Copyright ⓒ 2020 노영상

이 책은 저작권법에 따라 보호받는 저작물이므로 무단전재와 복제를 금지하며,
이 책의 내용의 전부 또는 일부를 이용하려면 반드시 저작권자와 킹덤북스의
서면 동의를 받아야 합니다.

※ 잘못된 책은 구입한 곳에서 교환하여 드립니다.
※ 책 가격은 표지 뒷면에 있습니다.

킹덤북스 킹덤북스(Kingdom Books)는 문서사역을 통해 하나님의 나라를 확장하고,
Kingdom Books 한국 교회와 세계 교회를 섬기고자 설립된 출판사입니다.

총회한국교회연구원 '마을목회' 시리즈 17

온누리교회의
더 멋진 세상
만들기 선교

노영상 펴냄

킹덤북스
Kingdom Books

목차

발 간 사 · 10
머 리 글 · 13
추 천 사 · 15

제1부 · 마을목회와 해외 선교 전략 · 17

제1장 '마을목회'란 무엇인가? · 18
1. 들어가는 말 · 18
2. 마을목회의 지평 확장 · 22
3. 마을목회의 정의 · 25
    1) 하나님의 진정한 사랑으로 · 25
    2) 마을을 품고 · 33
    3) 세상을 살리는 교회 · 37
4. 마을목회의 성경적 근거인 로마서의 말씀들 · 44
    1) 로마서의 핵심 주제: 이방인과 유대인의 하나 됨 · 45
    2) 로마서를 오늘의 시대에 다시 적용해봄 · 47
    3) 비기독교인의 우리 선교의 대상이다 · 48
    4) 열린 교회와 마을목회 · 51
5. 마을목회는 우리 지역 공동체를 어떻게 재구성하려 하는가? · 52
    1) 마을 기업 · 53
    2) 마을 학교 · 54
    3) 마을 환경지킴이 · 58
    4) 마을 병원 · 60
    5) 마을 은행 · 61

        6) 마을 센터 · 62
        7) 지역 사회 복지로서의 '마을 복지' · 64
        8) 마을 교회 · 65
    6. 마을목회의 핵심 전략 · 67
    7. 마을목회와 복음 전도 · 71
    8. 글 말미에: 마을목회와 해외 선교 · 79

제2장 삼박자 선교와 마을목회 · 83
1. 문화적 구원의 개념 · 83
        1) 복음서에 나타난 다양한 구원의 모습 · 83
        2) 총체적 구원으로서의 문화적 구원 · 84
        3) 문화적 구원으로서의 샬롬 · 86
    2. 순복음교회의 삼박자 구원 · 87
    3. 삼박자 선교 · 90
    4. 삼박자 선교의 관점에서 본 호남권 선교 · 92
    5. 21세기 한국교회의 국내외 선교 전략 · 97
    6. '삼박자 선교'와 마을목회 · 103

제3장 빌레몬서: 전인구원의 교과서 · 104
1. 빌레몬서가 좋다 · 104
    2. 전도의 목적: 통전적 구원 · 105
    3. 우리의 전도는 인간의 변화를 야기할 수 있어야 한다 · 108
    4. 사람을 변화시키는 방법: 그리스도의 사랑 · 109
    5. 섬김과 전도의 양 날개로 나는 교회 · 112

제4장 하나님의 백성 공동체와 생명 목회 · 115
1. 생명 · 115
        1) 죽임의 문화와 생명을 살리는 목회 · 115
        2) 하나님께서 주신 생명 · 117
        3) 관계성으로서의 생명 · 118

목차

2. 교회 ・120

   1) 교회의 기능과 본질 ・120

   2) 생명의 담지체로서의 유기체(organism) 교회 ・121

   3) 생명 목회의 기초로서의 '생명윤리헌장'(2001. 8. 15.)과 '생명살리기 운동 10년의 10가지 주제 영역'(2002년) ・123

3. 생명 목회 ・124

   1) 생명 목회의 과제: 복음 전도를 통한 생명 육성과 폭력의 최소화 ・124

   2) 생명 목회의 방법 ・127

   3) 생명 목회의 실천 ・127

4. 마무리 글 ・136

제5장 문화적이며 통전적 선교로서의 대학 설립을 통한 해외 선교 방법 ・137

1. 통전적 구원으로서의 문화적 구원(cultural salvation)에 대한 접근 ・137
2. 문화적 (해외)선교의 구체적인 방법으로서의 대학 설립을 통한 국가 선교 모색 ・142
3. 대학의 설립을 통한 문화적 해외 선교의 목표 ・144
4. 대학 설립을 통한 문화적 해외 선교의 구체 방안 ・147
5. 대학을 설립하여 문화적 해외 선교를 도모하는 일에의 문제점들 ・149
6. 문화적 해외 선교(cultural foreign mission) 방안에 비춰본 문화적 국내 선교(cutural domestic mission) ・153
7. 마치는 글 ・156

제6장 병원 의료 선교와 생명살리기 ・159

1. 영육 간의 샬롬의 구현으로서의 생명살리기 ・159
2. 통전적 치유 선교 ・160
3. 기독교 구원과 선교의 치유적 성격 ・164
4. 목회에서의 몸의 치유의 중요성과 그에 대한 강조의 약화 이유 ・168
5. 치유 선교 및 병원 의료 선교의 교리사적 전거 ・172

6. 병원 의료 선교와 생명살리기로서의 마을목회 ·176
   1) 직접적으로 의료 기관을 교회가 설립하는 일 ·177
   2) 병원 의료 선교로서의 호스피스 사역 ·178
   3) 기독교 병원에서의 원목실을 통한 선교 ·179
   4) 병원을 통한 치유 선교와 마을목회 ·180

제7장 마을목회 전략 기획 방법 ·182
1. 마을목회 전략 기획의 틀거리 ·182
2. 위의 전략 기획 방법에 대한 기술 ·188
   1) 마을목회는 과연 필요한가? ·188
   2) 마을목회를 위한 전략 기획팀의 선발 ·189
   3) 전략 기획팀 회의 ·189
   4) 교동협의회의 발족 ·190
   5) 기획 과정 계획 ·191
   6) 의견수렴 과정 ·192
   7) 핵심가치 정하기 ·192
   8) 사명에 대한 진술 ·193
   9) 목적 세우기 ·194
   10) 환경 분석 ·194
   11) 비전의 수립 ·195
   12) 발전 목표의 설정 ·197
   13) 발전 전략 ·197
   14) 세부 발전 전략 ·198
   15) 상세한 사업 계획 ·199
   16) 재정 소요와 재정 확보 계획 ·201
   17) 발전 계획 달성 후의 미래상 ·201
   18) 돌발 사태에 대한 대비 ·202
   19) 이행 ·202
   20) 평가와 그 결과를 차기 기획에 사용하는 일 ·202
3. 마치는 글 ·203

제2부 · 마을목회와 온누리교회의 더멋진마을 만들기 선교 · 205

제1장 '더멋진세상' 선교의 토대 · 206
1. 태동 · 206
2. 비전 · 208
3. 핵심가치 · 208

   1) 사랑 · 209
   2) 섬김 · 209
   3) 희망 · 210

제2장 '더멋진세상' 영성 및 기본 전략 · 211
1. '더멋진세상'의 선교 영성 · 211
2. 기본 전략 · 212

제3장 더 멋진 선교의 열매: 더멋진마을 · 218
1. 르완다 응호망과(Nkomangwa) 마을 조성 사업의 전략 기획 과정 · 219

   1) 수립 과정 · 219
   2) 기획 과정 계획(planning plan process) · 220
   3) 의견수렴 과정(consensus process) · 221
   4) 핵심가치(core value) 설정 · 221
   5) 사명(mission)에 대한 진술 · 222
   6) 목적(purpose) · 222
   7) 환경 분석(상황 분석, environmental analysis) · 223
   8) 기본 목표(goal) · 226
   9) 상세한 사업 계획(action plan): 실행 계획(executive plan, tactical plan) · 233
   10) 기대 효과 · 234

11) 추진 활동(이행) · 235
12) 재정 소요 분석: 2017년 총 사업비 예산 $430,934 · 240
13) 평가(evaluation) 242

2. 네팔 고레다라(Gore dara) 마을 조성 사업의 전략 기획 과정 · 246

1) 수립 과정 · 246
2) 기획 과정 계획(planning plan process) · 246
3) 의견수렴 과정(consensus process) · 251
4) 핵심가치(core value) 설정 · 251
5) 사명(mission)에 대한 진술 · 252
6) 목적(purpose) · 252
7) 환경 분석(상황 분석, environmental analysis) · 253
8) 기본 방향 256
9) 상세한 사업 계획(action plan): 실행 계획(executive plan, tactical plan) · 257
10) 기대 효과 · 258
11) 추진 활동 · 259
12) 재정 소요 분석: 2016 조기 복구 사업의 예산 소요 분석 · 262
13) 평가(evaluation) · 262

제4장 마치는 글 · 269
1. 최종 평가 · 269
2. 배운 점 · 271

발간사

채영남 목사(총회한국교회연구원 이사장)

벌써 본 연구원이 '마을목회' 시리즈물을 낸 지 3년이 되어 간다. 그동안 본 연구원은 정체기에 있는 한국교회의 현 상황을 마음 아프게 생각하며, 이를 타개할 길이 무엇인지를 마을목회란 화두를 통해 검토하여 왔다. 지난 16권의 책들이 우리의 목회 현실에 큰 변화를 주지는 못하였을지는 몰라도, 교단 안팎의 교회들이 마을목회의 방안에 대한 이해와 인식을 하게 된 것 같다. 우리 교단의 많은 교회들이 보이게 보이지 않게 마을목회의 이론을 현장에 적용하고 있으며, 그로 인한 개교회들의 변화도 적지 않았다고 생각한다.

교회와 가장 많은 접촉점을 갖는 영역은 아마도 교회가 속해 있는 지역 사회일 것이다. 우리가 사는 마을들은 원하든 원치 않든 교회와 다양한 관계를 맺을 수밖에 없다. 막연한 국가와 세상이라는 대상보다 우리에게는 우리 가까이에 있는 마을이 더 피부에 와 닿아 있다. 같은 마을에 사는 눈에 보이는 이웃을 사랑하지 않는다면, 우리는 주님의 사랑과 복음을 세상에 바로 전하지 못할 것이다. 이에 우리의 목회는 교회 내로 움츠러들어서는 안 되며 온 세상을 향해 열린 목회여야 할 것이다.

우리는 다른 사람들과 분리되어 살 수 없다. 이에 마을목회는 공동체적 참여와 공생적 협력 관계를 요청한다. 이런 전제하에서 마을목회는 먼저 지역 내 교회 간의 공동의 연대를 중시한다. 지역 내 각각의 교회들이 경쟁적 관계에 있는 것이 아니라, 그리스도의 몸을 이루는 보편적 교회 안에서 하나임을 확인하는 것이 마을목회의 전제이다.

또한 마을목회는 신자와 비신자를 구별하기보다는 비신자들을 복음 선교의 대상으로 생각한다. 그들도 예수 그리스도만 믿으면 구원받을 수 있는 잠재적 구원의 대상으로서 불신자라는 부정적인 말을 가지고 그들을 지칭하기보다는 구도자나 예비 기독교인이란 용어로 그들을 언급하려 한다. 이에 우리는 교회 내의 신자만을 목회의 대상으로 삼지 말아야 하며, 교회 밖의 사람들도 하나님의 사랑받는 존재들임을 인정하는 것이 필요하다. 오늘과 같이 교회 성장의 정체기를 맞이하여 교회는 교회 밖의 세상과의 접촉을 보다 확대할 필요가 있으며, 이를 통해 한 사람이라도 더 주님의 백성으로 인도된다면 그 이상의 더 큰 기쁨은 없을 것이다.

본 연구원은 이번 온누리교회의 NGO '더멋진세상'과 협력하여 『총회한국교회연구원 마을목회 시리즈 17/ 마을 교회와 더멋진마을 만들기 선교』를 내놓게 되었다. 이 책을 통해 마을목회의 필요성과 가능성에 대한 이해가 더 깊어지게 되기를 기대한다. 특히 이 책은 해외 선교에 있어서의 마을목회의 적용 가능성을 타진한 것으로, 한국교회가 이전에 해왔던 선교 방식에 하나의 새로움을 주고 있다고 해도 과언을 아니다. 부디 이 책이 국내의 목회뿐 아니라 해외에서의 선교 사역에도 큰 보탬이 될 것을 바라며 본 연구원은 이 책을 한국교회 앞에 내놓는다.

이 책은 총회한국교회연구원 부이사장으로 계시는 온누리교회의 이재훈 목사님과의 대화를 통해 만들어지게 되었다. 이 목사님께서는 본 연구원이 진행하고 있는 '마을목회' 운동이 온누리교회가 하고 있는 세계 선교의 내용과 밀접히 연관되어 있음을 말하였으며, 이에 본 연구원은 온누리교회가 운영하는 NGO '더멋진세상'을 찾아가 이 책을 펴낼 것을 건의하였다.

이 책의 제1부 제1장은 본 연구원에서 편집하여 출간한 마을목회 시리즈 14번째 책인 『마을목회개론』의 제1장을 그대로 옮긴 글이며, 이 책의 제1부는 노영상 원장이 썼는데, 제1부 제7장은 연구원이 편집한, 『마을목회 매뉴얼』에서, 제1부 제2장과 제5장은 노 원장의 저서, 『미래목회와 미래신학』이란 책에서 발췌한 것들로서, 이 책의 논리를 전개하면서 뺄 수가 없는 내용이라 다시 싣게 되었다.

마지막으로 일을 진행하며 2부의 옥고를 만들어주신 온누리교회의 NGO '더멋진세상'의 김창옥 사무총장님과 신원석 목사님과 르완다의 정일선 선교사님, 네팔의 고대선 선교사님에게 먼저 감사의 말을 전하고 싶다. 특별히 '더멋진세상'의 설립자이신 김광동 대표님께도 감사의 말을 전하는바, 세계 선교를 향한 김 대표님의 노력이 없었다면 이 책은 만들어질 수 없었을 것이다. 아울러 이번 책을 위해서도 수고를 아끼지 않은 본 연구원의 노영상 원장, 김신현 실장, 구혜미 간사와 그리고 책을 출간하여 주신 킹덤북스(Kingdom Books) 대표 윤상문 목사님께 심심한 감사의 말씀을 드린다. 이 일 저 일로 출판이 늦어졌음에도 불구하고 기다려주신 '더멋진세상'의 모든 분들께 다시 한 번 감사의 말을 전하며 발간사에 갈음한다.

머리글

이재훈 목사(온누리교회 담임목사)

총회한국교회연구원의 노력을 통해 『총회한국교회연구원 '마을목회' 시리즈 17/ 온누리교회의 더멋진세상 만들기 선교』를 출간하게 됨을 기쁘게 생각한다. 처음 총회한국교회연구원으로부터 '마을목회'에 대한 책이 나오기 시작하였을 때, 그 이론들이 온누리교회의 선교 방식과 많이 닮아있음을 발견하게 되었다. 연구원의 이사회를 몇 번 참석하며 노영상 원장과 이에 대한 이야기들을 나눌 기회가 있었으며, 이를 통해 오늘의 책이 나오게 된 것이다.

기독교 NGO '더멋진세상'은 온누리교회가 2010년 12월에 세운 국제개발업을 수행하는 International NGO 이다. '더멋진세상'은 이 땅의 모든 사람들이 행복하고 즐겁고 기쁜 삶을 살기를 원하는 마음에서 세워진 NGO로서, 인종과 이념, 종교의 벽을 넘어 가난과 질병, 재난 등으로 고통을 받는 지구촌 이웃들에게 전문적이고 체계적인 도움을 제공하고 섬김과 나눔을 통해 더멋진세상을 구현하려고 노력하는 중, 현재 아시아와 아프리카 대륙의 17개국 19개 마을에서 '더멋진마을'을 만드는 사역을 위해 헌신하고 있다.

본 책은 크게 2부로 구성되어 있는데, 제1부는 마을목회에 대한 기본적 이론들, 제2부는 '더멋진세상'이 세계의 곳곳에서 펼치고 있는 마을목회적 선교 사역에 대한 글들이 실려 있다. 제1부의 글을 통해 제2부의 내용을 조망해본 것으로 생각하면 될 것이다. 이 책은 무엇보다 해외 선교에 있어서도 마을목회 방안이 유용함을 언급하고 있다. 오늘날 한국교회는 해외 선교를 하며 마을목회로서의 지역 사회 개발 문제를 중심에 놓고 사역하여 왔으며, 여기에 본 책의 편찬 의의가 있다고 생각한다.

'더멋진세상'의 직원들은 본 책을 마무리하면서 다음과 같은 말을 하였는데, 그 말로 이 책에 대한 추천의 글을 마치고 싶다. "지난 7년 동안 '더멋진세상'은 보냄 받은 거룩한 선한 사마리아인의 영성으로, 복음의 촉매제가 되기 위해 선교사가 갈 수 없는 곳에 NGO라는 모자를 쓰고 달려가, 사회적으로 소외된 가난한 마을을 건강한 마을이 되게 하기 위해, 집을 짓고 우물을 파고 보건소와 학교를 지었다. 그들의 자립을 위해 양계장과 농장을 만들었고, 마을이 스스로 설 수 있도록 지도자들을 교육하고 청년들을 훈련시키셨다. 그런데 그 과정을 통해, 비록 입술로 복음을 선포할 기회가 적었음에도 불구하고, 그들과 함께 하는 삶을 통해 하나님께서는 그곳에 복음의 열매가 맺히게 하시고 교회를 세우시는 놀라운 역사를 이루셨다. 영적으로 침체되고 무너진 지역에서는 영적 돌파가 일어나 한 영혼이 구원을 받고 세례를 받는 일들도 일어났다. 이는 참으로 하나" 이 말과 같이 온누리교회는 오늘도 복음 선교를 위해 '마을목회'의 사역을 세계 곳곳에서 펼치고 있는바, 그러한 노력이 장차 아름다운 열매로 결실하길 기도드린다.

추 천 사

김광동 장로('더멋진세상' 대표)

 '더멋진마을 조성 사업'은 기본적인 생존 조건마저 갖춰지지 못한 열악한 지역의 지구촌 이웃들을 품고 우리의 사랑을 나누기 위한 총체적(holistic) 지역 개발 전략이다. 한 마을이 변화하기 위해서는 그 마을 사람들이 변해야 하고, 사람이 변화되기 위해서는 그 마을의 환경에서부터 개인의 의식에 이르기까지 삶의 전반적인 면에서 변화가 필요하다.
 '더멋진마을 조성 사업'은 최빈국 한 마을의 주민들이 주인의식을 갖고 서로 사랑하고 섬기며 소망이 넘치는 마을이 되도록 하는 것을 목표로 한다. 더멋진마을이란 단순한 물질적 풍요에서 더 나아가, 마을 주민들의 영적·정서적·육체적·관계적 건강의 회복을 목표로 한다. 이를 위해 마을 주민들이 자신들의 내적 자원을 찾아내어 주인의식을 갖고 스스로 마을 발전을 위해 일어서도록 '더멋진세상'은 친구처럼 이들과 함께하고 있다.
 지금도 우리 주변에는 열악한 환경에서 어려움을 겪고 힘들어하는 많은 사람들이 많다. 가난과 질병, 자연재해 등 희망을 이야기하기에 너무 절망적인 상황들을 발견한다. 현지 정부도 어찌할 수 없어 방치된 소외된 지역에서 힘들게 삶을 이어가는 그들에게 누군가 손을 내밀어 잡아준다면 얼마나 큰 힘이 될까 생각해본다.

마을 주민 모두가 주인의식을 갖고 지속 가능한 발전을 위해 자발적으로 힘써 나가도록 '더멋진세상'은 5가지 단계별 전략에 따라 사업을 진행하고 있다. 개척 단계, 부모 단계, 친구 단계, 참여자 단계, 이양 단계의 5단계는 한 마을이 자립, 자영, 자치의 수준으로 성장해 가는 과정을 표현한 것으로, UN이 제시한 지속 가능 발전 목표(SDG's)를 구현하기 위한 실천 전략과 같은 맥락이다.

'더멋진세상'은 어려움 가운데 있는 이웃들을 돕고 생명을 살리는 소중한 일이 멈춰서는 안 되기에 오늘도 그 길을 계속해서 나아갈 것이다. 그리고 그 섬김을 통해 하나님의 나라를 열방에 세워가도록 노력하는 중이다. '더멋진세상'이 실천한 작은 섬김이 소중한 생명을 살리는 열매로 이어지기를 기대하면서, 더 많은 곳에 더멋진마을을 만들어 가는 귀한 일이 각지에서 풍성하게 일어나기를 바라고 있다.

제1부

마을목회와 해외 선교 전략

'마을목회'란 무엇인가?

1. 들어가는 말

'마을목회'가 한국교회의 화두가 된 것은 대략 10년 전쯤 된 것 같다. 필자도 2012년 호남신학대학교의 총장으로 부임하여 호신대의 주 연구 과제를 '마을목회'로 하였으면 좋겠다고 생각하며, 교수들과 지역의 목회자들이 함께 마을목회 프로젝트를 추진하려는 기획 하에 여러 번에 걸쳐 모임을 가진 적도 있었다. 전남 지역의 한 곳을 정하여 지역 공동체를 살리는 목회를 기획하고 실천하며 이에 대한 피드백을 하는 일련의 과정을 그리며 이 일을 시작하였으나, 그 결과를 내지는 못했었다.

이 같은 마을목회는 마을 만들기 운동과도 연결되는데, '마을 만들기'라는 용어는 1950년대에 일본에서 나온 개념으로 우리나라에선 이 운동이 21세기에 들어 정치권에서 채용되어 여러 지방 자치 단체들로 확산되기도 했다. 서구에서는 이런 마을 만들기 운동이 '지역 사회 개발'(community development)이란 개념으로 다루어졌었다. 지역 사회 개발이란 개념을 UN은 "지역 사회의 구성원들이 지역의 일반적 문제들을 풀기 위하여 집합적 행동을 하는 과정"으로 정의하기도 한다. 이 같은 지역 사회 개발의 방법론을 오늘의 선교에 많이 사용한 NGO가 월드비전이기도 한데, 월드비전은 그와 연관된 MARC라는 출판사를 통해 CHE(Community Health Evangelism, 지역 사회 보건 선교) 등의 지역 사회 개발 프로젝트들을 선교의 방법으로 사용하기도 하였다.

이러한 '마을목회'를 남인도교회에서 온 대표들에게 강의하며 영어로 표현하는 문제에 대해 고민한 적이 있다. 보통 영어로는 'community ministry'(지역 사회 목회)나 'small town ministry'(소도시 목회)로 표현할 수 있을 것이다. 필자는 이러한 표현이 뭔가 부족하다고 생각하여 영어로 'village ministry'라는 표현을 채택하기도 하였지만, 그 말로도 충분한 것 같지는 않았다. 이런 고민을 하던 차에 총회의 변창배 사무총장이 그냥 한글 그대로 'maul ministry'로 하는 것이 적합한 것 같다는 말을 듣고, 그 표현이 좋다는 생각을 하게 되었다. 우리가 말하는 '마을목회'는 서구의 커뮤니티 미니스트리와는 차이가 있는 것으로, 영어로 표현하면 그 의미가 정확히 드러나지 않을 것이라 생각되었다. 이에 '마을'을 영어로 표현하며 'maul'로 하는 것이 좋은지, 'maeul'로 하는 것이 좋은지 망설이기도 하였는데, 이전 '새마을 운동'이 'Sae Maul Movement'로 표현되곤 하여, 'maul'로 번역하는 것이 좋은 것 같이 느껴졌다. 이에 마을목회 운동을 우리가 영어로 표현할 때에는 'Maul Ministry Movement'로 할 것을 추천하고자 한다.

'마을목회'는 서구의 선교적 교회론이나 지역 사회 목회와는 다른, 보다 폭넓은 의미 있는 목회 개념으로, 한국교회가 창안한 오늘의 시대의 새로운 목회방안으로 보는 것이 좋을 것이다. 이에 우리는 이 마을목회를 더욱 풍성하게 가꾸어 선교가 어려운 오늘의 시대의 신학적 대안으로 제시할 것을 바라는 것이다. 커뮤니티 또는 지역 사회란 말은 행정상의 단위에 보다 연관된 반면, 마을이란 사람이 손을 뻗으면 달 수 있는 인간의 정감과 연결되어있는 단위로서, 물적인 개념이라기보다는 사람을 중심으로 하는 삶과 연관된 개념이다. 아무리 물적인 거리상으로 가까운 곳에 사는 사람들이라고 할지라도 정신적인 공동체성과 하나 됨이 형성되어 있지 않는 곳은 마을로 보기 어렵다. 이런 견지에서 필자는 지역 사회 목회라는 개념보다는 마을목회라는 개념을 앞세우려 하는 것이다.

이에 있어 2017년 대한예수교장로회 102회 총회(통합)는 최기학 총회장을 중심으로 마을목회를 정책과제로 삼고 운동을 총회의 주제를 구현하는 방안으로 삼은 바 있다. 마을목회는 한국교회 정체기에 있어 각 교회들이 실천한 생존 전략들을 이론화한 실천적 목회 전략인 것으로, 마을목회는 제102회 총회의 주제인 '거룩한 교회 세상 속으로'를 구현하기 위한 목회방안이기도 하였던 것이다. 채영남 전 총회장이 이사장으로 그리고 필자가 원장으로 있는 총회한국교회연구원은 총회의 정책과 미래전략을 연구하는 기관으로 102회 총회로부터 총회 정책으로서의 '마을목회'에 대한 연구를 수임하여 지난 3년간 16권의 책을 편찬하였는데 그 책의 목록은 다음과 같다. 현재 필자는 대여섯 권의 마을목회에 대한 책을 준비하고 있으며, 앞으로 50권 정도의 이에 대한 책을 출판한다면, 21세기 한국교회의 목회나 세계 교회를 위해 일조할 수 있는 일이 될 것이라 생각한다.

1. 총회한국교회연구원. 『제102회기 총회 정책 자료집/ 마을목회 매뉴얼』(2017).
2. 조용훈. 『총회한국교회연구원 '마을목회' 시리즈 2/ 마을 공동체와 교회 공동체』(2017).
3. 김도일. 『총회한국교회연구원 '마을목회' 시리즈 3/ 더불어 행복한 가정 교회 마을 교육 공동체』(2018).
4. 성석환. 『총회한국교회연구원 '마을목회' 시리즈 4/ 지역 공동체와 함께 하는 교회의 새로운 도전들』(2018).
5. 노영상 편. 『총회한국교회연구원 '마을목회' 5/ 마을 교회와 마을목회(이론편)』(2018).
6. 노영상 편. 『총회한국교회연구원 '마을목회' 시리즈 6/ 마을 교회와 마을목회(실천편)』(2018).
7. 총회한국교회연구원 편. 『총회한국교회연구원 '마을목회' 시리즈 7/ 성경공부 교재: 마을과 함께 주님과 더불어, 제1권 - 하나님 나라를 구현하는 마을목회』(2018).
8. 총회한국교회연구원 편. 『총회한국교회연구원 '마을목회' 시리즈 8/ 성경공부 교재: 마을과 함께 주님과 더불어, 제2권 - 마을과 함께하는 교회』(2018).
9. 총회한국교회연구원 편. 『총회한국교회연구원 '마을목회' 시리즈 9/ 성경공부 교재: 마을과 함께 주님과 더불어, 제3권 - 주민과 더불어 마을목회 실천하기』(2018).
10. 총회한국교회연구원 편. 『총회한국교회연구원 '마을목회' 시리즈 10/ 성경공부 교재: 마을과 함께 주님과 더불어 4권 - 세상을 살리는 마을목회』(2018).

11. 한경호 편, 『총회한국교회연구원 '마을목회' 시리즈 11/ 협동조합 운동과 마을목회』(2018).

12. 한국기독교사회복지실천학회 편. 『총회한국교회연구원 '마을목회' 시리즈 12/ 마을목회와 지역 사회 복지』(2019).

13. 한경호 엮음, 『총회한국교회연구원 '마을목회' 시리즈 13/ 마을을 일구는 농촌 교회들』(2019).

14. 총회한국교회연구원 편. 『총회한국교회연구원 '마을목회' 시리즈 14/ 마을목회개론』(2020).

15. 오상철. 『총회한국교회연구원 '마을목회' 시리즈 15/ 사회적 봉사와 섬김을 중심으로 한 한국교회 통계조사』(2020).

16. 송민호. 『총회한국교회연구원 '마을목회' 시리즈 16/ 선교적 교회로 가는 길』(2020).

17. 총회한국교회연구원 편. 『총회한국교회연구원 '마을목회' 시리즈 17/ 온누리교회의 더멋진세상 만들기 선교』(2020).

2. 마을목회의 지평 확장

필자는 위의 책들을 통해 마을목회가 다른 여러 개념들과 연관되는 것임을 강조하였다. 공동체 정신, 마을 교육과 마을 학교, 마을 만들기, 주민 자치, 협동조합 운동과 마을 은행, 지역 사회 복지로서의 마을 복지, 사회적 봉사와 사회적 목회(social ministry), 사회적 기업으로서의 마을 기업, 마을을 교회로 삼고 주민을 교인으로 삼는 마을 교회, 평신도 사역, 네트워크 사역, 마을환경 지킴이, 마을 병원, 마을 센터, 공공신학,

선교적 교회, 하나님의 선교 등이다. 본 연구원은 동료 교수 및 목회자들과 함께 지난 3년여 동안 마을목회의 지평을 확장하였으며, 이런 확장된 지평을 소개하는 책으로 개론서를 출판하였다.

 선교 신학자들은 마을목회를 서구에서 제기된 선교적 교회(missional church)론의 아류로 생각하거나, 어떤 때는 마을목회가 농어촌 교회들을 위한 목회와 선교 방안으로 이해되기도 하였으나, 지난 동안의 노력을 통해 그 지평을 확대하였다. 한때 마을목회는 농어촌 교회의 목회방안으로 이해되어, 이 운동이 총회의 농어촌부 소관의 일로 제한되기도 하였음이 이런 이해를 나타내주기도 한다. 몇 년의 일을 통해 현재 우리 교단 총회는 마을목회가 농어촌부의 일만이 아니며 총회의 모든 부서들이 합력하여 실천해나가야 할 일임을 인식하게 되었다는 것도 큰 변화의 하나라 볼 수 있다.

 '마을'이란 주로 시골지역에서 여러 집이 모여 사는 곳을 말한다. 그러나 '마을목회'는 농어촌 지역의 목회 전략을 말하는 것이 아니다. 마을이 하나의 공동체를 이뤄 그곳의 주민들이 서로 도우며 살 듯, 도시에서도 이런 공동체를 이루며 사는 것이 필요한바, 지역 공동체로서의 하나님 나라를 동네 속에 세우기 위한 목회가 마을목회다. 그러므로 마을목회는 농어촌에만 해당하는 목회가 아니다. 오히려 오늘날엔 도시가 공동체성이 더 무너진 곳으로, 오히려 도시에서의 마을목회 운동이 더 필요한 것이다. 필자는 도시에서는 동 정도의 테두리를 마을로 생각하면 좋을 것 같으며, 농촌에서는 면 정도의 단위를 마을로 보면 어떨까 생각한다. 그 정도 크기의 지역을 하나의 생명 공동체로 만들어 보고자 하는 목회가 마을목회인 것이다.

 오늘 우리 사회는 도시건 농촌이건 공동체성이 상실된 곳이 되었다.

서로 자기 살기 바빠 남에게는 눈길 한 번 주기 어려운 각박한 삶이 된 것이다. 마을목회는 공동체성이 상실된 오늘의 삶을 전환하여 우리의 동네들을 정이 있고 살가운 공동체로 만들고자 한다. 도움이 필요할 때 서로 도움을 주고, 마을의 일들을 함께 의논하며, 공동으로 가지고 있는 이야기가 있는 마을을 만들고자 하는 것이 마을목회다.

오늘 한국교회는 상당히 위축되는 상황하에 있다. 이런 위기 상황에서 우리 교회들은 생존을 위한 노력을 하였으며, 그러한 노력 중 유의미한 수백의 사례들을 모아 신학자들이 분석하였고, 그 결과 찾아낸 개념이 '마을목회'이다. 우리는 그 같은 사례들을 신학화하고 매뉴얼화 하여 오늘의 시대를 향한 새로운 목회 틀거리로 제시하려고 하였으며, 그런 취지에서 처음 만들어진 책이 『마을목회 매뉴얼』(2017)이다.

이와 같이 마을목회는 이론에 앞서 실천을 중시하는 목회다. 마을목회는 본 교단의 교회들이 전개한 현실 목회에서의 노력들을 살펴 만들어낸 이론으로 실천성을 강조하는 운동이다. 이에 마을목회는 신학을 위한 신학이 아니라 교회를 위한 신학을 강조한다. 이전 해외에서 한국을 대표하던 신학으로 민중 신학이 있었다. 사회 현실과는 밀착된 신학이었지만 목회 현장에 보편적으로 적용하기엔 좀 거리가 있는 신학이었다. 이에 비해 마을목회는 목회와 선교적 상황에 충실한 사회봉사 신학으로, 사랑의 실천을 구체화하는 목회방안인 것이다. 일종의 정론(orthodox)의 신학이라기보다 실천과 행동을 강조하는 정행(orthopraxis)의 신학으로, 이론을 먼저 만들고 실천한 것이 아니라, 실천을 통해 이론을 세운 신학이다. 이런 각도에서 마을목회는 이론적 신학의 전개와 함께 실천적 사례들을 중시한다.

이에 본 연구원은 도시의 마을목회의 사례, 농촌의 사례, 선교지의 사례, 기독교 기관들의 사례 등을 모아 꾸준히 책으로 출간하였다. 이론에 관한 책들을 반, 사례에 대한 책들을 반 정도의 비례로 하여 책들을 편찬하려는 계획을 본 연구원을 갖고 있는 것이다. 그러므로 이 마을목회는 신학자들이나 이론가들이 먼저 만든 신학이 아니며, 일선의 목회자들이 먼저 찾아낸 목회방안인 것이다. 그들이 먼저 돌격해나간 길을 후방에서 정리하고 다지는 역할을 신학자들이 하였다고 볼 수 있다.

3. 마을목회의 정의

1) 하나님의 진정한 사랑으로

예전 국민일보 기자와 인터뷰를 하며 마을목회의 정의에 대한 질문을 받은 적이 있다. 마을목회에 대한 책을 쓰기도 하였지만, 마을목회를 한 마디로 정의한 적이 없기 때문에 그 질문이 당황되기도 했다. 그 질문을 받고 조금 고심한 다음 필자는 마을목회를 다음과 같이 정의한 적이 있는데, 지금 와서 생각하여도 썩 괜찮은 정의라 여겨진다. 마을목회는 "하나님의 진정한 사랑으로 마을을 품고 세상을 살리는 목회"라는 것이다.

정의 중의 첫 번째 요소는 '하나님의 진정한 사랑'이다. 예수 그리스도께서는 성경의 핵심 내용을 두 말로 요약하신 바 있다. 하나님 사랑과 이웃 사랑이다. 하나님에 대한 믿음과 사랑은 필연 이웃에 대한 사랑으로 구현되고 나타나는데, 이러한 신자들을 통해 전해지는 하나님의 사랑에서 비신자들은 하나님의 사랑을 깨닫게 되고 주님을 구주로 받아들이게 된다는 것이다. 이와 같이 기독교의 전도는 말로만으로 되는 것이 아니며, 주님의 사랑의 전달을 통해 현실화되는 것으로(마 5:16; 행 2:47), 우리는 이 같은 전도를 실증전도(demonstration evangelism)라고 표현하기도 한다.

남의 불행은 남의 불행이며 남의 잘못은 남의 잘못인데, 내가 뭐 하러 남의 삶에 개입할 필요가 있는가 하는 생각들이 우리 속에 만연해있다. 그러나 성경은 서로에 대한 사랑만이 이 세상을 하나님 나라로 바꾸는 길임을 말한다. 교인들과 상호 교제하면서 교회 밖의 사람들에게도 주님의 사랑을 전달할 선교적 책임이 우리에게 있는 것이다.

오늘날 우리들은 행복을 너무 개인주의적으로 이해하며 산다. 남은 어떠하든 나만 행복하면 된다는 것이 우리들의 생각이다. 하지만 성경이 말하는 행복은 오히려 공동체적이다. 아무도 자기의 유익을 위하여 사는 자가 없다(롬 14:7-8). 다 주님의 영광과 이웃의 평안을 위해 산다. 네가 있기 때문에 내가 있는 것으로, 우리는 이웃 사랑 때문에 오늘을 사는 것이다. 나 혼자로 이룰 수 있는 행복이 십, 이십이라면, 함께 만들 수 있는 행복은 백, 천이다. 우리는 공동체 속에서 이룰 수 있는 큰 행복을 보아야 한다. 마을목회는 이런 보다 큰 행복을 바라본다. 서로 분리되어 혼자가 된 우리의 삶을 변화시켜, 함께 의논하고 어울려 사는 세상을 추구하는 것이 마을목회다.

서로가 서로의 행복에 관여하여 노력하는 아름다운 삶을 하나님께서 우리에게 소개하여 주셨음에도 불구하고, 우리는 우리의 욕심에 눈이 어두워, 보다 행복한 삶을 추구하지 못하고 있다. 남은 옆에서 굶고 있으며 병들어 죽고 있는데, 나만 잘 살면 된다는 우리의 끈질긴 자기중심성이 그러한 불행들을 줄곧 외면하게 만드는 것이다.

결국 기독교의 구원이란 하나님의 인류에 대한 사랑의 전파를 통해 이루어지는 것을 알면서도, 우리는 남의 고통을 외면한 채 복음을 전할 수 있다고 생각하며 산다. 지식이 부족한 사람들의 말에 귀를 기울이려 하지 않으며 약한 자들의 말을 묵살하면서도, 우리는 주님의 사랑을 가지고 있다고 주장하며 민주적 사회를 추구하고 있다고 자위하는 것이다.

마을목회는 생명의 본질에 충실한 목회다. 나와 남이 서로 분리되어 있는 존재들이 아니라, 주님 안에서 하나임을 알고 서로 연결된 공동체적 삶을 살아나가야 함을 마을목회는 강조한다. 마을목회는 우리 모두가 하나 된 존재들로서 본질적으로 서로 연합하여 살아가야 함을 강조한다. 우리가 공동체성을 상실하여 살면 살수록, 우리는 생명의 본질로부터 점점 멀어지게 된다는 것이다.

고린도전서 12장 12-27절은 이 같은 인간이 어울려 사는 것의 중요성을 다음과 같이 설명한다. 우리는 보통 고린도전서 12장을 '은사장'으로 말한다. 성령의 은사에 대해 설명하는 장이다. 하지만 우리는 이 장에서 이상적 교회의 모습도 발견하게 된다. 이상적 교회란 이상적 사회의 모습도 나타내는 것으로, 우리는 이상적 교회의 모습을 통해 이상적 사회가 어떠해야 하는지를 알게 된다.

먼저 본문은 이상적 교회의 모습을 '그리스도의 몸'으로서 설명한다. 여기서 몸이라는 말의 의미를 한 번 생각해보아야 한다. 몸과 기계의 차이가 있다. 몸으로서의 유기체는 생명이 있지만, 기계엔 생명이 없다. 유기체는 생명이 있어 새끼를 치지만, 기계는 새끼를 치지 못한다. 기계인 시계는 시계를 낳지 못하는 것이다. 우리의 몸은 전체적으로 하나로 연결되어있는 유기체다. 이런 유기체 속엔 생명이 있는 것으로, 우리는 유기체를 하나의 생명체(biotics)로 부를 수 있다.

이와 같이 몸이라는 은유의 핵심 본질은 그것이 생명을 담지하고 있다는 데에 있다. 생명이라는 것이 무엇일까? 여기서 고전 12장은 생명체로서의 교회의 모습을 다음과 같이 설명한다. 고린도전서 12장 12절의 말씀이다. "몸은 하나인데 많은 지체가 있고 몸의 지체가 많으나 한 몸임과 같이 그리스도도 그러하니라." 이 본문은 그리스도의 몸의 참 의미에 대해 설명한다. 각각의 지체가 나름의 역할을 맡아 일을 하되, 전체로서는 한 몸을 이룰 때 그것에 생명력이 자리 잡게 된다는 것이다.

고린도전서 12장엔 '한 몸의 많은 지체'라는 말이 후렴과 같이 계속 반복된다. 12절, 20절, 27절에 각각 세 번씩 이 말이 반복되는 것으로 교회론의 핵심적 내용이라 할 수 있다. 본문 12장 27절은 "너희는 그리스도의 몸이요 지체의 각 부분"이라고 한다. 영어로는 One Body, Many Parts이다. 우리는 이 내용을 다양성 속의 일치(Unity on Diversity)라고도 표현한다. 동양 사상에선 '다즉일 일즉다'로 언급되기도 한다. 많은 것이 하나이고, 하나가 많은 것이라는 뜻이다. 과학자들은 이 같은 생명 현상을 관계적 통전성(related wholeness)이란 말로 자주 표현하였다. 나누인 개체들이 하나 되어 통전성을 이룰 때, 그 안에 생명력이 숨 쉬게 된다는 것이다. 이런 용어들은 생명 현상을 표현하는 소중한 말들이다.

여러 지체가 있으면서 하나를 이루는 대표적인 모습을 우리는 성경 속에 나타나는 삼위일체론 속에서 발견하게 된다. 삼위일체론은 우리에게 참 생명의 의미를 인지하게 한다. 삼위일체론은 세 위격이지만 한 본질을 이루고 있음을 말하는 것으로, 하나님 안에 있는 생명의 본질을 우리에게 설명한다. 셋이 곧 하나, 곧 많은 것이 곧 하나라는 말이다.

이런 다양성 속의 일치를 이루기 위해서는 나누인 것을 하나 되게 하는 힘이 있어야 하는 바, 고린도전서 12장 13절은 다음과 같이 언급한다. "우리가 유대인이나 헬라인이나 종이나 자유자나 다 한 성령으로 세례를 받아 한 몸이 되었고 또 다 한 성령을 마시게 하셨느니라." 이 본문은 우리가 성령의 능력 안에서 하나 될 수 있다고 말한다.

그 성령의 능력은 다른 말로 사랑의 힘이라고도 할 수 있다. 에베소서 4장 16절은 언급하기를, "그에게서 온 몸이 각 마디를 통하여 도움을 받음으로 연결되고 결합되어 각 지체의 분량대로 역사하여 그 몸을 자라게 하며 사랑 안에서 스스로 세우느니라."라고 한다. 사랑은 나누인 것을 하나 되게 하는 재결합(reunion)의 힘이다. 성령과 사랑이 있으면 생명이 있고 사랑이 없으면 죽은 교회가 된다. 성령으로 하나 되는 교회가 되어야 한다는 말씀이다.

요한복음 6장 63절은 "살리는 것은 영이니 육은 무익하니라. 내가 너희에게 이른 말은 영이요 생명이라."라고 말한다. 영이 있는 곳에 생명이 있는 것으로, 우리의 생명은 하나 되게 하는 성령을 통해 발현된다. 이어 갈라디아서 6장 8절은 "자기의 육체를 위하여 심는 자는 육체로부터 썩어질 것을 거두고 성령을 위하여 심는 자는 성령으로부터 영생을 거두리라."라고 언급한다. 이와 같이 육체는 우리를 나뉘게 하는 것이며 영은 우리를 하나 되게 하는 것이다.

우리 인간들은 개별 존재로 각각 나뉘어있지만, 성령 안에서 그것이 전체로 하나가 될 때 그곳에 생명력이 움트게 된다. 우리의 생명력은 예수 그리스도를 머리로 하여 다른 인간들과 하나 될 때 움돋게 되는데, 이런 의미에서 신학자 몰트만은 죽음을 관계의 단절로 언급한 바 있다. 다른 존재들과의 연결됨이 없는 우리의 생명은 무의미하게 된다. 자기만을 바라보고 욕심내고 살수록 우리는 죽은 목숨이 되는 것이다. 지구 위의 모든 생명체는 전체적으로 한 몸을 이루는 것으로, 그러한 유기적으로 연결되어있는 지구 생명체를 우리는 '가이아'라고 말하기도 한다.

고린도전서 12장의 본문은 그 속에 생명이 있는 교회가 이상적 교회의 모습임을 강조한다. 생명의 성령이 우리로 하여금 그리스도의 몸을 이루게 한다는 것이다. 그러한 생명이 역사하는 이상적 교회의 모습을 고린도전서 12장은 다음의 몇 가지로 정리한다. 이 같은 교회의 모습은 동시 신바람 나는 이상적 사회의 모습을 나타내기도 한다. 우리는 고린도전서 12장에서 참 교회와 바른 사회의 모습에 대해 배우게 된다.

(1) 먼저 고린도전서 12장 21절을 읽어보자. "눈이 손더러 내가 너를 쓸 데가 없다 하거나 또한 머리가 발더러 내가 너를 쓸 데가 없다 하지 못하리라."

우리는 어떤 사람은 사회에 덜 필요하고 어떤 사람은 사회에 소중한 사람이라 곧잘 판단한다. 그러나 그 같은 태도는 잘못된 것임을 이 본문은 말한다. 우리 인간은 '상호 의존'(interdependence)적 존재들로서, 서로가 서로에 의존해있다. 우리는 모두 서로가 서로에게 필요한 존재들이다. 이에 서로의 일과 역할을 존중하는 사회를 만드는 것이 중요하다. 어떤 사람은 더 소중한 일을 하기 때문에 임금을 더 주고, 그렇지 않은 사람은 덜 주어도 된다고 생각할 때가 많은데 생각의 전환이 필요하다. 우리는 우리 모두가 하는 일이 다 중요한 일임을 깨달아야 한다. 극심한 임금 격차를 줄이는 사회가 되는 것이 중요하다.

(2) 고린도전서 12장 22-23절의 말씀이다. "그뿐 아니라 더 약하게 보이는 몸의 지체가 도리어 요긴하고, 우리가 몸의 덜 귀히 여기는 그것들을 더욱 귀한 것들로 입혀 주며 우리의 아름답지 못한 지체는 더욱 아름

다운 것을 얻느니라."

이 본문은 우리가 부족하고 비천하다고 생각할 수 있는 세 가지 지체에 대해 말한다. 가난하고 어려운 사람들로서의 '약하게 보이는 것,' 공부 못하는 사람 등과 같은 '덜 귀히 여기는 지체,' 그리고 얼굴이 잘 생기지 않은 '아름답지 못한 지체'들이다. 이에 있어 이 본문은 이런 약자들을 보호할 것을 강조한다. 가난한 자, 공부 못하는 사람, 얼굴 못생긴 사람 등 이런 약자가 활개 치고 사는 사회를 하나님께서는 기뻐하신다.

이 본문은 덜 귀하게 생각되는 지체를 더 귀한 것으로 입혀줄 것을 강조한다. 공부를 잘하는 사람은 그것으로도 만족할 일이므로 임금을 덜 받아도 행복하지만, 공부 못하는 사람들을 위해선 더 많은 임금을 주어 공부 못하는 부담과 불행을 상쇄하여 주는 것이 어떻겠느냐는 말씀이기도 하다.

(3) 세 번째로 고린도전서 12장 24-25절은 참 교회와 사회의 모습을 다음과 같이 말한다.

특히 고린도전서 12장 24절은 이르기를, "우리의 아름다운 지체는 그럴 필요가 없느니라. 오직 하나님이 몸을 고르게 하여 부족한 지체에게 귀중함을 더하사 몸 가운데서 분쟁이 없고 오직 여러 지체가 서로 같이 돌보게 하셨느니라."라고 한다.

분쟁과 갈등이 없는 교회와 사회를 만드는 것의 중요하다. 서로를 돌보는 사회가 될 때 바른 하나 됨을 이룰 수 있다. 갈등과 나누임이 없는 공동체가 건강한 공동체다. 이에 우리 교회나 사회에 분쟁을 줄이기 위해 노력하는 우리들이 되어야겠다. 화해하며 통합된 사회를 만들어 나가야 하는 것이다. 분쟁이 없기 위해선 강한 자가 약한 자의 약함을 담당해야 한다. 어려운 자들을 돌보아 모두가 평등하고 공평한 사회에서 숨 쉴 수 있도록 할 때, 사회 내의 분쟁이 줄어들 것이라 생각한다. 육체는 나누고 싸우게 하며, 영은 서로를 소중히 여겨 하나 되게 한다.

(4) 마지막으로 참 교회와 사회의 모습을 고전 12:26은 다음과 같이 언급한다. "만일 한 지체가 고통을 받으면 모든 지체가 함께 고통을 받고 한 지체가 영광을 얻으면 모든 지체가 함께 즐거워하느니라."

우리의 손가락 한 개가 다치면 몸 전체가 고통을 느낀다. 한 몸을 이루고 있기 때문이다. 이 본문은 우는 삶과 함께 울고, 웃는 자들과 함께 웃는 '공감'(compassion)의 사회를 만드는 것이 중요함을 말한다. 동고동락의 사회, 서로 소통하는 사회가 좋은 사회다. 오늘 우리는 남의 고통에 전혀 관심을 두지 않고 사는 것 같다. 우리 사회의 가난한 사람들이 얼마나 힘들게 살고 있는지를 많은 정치가들과 힘 있는 사람들이 모르는 것 같다.

자기만 즐거워하는 사회가 아니라, 함께 즐거워하는 사회가 되어야 할 것이다. 나의 성공이 너의 성공이 되고, 너의 아픔이 나의 아픔이 되는 사랑의 공동체를 형성해야 한다. 모두가 즐겁고 모두가 성공하는 사회를 만들기 위해 노력하는 우리들이 되어야 할 것이다.

이 같은 고린도전서의 이상적 모습에 대한 설명에서 우리는 오늘날의 우리 사회 모습을 반성하게 된다. 오늘 우리의 삶은 남을 생각하지 않는 너무 개인주의적 행복에 젖어있다. 나만의 행복, 나만의 성공만이 중요하다는 생각들이 만연해있다. 우리는 우리가 한 몸임을 잊고 살고 있는 것이다. 나만 소중한 사회가 아니라 우리 몸 전체가 소중함을 깨닫는 사회, 전 공동체의 행복을 중시하는 사회, 서로 한 몸의 지체와 같이 사는 사회가 되어야 할 것이다. 정말 '함께 행복하고 함께 잘 사는 복지국가'를 만드는 것이 오늘 우리나라의 상황에서 가장 우선적 목표가 되어야 할 것 같다.

고린도전서 12장 19절 말씀이다. "만일 다 한 지체뿐이면 몸은 어디냐?"라고 묻는다. 그렇게 되어서는 안 된다는 것이다. 우리 몸이 허파는 허파대로 떨어져 나와 있고, 심장은 심장대로 밖으로 떨어져 나와 있다면, 그것은 곧 죽어 처참한 모습이 될 것이다. 서로 분리되면 생명이 끊어지는 것으로, 이런 것들이 하나 되어 몸을 이룰 때 우리 몸의 아름다움이 드러나게 된다. 이렇게 고린도전서에서 우리는 그리스도와 한 몸을 이루며 한 공동체를 이루는 지체들로서 서로 사랑하며 살아야 하는 존재들임을 배우게 된다.

2) 마을을 품고

정의 중의 두 번째 요소는 '마을을 품고'라는 요소다. 마을목회를 전개하며 처음부터 우리가 강조한 모토가 있었다. '마을이 교회, 주민이 교인'이란 모토다. 이 말을 쉽게 이해하기 위하여 먼저 예를 들도록 하겠다. 우리 한국교회들은 어느 정도의 규모만 되면, 집안 형편이 어려운 학생들에게 장학금을 주곤 한다. 보통 교회 내의 학생들만을 위해 줄 때가 많은데, 마을목회의 입장에선 교회 밖의 학생들에게도 장학금을 줄 것을 강조한다. 장학금의 반 정도를 교회 밖의 학생들을 위해 주라는 것이다. 교인만을 위해 장학금을 준다면 교회 목회다, 그러나 그 장학금을 교회 밖의 학생들을 위해서도 준다면 마을목회가 되는 것이다.

초겨울이 되면 교회가 김장을 하여 주변의 힘든 사람들을 위해 돌릴 때가 많다. 이 경우에도 교회 안의 교인들에게만 주지 말고, 교회 밖의 사람들에게도 줄 때 전도가 된다는 것이다. 구역장이 김장 배추김치나 깍두기를 돌리기보다는 마을의 통장을 통해 돌린다면 더 의미가 있을 것이라 생각한다. 교회 다니지 않는 통장들이 집들을 방문하며 이 김장은 어느 교회가 돌리는 것이라고 말하며 기분 좋게 나누게 될 때, 통장도 즐겁고 마을도 즐겁게 된다. 그 통장은 김장을 돌리며 마을에 대한 사랑을 느끼게 될 것이고, 그로 인해 교회도 나오게 되는 일도 일어날 것이다.

마을목회에 있어 '마을 심방'이란 개념이 있다. 구역장들이나 목회자가 심방할 때, 교인들만 심방하지 말고 마을에 어려운 사람들도 돌보며 교인이 아닌 사람들도 심방하는 교회가 되는 것이 중요하다는 것이다. 목회자의 시각을 교회 내로만 두지 말고 교회 밖의 사람들에게 둘 때, 우리의 선교는 더욱 왕성해질 것이라 믿는다. 마을 전체가 나의 교구이고 주민 모두가 나의 교인이란 생각이 필요하다. 교회의 목회자들은 교인들만 교제하는 자가 되어서는 안 된다. 교회 밖의 구청장, 경찰서장, 교장, 기업인 등 그들이 비록 교회를 다니지 않는다고 하여도 그들과 소통하며 그들과 같이 마을에 대한 관심을 공유하는 목회자가 될 때, 교회의 운신의 폭은 더 넓어질 것이라 생각한다. 그렇게 교회 밖의 사람들과 접촉의 기회가 많아져야 교회도 상장할 것이다.

너무 세상에 대해 폐쇄적인 교회가 되어서는 안 된다. 교회에 나오면 세상 줄을 끊고, 가정과도 담을 쌓으며, 오직 교회의 명령에만 따라 움직이는 교인들이 되어야 한다고 말하면 바로 사교가 되는 것이다. 교인들에게 오직 교회에만 집중하게 하고, 교회 밖의 다른 교회 연합의 일에도 참여하지 못하게 하며 오직 교회만 붙들고 있게 하는 목회자들이 있는데 바른 목회라 생각되지 않는다. 모든 생명체들은 자기 밖에 대해 폐쇄적이면 곧 죽게 된다. 어느 생명체도 대사 작용이 필요한데, 자기 몸 밖의 물질들을 받아들여 자기가 소화하고 자기 밖으로 내놓는 대사 작용이 멈추면 생명이 끝나게 되는 것이다. 나와 하나님, 나와 자연, 나와 이웃, 나와 사회와의 적절한 소통이 있을 때 우리 생명체는 유지되게 된다.

오늘 우리 교회는 점점 사회에서 멀어져 폐쇄된 교회로 되어가고 있다. 사회를 향해 열린 교회가 되기보다는 사회의 악으로부터 교회의 성스러움을 보전하는 데에만 급급하여 신자들을 교회 내에 가두려 하는 것이다. 이런 가두리 양식장 같은 교회는 오래 가지 못한다. 사회와 소통이 되지 않는 교회에서 우리 한국교회는 사회에 나가 하나님의 사랑을 전하고 사회를 위해 봉사하는 선교적 사명을 다하는 교회로 변모할 필요가 있다.

이런 의미에서 마을목회는 서구의 신학자들이 말하는 '선교적 교회론'과도 통한다. 선교적 교회론은 '하나님의 선교'(Missio Dei)의 개념과 연결되는데, 이 선교적 교회론에 대해서는 본 연구원에서 곧 출간할 토론토 영락교회 송민호 목사의 『선교적 교회로 가는 길』이라는 책이 잘 정리하였다. 선교적 교회론을 주장하는 신학자들은 교회는 하나님으로부터 파송된 공동체로서 선교의 주체는 하나님 자신임을 말한다. 선교적 교회는 교회가 하는 일보다는 교회의 본질 자체에 대해 집중한다. 이 운동은 교회 성장이나 교세 확장에만 몰두하는 목회나 선교 프로그램을 비판한다. 교회는 상황과 문화 속으로 삼위일체 하나님으로부터 파송받은 공동체임을 고백하며, 하나님께서 주체가 되는 선교에 동참해야 한다고 주장한다. 한 부서의 사역으로 혹은 전문 선교사들의 사역으로 축소되어버린 현대 교회의 선교를 반성하고, 교회가 존재하는 목적 자체가 선교임을 강조하는 것이다. 사람들을 불러 모아 건물을 넓히는 것이 교회의 주된 목적이 아니며, 세상을 향해 '하나님 나라'의 삶을 증언하고 세상 사람들을 그러한 삶으로 초청하는 것이 파송 받은 이들이 견지해야 할 선교적 삶은 선교적 교회론은 강조한다.

선교적 교회론은 교인 한 사람 한 사람 모두가 세상으로 보냄을 받았다는 점을 끊임없이 말한다. 교회를 위해 교회가 있는 것이 아니라, 세상을 위해 교회가 존재한다는 것이다. 이에 교회들은 세상과 단절되거나 동화되기보다는 의미 있는 개입을 해야 한다. 선교적 교회는 모이는 숫자가 아니라 교인 각자가 파송된 곳에서 얼마나 선교적인 삶을 살고 있는가 하는 기준으로 교회를 평가한다.

'마을을 교회로, 주민을 교인으로'라는 모토는 우리의 선교 방법에 하나의 전환을 요구한다. 이전 선교 방법은 교회 밖에 있는 사람들에게 복음을 전하여 예수를 믿게 한 다음 교회 공동체의 일원이 되게 하는 것이었다면, 마을목회의 선교 방식은 먼저 그들을 교회 공동체에 초대하고 그들도 하나님께서 사랑하시는 사람들임을 깨닫게 함으로 복음을 받아들이게 하고 믿음이 생겨 신자가 되게 하는 우회적 방식을 추구한다. 교회라는 사랑의 공동체, 용서의 공동체에 그들을 참여시킴으로 자연스럽게 새로운 사람으로 거듭나게 하는 것이 마을목회의 선교 전략인 셈이다.

혹자는 이렇게 말하기도 한다. 교회가 이 세상을 향해 복음만 전하면 되지, 이 세상 사람들의 행복이나 마을의 행복에 관심을 가질 필요가 있겠느냐는 주장이다. 그런 말을 하는 사람들에게 우리는 다음의 질문을 할 수 있다. 그러면 우리가 전하는 성경 말씀의 핵심이 무엇인가 하는 것이다. 우리 교인들을 향해 하나님께서 명령하시는 가장 중요한 말씀은 하나님을 사랑하고 이웃을 사랑하라는 것이다. 하나님께서는 말씀을 전하시라고도 하시지만, 이웃을 사랑하라고도 하신다. 오히려 우리의 말씀 전함은 이웃을 사랑하는 것을 바탕으로 할 때 더욱 힘이 있다. 우리의 이웃과 사회에 대한 관심은 이런 사랑의 발로다. 하나님께서 세상을 이처럼 사랑하셔서 그의 독생자를 우리에게 주셨듯이 우리도 사랑에 연원하여 주의 말씀을 전파하는 자들이 되어야 할 것이다.

3) 세상을 살리는 교회

그리스도의 몸으로서의 교회라는 유기체는 자신과 세상이라는 두 개의 중심을 갖는다. 교회 자체를 유지하기 위한 자기 지향적인(self-oriented) 유기적 몸(organic body)이라는 개념과, 세상을 향한 그리스도의 선교적 몸(missionary body of Christ)이라는 개념의 두 측면이 존재한다. 바른 공동체로서의 교회는 건강한 내적 구조와 건강한 외적 사역을 지닌다. 이러한 교회의 내향성과 외향성은 상호 교환적이다. 교회는 예수 그리스도 안에서 시작된 하나님의 일과 목적을 이 세상에서 계속 수행하고 있다. 그러므로 선교는 교회가 하는 하나의 프로그램이 아니며, 교회의 본질 자체를 말하는 교회의 자기표현이다. 교회가 교회로서 존재할 수 있는 것은 세상 안에서 그리스도의 복음을 선포하고 하나님의 나라를 구현하는 그의 선교적 사명을 실행함에 의해서이다. 유기체 교회는 세상 안에서 그리스도의 복음과 하나님 나라를 전함을 통해 자신의 정체성과 생명력을 일구게 된다. 예수 그리스도의 몸 된 교회는 하나님의 백성 공동체로서 이 땅에 하나님의 나라를 이루는 사명을 갖고 있다. 생명력 있는 교회란 그리스도의 몸으로서 그리스도로부터 명령된 선교적 사명에 따라 밖을 위해 노력하며 일하는 교회다.

교회는 구원받은 신자들의 유기체적 모임이다. 교회는 그 자체만으로 폐쇄될 때 그의 생명을 잃게 되며, 외부와의 활발한 상호 교류를 통해 그의 생명의 본질을 키워나갈 수 있게 된다. 내적인 유기체적 구조의 활성화와, 외적인 유기체적 사역에 의해 미래 교회는 주님 안에서 더욱 든든히 세워질 것이다. 생명을 살리는 생명 목회를 위해 교회는 두 가지 방향의 노력이 필요하다. 먼저는 하나님의 구원을 통해 인간에게 참 생명을 부여하며, 교회를 생명력 있는 기관으로 만드는 것이다. 둘째 교회가 자신 안에 있는 생명력을 가지고 이 세상에 생명을 전달하는 하나님의 선교의 일을 감당하는 것이다. 첫 번째의 일을 위해 교회는 교인들을 교육하고 교회의 구조를 생명력 있는 구조로 변혁할 필요가 있다. 두 번째로 교회가 하여야 할 일은 교회 밖의 사람들을 전도하여 그들을 구원함과 동시에 세상을 구원하는 선교적 노력을 하는 것이다. 인간의 죄의 결과로 죽음의 위기에 처하게 된 세상의 많은 생명체들을 살리기 위해 교회의 포괄적인 헌신이 필요한 시점이다.

이 같은 유기체 교회의 생명 목회는 생명의 육성과 폭력의 최소화라는 두 가지 과제를 갖게 된다. 첫째는 적극적으로 생명을 살리고 풍성케 하는 것이며, 둘째는 반생명적 세력들을 극복하는 사역이다. 생명 목회는 예수 그리스도와 성령의 사역에 의하여, 전인적인 인간성을 회복하며 죽임의 폭력 문화를 극복하고 상생의 문화를 창달하여 생명을 파괴하는 모든 세력들과 싸우는 실천을 포함한다.

첫 번째로 생명 목회는 죽음의 위기에 있는 생명을 살리며, 시들어가는 생명을 소생시키는 일을 의미한다. 생명을 살리기 위하여 교회가 해야 할 일은, 예수 그리스도의 복음을 증거하며 하나님 나라의 구현을 통해서 모든 사람들이 풍성한 생명에 이르도록 하는 것이다. 교회는 구원 받은 생명들이 진리의 말씀을 통해 건강하게 양육되도록 교육 목회를 충실히 함으로써, 하나님의 자녀들이 풍성한 생명을 얻도록 도와야 한다. 하나님의 백성들은 지속적이며 균형 잡힌 성장을 통해서, 그리스도의 온전성을 갖추어 나가게 될 것이다. 세상을 살리는 목회의 궁극적인 목표는 하나님의 통치가 하늘에서 이루어지는 것과 같이 땅에서도 이루어지게 함으로써, 생명력 넘치는 하나님 나라를 확장해 가는 것이다. 생명력 넘치는 하나님 나라에선, 모든 것이 바르고 온전한 관계 및 네트워크 안에 놓이게 된다.

생명 목회의 둘째 과제는 반생명적 세력에 적극적으로 대처하는 것이다. 태초에 하나님께서 아름답게 창조하신 인간을 위시한 모든 생명체들이 그 아름다움과 건강을 계속 유지하지 못하고 있다. 창조 세계의 청지기인 인간이 하나님을 떠나 타락하고 부패하게 되면서 인간과 함께 모든 생명들이 황폐해지고 썩어지고 죽게 되었다. 생명을 살리는 생명 목회는 생명을 약화시키거나 속박하는 모든 세력으로부터 생명들을 자유하게 하며, 모든 반생명적 세력을 물리치는 목회이다. 예수께서 수행하신 생명 목회는 복음 전파와 가르침의 교육, 병 고침과 귀신을 쫓아냄, 성전 청결 및 구조적인 사회악 개선을 포함하는 총체적인 것이었다.

2020년 들어 본 교단에선 교단의 미래 10년을 기획하는 2030 정책 문서를 만들고 있다. 교단의 10년을 가늠하며 교단의 미래비전위원회에서는 10년간의 전체 주제를 '복음으로 지역 사회를 품고 지구 생명 공동체를 살리는 교회'로 정하려고 추진 중이다. 이 문서의 서문에서 김태영 총회장은 이 주제를 정하게 된 배경을 다음과 같이 언급하였다.

이 정책 문서는 오늘의 시대를 향한 복음의 의미를 밝히며 이를 우리의 삶과 세상에 적용시킴으로, 우리 인류가 이기적인 삶에서 벗어나 공생의 삶으로 전환되기를 바람에서 만들어졌다. 지난 몇 년간 본 교단은 이러한 복음을 통한 혁신의 일을 위해 '마을목회'를 정책적으로 펼쳐 나가기로 하였다. 2018년부터 2022년까지 5년간을 이 일에 매진함으로 '주님의 진정한 사랑으로 마을을 품고 세상을 살리는 교회'를 만들기 위함이다. 지난 2012년부터 2022년까지의 기간에 본 총회는 '치유와 화해의 생명 공동체 운동'을 전개하기를 정하였으며, 이러한 10년 동안의 운동을 하는 중 마지막 5년간을 '마을목회 운동'의 기간으로 정한 것이다.

생명 공동체를 만드는 일에 있어 중요한 것은 우리의 마을을 하나의 생명망 공동체로 이룩해나가는 것이다. 교회와 마을이 분리되어있는 것이 아니라, 하나의 유기체적 네트워크로서 연결되기를 기대하면서 그간 우리 총회는 마을목회 운동을 전개하여왔으며, 이런 운동이 우리의 지역 사회와 세계를 보다 행복하고 안전하며 건강한 마을로 만드는 데 일조하기를 바라면서, 우리 총회는 '2030 정책 문서'에 글로컬(glocal)한 의미를 담아 '복음으로 지역 사회를 품고 지구 생명 공동체를 살리는 교회'(The Church to Brood Our Local Communities and Save the Global Community of Life with the Gospel)를 주제로 정한 것이다.

오늘날 지구상의 생명체들을 유래 없는 위기 상황에 놓여있다. 마태복음 24장 3-14절에서 사람들은 예수 그리스도께 세기말의 징조에 대해 물었다. 그리스도께서는 그에 답하시며 몇 가지의 키워드를 제시하셨다. 미혹, 난리, 자연재해, 온갖 재난들, 핍박, 사랑이 식음, 불법의 횡횡함 등이다. 난리와 재난 등은 물리적인 징조들이라면, 미혹과 불법과 사랑의 식음은 영적이고 정신적인 징조들이라 할 수 있다. 결국 인류는 전쟁과 재해, 그리고 속임과 부정의함, 미움의 커짐에 의해 멸망하여 새로운 세상을 맞이할 수밖에 없을 것이라는 말씀이다.

난리에 대한 소문은 인류 종말의 시작을 나타내는 첫 번째 징표 중 하나다. 핵 전쟁의 문제, 테러리즘과 난민의 문제 등이 오늘 우리 인류를 종말로 이끌 수 있는 중요한 논제들이다. 특히 북한의 핵 문제로 우리나라는 전쟁의 위험 속에 노출되어 있어 한반도의 평화 정착이 요원한 상황 가운데 있음을 우리는 염려하고 있다.

다음으로 우리 인류를 위태하게 하는 문제들로 우리는 경제적 양극화 현상을 들 수 있다. 오늘 우리는 가난한 이들이 얼마나 어렵게 살고 있는지를 깨닫지 못한 체, 자신들에게만 특정하게 주어진 풍요를 생각 없이 누리며 살고 있다. 나만 잘 되고 나의 자녀들이 잘 되는 일이라면 어떤 일도 서슴지 않는 피도 눈물도 없는 존재들이 작금의 인간들이다. 약자의 목소리는 들리지 않고 강자의 큰 목소리만 난무한 반민주적인 환경이 우리를 지배하고 있다. 서로의 다양한 의견들이 무시된 체, 모두 나와 동일한 생각을 하여야 한다는 주장으로 인해 세상은 더욱 살벌하게 변하고 있다.

예전 모두가 다 못 살던 시대에는 갈등의 상황들이 많지 않았지만, 오늘날에 있어서는 사회 구성원들 사이의 갈등들이 증폭되고 있다. 노사 간의 갈등, 지역 간의 갈등, 종교 간의 갈등, 남녀 사이의 갈등, 빈자와 부자 사이의 갈등 등 우리 사회 내의 갈등은 점점 커지고 있으며, 이를 해소하기 위한 갈등 비용도 다른 어느 나라들보다 많은 편이다. 여러 갈등의 현상들이 사회 내에서 표출되고 있는 가운데, 그 중 특히 주목해야 할 갈등 중 하나는 세대 간의 갈등이라 할 수 있다. 이에 우리는 이런 세대 간의 간극을 줄여나가는 일을 하여야 하는데 그런 노력들 중 가장 중요한 것이 서로 간의 소통이라 생각한다(엡 2:12-22).

지나친 경쟁적 사회의 분위기와 경제적 불안정이 결혼과 출산을 포기시킴에 따라, 우리 사회는 저출산 초고령 사회를 맞게 되었으며, 이에 가족을 유지함 자체도 큰 난관에 봉착하고 있다. 더 나아가 성 정체성에 대한 혼란과 성적 문란함은 우리 사회가 건전한 가정을 지켜나가는 것을 점점 더 어렵게 하고 있으며, 이에 가족에 대한 전통적 개념들도 많은 변화를 겪고 있는 상황이다.

또한 인류의 욕심과 낭비로 인한 기후 변화와 환경의 위기는 우리들을 백척간두의 위기로 내몰고 있다. 에너지 위기와 물 부족, 기아, 그리고 각종 생태계의 오염에도 불구하고 우리는 윤리적 판단을 그르치며 지구의 종말 시계를 계속 돌리고 있는 것이다. 동물들을 학대하는 공장식 농장으로 인해 동물들의 면역력은 한계에 봉착하였고, 이로 인한 인수 전염병의 위험이 우리 발밑을 노리고 있다. 이러한 환경 위기에 봉착하여 우리 개인들의 삶의 스타일을 변화시킬 뿐 아니라, 환경 친화적 공공정책을 펴나가야 할 것이며, 더 나아가 생태 영성을 고양하는 문화를 발전시켜 나가야 할 것이다.

아울러 과학의 발전으로 인류는 4차 산업 혁명 시대를 맞이하여 어떤 면에선 우리의 삶에 진보를 주기도 하였지만, 그것은 생명체에 대한 또 다른 위기를 불러일으키고 있다. 인공지능이 인간의 지능을 뛰어넘는 상황이 될 경우 우리는 어떻게 되는 것인지에 대한 적확한 대비도 없이 우리는 인공지능의 한계에 계속 도전하고 있다. 생명 공학에 의한 유전자 및 생명체에 대한 조작은 우리들을 어떤 생소한 위험에 직면하게 만들 수도 있음에도 불구하고, 인류는 무분별하게 생명을 조작하며 하나님의 창조에 도전하고 있는 중이다.

혜성의 충돌, 태양의 팽창과 폭발, 외계물질의 유입에 따른 재앙 등의 우주적 재앙도 인류를 종말의 구렁텅이로 몰고 갈 수 있는 또 다른 중요한 요인이다. 이 우주가 어찌 보면 안정되고 안전한 것 같지만 가만히 들어다보면 어떻게 될지 모르는 불안함이 상존하는 것으로, 우리는 이 같은 정황을 검토하며 우주적 위험에 대비해야 할 것이다.

마지막으로 세계화와 후기 세계화 과정에서 소외된 다수의 대중들이 양산되면서 진보적 그룹에서는 세계화의 정의롭지 못한 면들을 많이 지적하였다. 세계화가 인류에 더 큰 부를 안겨주기도 하였지만, 그 부가 분배되는 과정에서 많은 왜곡들이 있었음이 비판받기도 하였다. 한국교회는 그간 세계화의 부정적 측면을 줄여나가는 일에도 적지 않은 노력을 하여왔다. 세계화 추세에 발맞춘 이런 한국교회의 선교적 노력들은 우리 사회에 상당한 긍정적 영향을 미쳤으며, 다문화 선교의 활성화에 발판이 되기도 하였음을 우리 모두는 잘 알고 있다.

이러한 세속화와 탈종교화 및 생명 멸절 시대의 상황 가운데에서 우리 교회가 어떤 개혁을 해야 할 것인가에 대해 묻게 된다. 이 같은 변화의 소용돌이 속에 있는 사회 속에서 우리의 목회를 어떤 방향으로 끌고 나갈 것인가를 판단하여 이에 따라 총회의 구조를 개혁하는 것이 필요할 것이다. 교단과 총회는 마땅히 이러한 상황 속에서 새롭게 해석된 공공 신학적 표현을 발전시킴과 동시에 이에 걸맞은 건강한 제도와 정책을 만들어내야 하는 것이다.

이에 본 104회 총회는 '대한예수교장로회(PCK) 총회 2030 정책 문서'를 만들며 그 주제를 '복음으로 지역 사회를 품고 지구 생명 공동체를 살리는 교회'로 정한 것이다(요 3:16). 오늘과 같이 빠르게 변화하는 우리 사회 속에서 우리 교회는 성경의 가르침을 통해 새로운 결단을 하여야 할 것이다.

2030년 정책 문서의 주제에서 '지역 사회'란 '마을'을 의미하며, '지구 생명 공동체'는 '세상'을 풀어쓴 말이다. 우리의 생명 살림 운동은 마을이란 로컬에서 시작되는 것이며, 그러한 운동이 글로벌한 지구 공동체를 살리는 일이 되어야 함을 이 주제는 언급한다. 우리는 이런 로컬과 글로벌의 두 단어를 합성하여 글로컬(glocal)이란 단어를 쓰곤 하는데, 이와 같이 마을목회의 운동은 글로컬한 운동이라 할 수 있다.

4. 마을목회의 성경적 근거인 로마서의 말씀들

아래 글은 안산제일교회의 제직세미나 시 설교로 한 것이다. 안산제일교회가 마을목회에 대해 설명하면 좋겠다고 하여 로마서 3장 29절을 본문으로 하여 마을목회의 전체적 주제를 설명한 설교다. 이 본문은 "하나님은 다만 유대인의 하나님이시냐 또한 이방인의 하나님은 아니시냐 진실로 이방인의 하나님도 되시느니라."라고 말하는데, 마을목회의 신학적 기반이 되는 말씀이다.

로마서 3장 29절은 하나님은 유대인의 하나님이 되실 뿐 아니라 이방인의 하나님도 되신다고 언급한다. 오늘로 말하면 기독교인의 하나님일 뿐 아니라 비기독교인의 하나님도 되신다는 말로 이해할 수 있다. 당시 사람들은 야웨 하나님을 일종의 민족신으로 생각했다. 그러나 바울은 그 하나님이 이스라엘의 하나님이실 뿐 아니라 모든 민족의 하나님이 되심을 깨닫고 선교의 일에 전력하였다. 이런 바울의 신학적 전망이 없었다면 오늘과 같은 기독교의 확산은 불가능하였을 것이다. 먼저 바울은 스스로를 이방인의 사도로 자처하던 자로서 예수 그리스도의 복음을 이방인과 연결하려고 노력하였다.

> 이 은혜는 곧 나로 이방인을 위하여 그리스도 예수의 일꾼이 되어 하나님의 복음의 제사장 직분을 하게 하사 이방인을 제물로 드리는 것이 성령 안에서 거룩하게 되어 받으실 만하게 하려 하심이라. (롬 15:16)

이와 같이 바울은 그리스도의 복음이 유대인이나 이방인에게 공평하게 주어진 것임을 강조하였던 것이다.

1) 로마서의 핵심 주제: 이방인과 유대인의 하나 됨

로마서는 이와 같이 유대인과 이방인이 동일한 하나님의 사랑의 대상임을 강조한다. 이런 각도에서 로마서는 유대인과 이방인이 차별이 없으며 서로 하나임을 강조한다. 로마서는 유대인과 이방인이 하나님의 구원에 있어 동일한 대상임을 강조하였다.

(1) 먼저는 유대인이나 이방인이나 하나님 앞에서는 모두가 다 동일한 죄인일 뿐이라는 것이다. 로마서 3장 19-20절은 다음과 같이 언급한다.

> 그러면 어떠하냐 우리는 나으냐 결코 아니라 유대인이나 헬라인이나 다 죄 아래에 있다고 우리가 이미 선언하였느니라. 기록된바 의인은 없나니 하나도 없으며, 깨닫는 자도 없고 하나님을 찾는 자도 없고, 다 치우쳐 함께 무익하게 되고 선을 행하는 자는 없나니 하나도 없도다. (롬 3:9-12)

(2) 구원의 원리는 유대인에게나 이방인에게나 동일하다. 행위로 구원받는 것이 아니라, 믿음으로 구원받는 것이다.

> 할례자도 믿음으로 말미암아 또한 무할례자도 믿음으로 말미암아 의롭다 하실 하나님은 한 분이시니라. (롬 3:30)

로마서 4장 1-3절 말씀에 보면 구약시대의 아브라함도 율법을 지킴으로 구원받은 것이 아니라, 믿음으로 구원을 받았음을 말한다. 로마서 3장 22절은 이 문제를 다음과 같이 다시 확언하고 있다. "곧 예수 그리스도를 믿음으로 말미암아 모든 믿는 자에게 미치는 하나님의 의니 차별이 없느니라." 믿음으로 곧 예수 그리스도에 대한 믿음으로 우리가 구원되는 것임을 사도 바울을 말하였다.

(3) 로마서에서 바울은 기독교의 특징 되는 교리를 두 가지로 강조한다. 첫째는 기독교는 모든 인간들을 다 죄인으로 생각한다는 것이며, 둘째는 예수 그리스도에 대한 믿음을 통하여만 구원을 얻는다는 것이다.

이와 같이 사도 바울은 기독교인과 비기독교인 사이에 차이를 두려고 하기보다는 연속성이 있음을 강조했다. 기독교인은 하나님의 자녀이고, 비기독교인은 멸망의 자식이라고 하며 양자 사이에 간극을 넓히는 것은 우리의 선교에 도움이 되지 않는다. 하나님의 구원의 원칙은 유대인이나 이방인에게 동일하게 적용되는 것으로, 주 예수 그리스도를 믿기만 하면 구원받는다는 바울의 교리는 마을목회를 실천함에 있어 상기하여야 할 주요 교리다.

2) 로마서를 오늘의 시대에 다시 적용해봄

에베소서 2장 19-20절은 이 같은 이방인에 대한 사도 바울의 태도를 잘 설명하고 있다. 사도 바울은 이방인에 대해 다음과 같이 생각. 그들을 같은 식구라고 생각하였던 것이다.

> 그러므로 이제부터 너희는 외인도 아니요 나그네도 아니요 오직 성도들과 동일한 시민이요 하나님의 권속이라. 너희는 사도들과 선지자들의 터 위에 세우심을 입은 자라 그리스도 예수께서 친히 모퉁잇돌이 되셨느니라.

우리는 이 같은 바울의 입장을 오늘의 시대에서 어떻게 바라볼 수 있을까? 로마서에 나타나는 유대인과 이방인의 하나 됨의 사상은 오늘의 시대에 기독교인과 비기독교인의 관계를 다시 생각해보게 한다. 우리는 보통 하나님이 기독교인의 하나님만 되시고 이방인 곧 비기독인의 하나님은 되시지 않는다고 생각하기 쉬우나, 그러한 생각은 너무 이기적이며 배타적인 생각으로 반성해보게 된다. 하나님은 기독교인만 사랑하고 비기독교인은 미워하시는 분이신가? 오히려 성경은 하나님께서 양우리를 떠난 양 한 마리를 찾기 위해 99마리의 양들을 우리에 남겨두고 잃어버린 양을 찾아 나섰음을 강조한다. 누가복음 15장 4절은 이르기를 "너희 중에 어떤 사람이 양 백 마리가 있는데 그 중의 하나를 잃으면 아흔아홉 마리를 들에 두고 그 잃은 것을 찾아내기까지 찾아다니지 아니하겠느냐?"라고 하였다.

하나님은 믿는 신자를 사랑하시는 분이시만, 길을 잃고 헤매는 교회 밖의 사람들에게도 관심이 있는 분이시다. 그런 의미에서 오늘의 우리 교회는 교회 안의 신자에게 관심을 둘뿐만 아니라 교회 밖의 비기독교인에게도 관심을 가져야 한다. 그러한 교회 밖의 사람들에 대해 관심이 없다면 우리 교회의 선교는 약화될 수밖에 없을 것이다. 이에 우리는 교회 밖의 사람들을 구원하기 위한 노력에 게을리 해서는 안 된다.

3) 비기독교인의 우리 선교의 대상이다.

바울은 당시 이방인들을 선교의 대상으로 보며, 그들과 하나 됨의 입장을 취하려고 하였다. 오늘 우리도 비기독교인을 멸망의 백성으로 보기보다는 그들도 예수 그리스도를 믿기만 하면 구원을 받을 수 있는 하나님의 은혜의 대상으로 보아야 할 것이다. 우리는 보통 이런 입장의 교회를 열린 교회라 부른다. '열린 교회'(open church)란 개념은 미국에서 나온 개념인데, 열린 교회의 주요 모습을 간추리면 다음과 같다.

(1) 불신자(unbeliever)나 멸망의 백성이라는 칭호 대신 예비 기독교인(prechristians)이나 구도자(seekers)라는 칭호 사용

우리는 오늘 로마서를 읽으며 우리가 비기독교인들에 대해 어떤 태도를 가지고 접근하여야 하는가를 배우게 된다. 앞에서 언급한바 그들을 불신자라고 말하기보다는 예비 기독교인이나 구도자로 표현하는 것도 하나의 적극적 선교적 방안이 될 것이라 생각된다. 그들도 복음을 믿고 회개만 하면 하나님의 백성들이 될 수 있는 잠재적 교인들이라는 것이다. 그와 같이 친근하게 비기독교인에게 접근함으로써 우리는 우리의 선교를 보다 활성화할 수 있을 것이다. 오늘 한국의 교회에 가장 필요한 것은 기독교인과 비기독교인 사이의 막힌 담을 헐어내는 일일 것이다.

(2) 비기독교인을 향해 교회의 문턱을 낮추기: 비기독교인들이 들어오기 쉽게 하며 비기독교인을 환대하는 교회

먼저 새 신자를 환대하는 교회가 되는 것이 중요하다.
- 주차장에 새신자들을 위한 자리를 마련한다.
- 예배 시 새 신자를 위한 좌석을 앞자리에 배치한다.
- 새 신자들에게 적절한 교회의 일감을 주도록 적극 노력한다.

두 번째로 새 신자들에게 부담이 되는 짐을 덜어주려는 노력이 필요하다.
- 처음부터 헌금에 대해 강조하지 않는다.
- 술 담배 문제로 너무 힘들게 하지 않는다. 신앙생활을 열심히 하다 보면 자연스레 끊게 될 것이다.
- 오랜 신자들에 대한 의무를 새 신자 때부터 부과하는 율법적 교회가 되어서는 안 된다.

(3) 비기독교인들에게 열린 교회

새로운 신자들이 보다 편하게 접근할 수 있는 교회 분위기를 만드는 것이 중요하다. 비기독교인에게 열린 교회를 만들기 위해 교회는 가능한 한 비기독교인과의 접촉의 가능성을 넓힐 필요가 있다. 교회 밖의 주민들에게도 경제적 지원의 혜택을 고루 주는 것, 비기독교인을 문화센터에 초청하기, 지역 주민들과 함께 하는 추수감사제, 교회의 장례식장 운영, 동네의 행사를 위해 교회의 시설을 쓰도록 하는 등의 노력을 교회들이 할 수 있을 것이다. 이같이 비기독교인과의 접촉의 기회가 많아야 성장하는 교회가 될 수 있다. 기독교인들이 그들끼리만 교제하고 그들만의 공동체를 이루어 살면 전도가 되지 않는다. 비기독교인과도 교류가 있어야 하며 그들의 친구가 되어야 한다. 그렇게 서로 친하게 지내게 되면 그들을 교회로 인도하는 것이 더 용이해질 것이다.

우리는 보통 비기독교인과 사귀면 교회로부터 멀어지게 될 것이라 생각하기도 한다. 구원의 백성이 멸망의 백성과 멍에를 같이 할 수 없다는 주장도 있다. 그러나 우리는 죄인들의 친구가 되셨던 예수 그리스도의 삶의 자취를 생각해보아야 할 것이다. 우리 주변에는 예수를 믿지 않는 수많은 우리의 친척들도 있다. 정말 친한 친구가 교회에 안 다닐 때도 있다. 그들에게도 주님의 사랑을 전달하는 것이 우리 신자들의 의무이다.

우리는 기독교의 복음을 교회 안에 있는 사람들에게만 제한하려 해서는 안 된다. 교회 밖에 있는 사람들도 믿기만 하면 구원을 얻을 것이라는 포용적 생각을 하는 것이 필요하다. 교인의 기득권을 강조하려 하기보다는, 비기독교인들에게 열려 있는 오픈된 교회를 만들어야 할 것이다. 기독교인이라는 굴레를 깨고 모든 민족을 예수님의 이름으로 포용하는, 교회를 위한 기독교인이 아니라 하나님을 위한 기독교인이 되어야겠다. 나 자신과 우리 스스로를 극복하지 않고는 세상을 결국 구원할 수 없다. 사도 바울은 지금도 우리에게 다음의 말씀을 외치고 계신다.

> 하나님은 다만 유대인의 하나님이시냐 또한 이방인의 하나님은 아니시냐 진실로 이방인의 하나님도 되시느니라. (롬 3:29)

4) 열린 교회와 마을목회

이상과 같이 로마서는 교회 밖의 사람들을 교회 안으로 초대하는 강한 선교적 동기를 가진 책이다. 마을목회는 이런 열린 교회론을 신학적 기반으로 갖고 있다. 교회의 문을 열어 교회 밖에 있는 사람들이 쉽게 접근할 수 있게 하는 교회가 열린 교회다. 오늘날 교회들은 겉보기의 모습에서도 문을 항상 여는 교회들이 되어야 할 것이다. 어떤 교회들은 주일에만 교회당 문을 열고 다른 날에는 문을 굳게 닫아놓곤 하는데, 열린 교회의 모습으로는 적절하지 않은 것 같다. 교인뿐 아니라 교인이 아닌 주민들도 교회에 쉽게 접근할 수 있도록, 교회가 카페도 운영하며, 교회 마당을 주민들의 휴식처로 제공하고, 평일에는 주민들이 주차장을 사용하게 하며, 주민들의 모임을 본당 이외의 교회의 장소들을 사용할 수 있도록 배려하는 등, 주민을 향해 열린문 교회가 되는 것이 마을목회의 기본정신 가운데 하나다.

교회에서 나오는 간행물들에도 교인들의 글만 싣는 것이 아니라 교회 밖의 주민들 글과 이야기도 싣고, 그 마을의 필요 따라 헌금을 하며, 교회 밖의 어려운 학생들에게도 장학금을 주는 등 교회 안과 밖의 경계를 너무 나누지 않는 교회가 될 때, 주변의 사람들로부터 호응을 받는 교회가 되리라고 확신한다.

2천여 년 전 사도 바울이 유대인의 벽을 넘어 기독교를 세계를 위해 열어놓았듯, 오늘의 우리도 교회 밖의 사람들을 사랑으로 포용하는 '마을목회'의 방안에 주목해야 할 것이라 생각한다. 이러한 마을목회를 더욱 진작시켜 우리 교회들을 더욱 활성화해야 할 것이다. 사도행전 2장 47절은 "하나님을 찬미하며 또 온 백성에게 칭송을 받으니 주께서 구원받는 사람을 날마다 더하게 하시니라."라고 언급하는데, 우리 교회들이 이런 교회가 되었으면 한다.

5. 마을목회는 우리 지역 공동체를 어떻게 재구성하려 하는가?

마을목회는 개인적 행복과 함께 공동체적 행복에 관심을 갖는다. 이런 견지에서 마을목회는 지역 사회를 공동체적 가치를 통해 만들어나가는 것을 강조한다(요 17:21-23). 마을목회는 오늘 우리 사회의 위기가 지나친 개인주의적 삶의 방식에 기인한 것으로 분석하여, 경제, 교육, 복지, 환경, 문화 등 사회 각 분야에 기독교가 강조하는 사랑의 하나 됨과 공동체성을 불어넣을 것을 주창하는 목회 전략인 것이다. 이에 마을목회는 마을을 구성하는 주요 기관들을 공동체적 정신 속에서 묶으려 한다. 우리가 영위하고 있는 여러 주체들을 마을의 시각에서 재구성해보려는 노력이다. 이윤을 내기 위해 혈안이 된 구조들이 아니라, 서로의 행복을 위해 함께 일구어나가는 적극적인 구성 주체들을 만들어보려는 것이 마을목회의 주요 관심이기도 한 것이다.

이에 마을목회의 사역을 위해서는 상호 간 하나 됨과 네트워크가 중시된다(고전 12:12). 마을 속의 주민들의 연대, 교회들의 연대, 교인과 마을 주민 사이의 네트워킹, 관청과 다양한 거버넌스들, 마을의 학교와 기업 등과의 폭넓은 사귐과 관계적 통전성이 이런 마을목회를 활력 더하게 할 것이다. 마을목회는 교회의 봉사를 통해 교회 밖의 사람들과 관계망을 확장하여 그들이 교회 안으로 들어와 주님의 자녀가 되는 것을 쉽게 하는 목회 전략을 갖는 것이다.

1) 마을 기업

　지역 공동체의 행복을 위해 지역의 교회들은 힘을 합해 경제생활을 힘차게 영위해나갈 수 없는 분들을 위해 힘을 합쳐 사회적 기업을 마련하여 이들이 그곳에서 일할 수 있도록 조처할 수 있을 것이다. 생활이 어려운 사람들을 위한 기업을 만들어 운영하자는 말이다. 필자는 이런 사회적 기업을 '마을 기업'이란 이름으로 부르고 싶다. 어떤 이윤을 목적으로 하여 만들어진 회사가 아니라, 지역 주민들의 복리를 위해 기업을 만들어 운영하자는 제안이다. 어려움에 처한 사람들이 하려는 일을 위해 적합할 수 있도록 직업교육을 하여 마을 기업의 일에 참여케 하는 것이다.

　예를 들어 딸기를 많이 생산하는 농촌에 협동조합으로서의 쨈 공장을 만들고 이를 통해 일자리를 창출하여 경제적으로 취약한 사람들을 도울 수 있도록 하자는 것이다. 특히 딸기는 과육이 약하여 손상되기 쉬우므로 이런 쨈 공장은 지역의 지속적인 수입에 큰 도움이 될 것이다. 이와 같은 공동체적 필요에 잘 부응하는 마을 기업들을 세우는 것을 통해 우리는 보다 효율적인 마을 복지를 추구할 수 있을 것이다.

　예전 중국의 온주(원저우)에 간 적이 있다. 그 지역은 중국에서도 매우 잘 사는 지역이었다. 제법 큰 가정교회들이 도시에 즐비하였고, 외제차 상점들도 도시 내에 꽤 많았던 것으로 기억된다. 지역 사람의 설명을 들으니 온주에는 전기와 관련된 작은 제품들을 만드는 공장들이 집중적으로 세워졌으며, 그 공장을 지역의 사람들이 합심하여 운영함으로써 오늘과 같은 잘 사는 지역이 되었음을 알게 되었다. 그 지역을 작은 전기제품들을 만드는 곳으로 특화하여 온 주민들이 협력함을 통해 오늘과 같이 모두가 잘 사는 마을을 이루었다는 것이다. 이런 온주와 같이 주민의 꿈을 이루는 기업을 만들어나감으로 우리는 보다 마을에 밀착된 기업을 육성할 수 있을 것이다. 남원에는 목기와 그릇을 만드는 마을 기업을 육성하고, 격포에는 새우젓 등의 젓갈류들을 생산하는 마을 공장들을 만들며, 안성에는 유기 공장을 협동조합식의 마을 기업으로 만들어 주민 모두가 혼연일체 되어 일하게 한다면 그 행복이 작지 않을 것이라 생각한다.

이와 같이 지역 사회 돌봄(community care)은 가난한 사람들에게 빵이나 던져주는 일로 마쳐지는 것이 아니다. 그들이 가난에 빠지지 않도록 예방적 차원에서 그들의 경제생활을 돕고, 비상상황에 생겼을 경우 그들을 곤궁함에서 구출할 수 있는 장치를 만드는 것이 지역 사회 복지가 개인적 복지와의 차이일 것이다. 오늘날의 지역 사회 복지는 이런 사회적 기업이나 사회적 경제 운동과 긴히 연결되며 발전하고 있는바, 정부나 교회는 이런 마을 기업들이 활성화 될 수 있도록 지역 사회를 유도하며 돕는 일에 최선을 다했으면 한다.

2) 마을 학교

공동체적 행복을 위한 또 다른 예로 '마을 학교'를 생각할 수 있다. 요즈음 우리나라엔 삼포세대란 말이 유행한다. 연애와 결혼과 출산을 포기한 세대란 뜻이다. 오늘 우리나라의 출산율은 세계 최저수준임을 우리는 잘 알고 있다. 이와 같이 젊은이들이 아이를 낳지 않는 나라의 모습이 지속된다면 우리나라는 이 지구상에서 없어지고 말 것이다. 출산을 포기하는 여러 이유들이 있겠지만, 가장 큰 문제는 경제 문제다. 출산하고 나면 여성이 직장을 포기해야 되고, 양육비의 부담이 커져 경제생활이 되지 않는다는 것이다. 우리는 이 문제를 해결하기 위해 전력을 다해야 하는바, 그것들 중의 한 대안이 '마을 학교'라 생각한다.

우리는 우리 자식만이 자식이고 남의 자식은 나와 상관없는 것으로 생각하며 자기 자식의 성공만을 위해 사는 것 같다. 이기적으로 양육하며 이기적으로 교육하고 있다. 평소 필자는 이런 학교 교육에서 무엇을 기대할 수 있을 것인가 생각하곤 했다. 그런 분위기이니 학교에 폭력이 범람하고 왕따가 횡횡하는 것이 아닌가 생각한다. 이제 우리는 마을의 모든 아이들을 우리의 자녀로 생각하며 함께 양육하는 방법을 배워야 할 것이다. 마을의 학교에 관심을 갖고 함께 운영하고 자녀들을 교육하자는 것이다.

요사이 젊은 부모들이 아이들을 학교에 보내며 교육하는 일이 여간 힘든 것이 아니다. 시간적으로나 경제적으로 여의치 못해 아이들을 돌보기가 쉽지 않다. 오늘날 대부분의 경우 부모 자식 사이가 좋기가 어렵다. 서로 싸우고 폭력을 휘두르는 가정들이 되지 않으면 다행이다. 이런 상황을 바라보며 필자는 영국과 미국 등에서 활성화되어 있는 기숙학교(boarding school)를 생각해봤다. 서구의 많은 기숙학교들이 유치원으로부터 고등학교까지의 과정을 가지고 있다. 부모들이 방학을 포함하여 아이들을 전적으로 학교에 맡길 수도 있으며, 주말에 집으로 데려갈 수도 있고, 매일 등교하는 학생들도 있다. 학생들을 전적으로 학교에 맡기는 것이다.

우리 모든 부모들은 학생을 학교에 맡기는 것보다 집에서 끼고 양육하는 것이 인성발달이나 교육에 좋다고 생각한다. 과연 그럴까? 교육은 교육을 전문으로 하는 선생님들에게 맡기는 것이 더 좋은 것은 아닌가?

얼마 전 손자가 테이블과 충돌하여 울고 있어 테이블을 향해 '땟지'라고 했더니, 그렇게 하는 것이 교육에 좋지 않다는 말을 딸로부터 들었다. 자기가 책임져야 하는 것을 남에게 전가시키게 하는 태도를 길러주기 때문이라는 것이다. 그 말을 들으니 정말 그런 것 같았다. 필자도 평생 교육을 해온 사람으로서 이런 것 하나 제대로 알고 있지 못한 것이 쑥스러웠다. 정말 우리의 교육하는 일엔 생각할 것들이 많다. 그런 세세한 교육적인 사항들은 교육을 전문으로 하지 않는 사람들은 잘 이해할 수 없는 것들로서, 우리는 교육을 전문가에게 맡겨야 한다고 생각한다. 물론 우리의 교육 현장에는 선생으로서의 자질을 충분히 갖추지 않는 사람들도 적지 않으나, 그런 문제들을 개선하여 학교들을 진정한 교육의 장으로 만들 필요가 있을 것이다. 부모라고 하여 잘 갖춰진 선생보다 아이를 더 사랑할 수 있다고 생각되지는 않는다. 능력과 인품을 갖춘 선생의 교육은 부모의 교육보다 훨씬 더 훌륭하다.

우리도 이제 자질 있는 선생들을 배출하여 그들에게 우리의 교육을 전적으로 맡긴다면 부모들이 시간적 여유를 갖게 되고 그 시간에 경제 활동을 통해 성취감을 높이게 되며 아이들과도 보다 여유 있는 관계를 만들 수 있을 것이라 생각한다. 그러기 위해서는 학교가 보다 안전한 곳이 되어야 하는데, 이를 위해 정부와 교육계가 함께 노력할 필요가 있다고 생각한다. 무엇보다 폭력을 행사하는 아이들을 잘 교육할 필요가 있는바, 그러기 위해 학교는 인성 교육을 강화하고 전문적인 상담 선생을 많이 배치해야 할 것이다.

동시 우리는 학교를 선생님들의 손에만 맡기지 말고 지역의 부모들이 전적으로 개입하는 학교로 만들 필요가 있다. 고등교육을 받은 시간적 여유가 있는 부모들을 자원봉사자로 활용하여 학교 교육을 강화한다면 더 좋은 교육 환경을 이룰 수 있을 것이다. 학교의 급식도 동네의 부모들이 식단을 짜게 하고, 그들로 하여금 요리하는 것을 돕게 한다면 더 좋은 식사 시간이 될 것이라 믿고 있다.

이에 필자는 정부 차원에서 동네마다 유치원부터 고등학교까지의 기숙학교를 만들 것을 교육부에 제안해본다. 기숙학교라 많은 비용이 들 것이 아니겠냐는 말을 할 수도 있겠지만, 학생들의 행복을 위해 정부는 이런 예산을 증액해야 한다고 생각한다. 학교에서 국영수만 가르치는 것이 아니라, 좋은 운동장과 체육시설 속에서 맘껏 운동하게 하고, 악기도 하나씩 배우게 하며, 자주 지역의 문화유적지와 중요한 곳을 방문하며, 산 좋고 물 좋은 곳에서 캠핑도 하는, 그러한 살아있는 교육의 장으로 학교를 만들기 위해 동네가 힘을 합한다면 우리 아이들의 삶은 더욱 풍성해지고 행복해질 것이라 생각한다. 명실상부 '마을 학교'를 만들자는 것이다. 마을의 모든 주민들이 협력하며 마을의 모든 자원들이 교육의 자원이 되며 모두가 행복한 학교를 만들자는 것이다. 이런 교육 복지만큼 오늘을 사는 한국인에게 절실한 것도 없다고 생각한다.

각 기관들이 네트워크하고 서로 협력하여 더 나은 마을을 만들기 위해 애쓰다보면 우리의 작은 고통들이 저 멀리 물러가게 될 것이라 믿는다. 한 사람 한 사람의 행복을 위해 마을 전체가 노력해보자는 것이다. 이에 학교가 행복하려면 공부만 가르치는 모습을 탈피해야 한다. 기초적 국어의 이해 방법, 영어 구문을 이해하여 해석하는 능력, 기본적인 수학의 원리들에 대해서는 강의를 하지만, 나머지의 교육은 인터넷 교육 콘텐츠를 통해 자기학습으로 해나가는 학교로 만들면, 선생님들의 일손이 줄 것이고 그러면 자연 선생님들이 인성 교육을 할 수 있는 여유가 생길 것이라 생각한다. 그러한 학생들의 생활에 관심을 가는 선생님들이 많아질 때, 오늘과 같은 살인과 자살이 빈번한 학교의 모습이 지양될 수 있을 것이다. 학급이 학습 능력이 떨어지는 것도 어느 정도 선생님의 책임이지만, 학교에 폭력이 난무하는 것도 선생님의 책임 밖에 있는 것이 아니라는 것을 인지함이 필요하다.

3) 마을 환경지킴이

필자는 앞에서 마을 주민의 먹고사는 문제와 아이들을 교육하는 문제에 대해 다루었다. 이러한 경제와 교육 못지않게 중요한 것이 있는바, 마을의 자연환경과 문화 환경이다. 마을의 자연환경은 주민의 삶에 큰 영향을 미친다. 대기와 식수의 질, 마을 내 녹지와 공원의 분포, 역사적 건물들의 보전, 마을의 주거 환경, 마을의 문화 수준 등은 우리의 삶의 질에 있어 필수적인 요소들이다.

이에 여러 동네에서 마을 만들기 운동을 하며 지역의 하천을 정비하거나 도시를 재생하는 사업들을 많이 하였는데, 그 결과가 수민들의 행복에 적지 않은 영향을 미쳤던 것이다. 하천의 정비와 함께 도시의 달동네들을 재생하는 도시 재생 운동이 일본과 한국에서 많은 성과가 있음이 보고되기도 하였다. 주민들이 마을을 아름답게 가꾸니 주민의 삶도 행복해졌고, 이 또한 관광자원으로서의 톡톡한 역할도 하게 되었던 것이다.

예전 우리 사회는 산업화를 거치며, 많은 공해 물질들을 뿜어내는 공장들을 양산한 적이 있다. 경제적으로는 얼마간 윤택해졌지만 주민들의 삶은 이전보다 더 피폐해졌다. 건강한 신체에 건강한 정신이 깃들 듯 우리의 깨끗한 자연환경은 우리의 삶의 행복에 큰 영향을 주는 것이다.

지역의 미관을 해치는 낡은 건물들을 수리하며, 낙후된 동네들을 재생시키고, 지역의 자연환경을 아름답게 가꾸는 노력들이 필요한 것이다.

우리는 이런 산업화 시대를 거치며 마을의 자연환경과 도시환경이 얼마나 중요한지를 알게 되었으며, 이런 일은 개인의 노력으로 지켜질 수 있는 것들이 아님을 깨닫게 되었다. 이에 지역의 환경을 지키는 '마을 환경지킴이'와 같은 기구들의 구성이 필요하다. 예전 서울의 한 교회는 동네의 환경미화를 위해 구청의 도움으로 마을의 길가에 꽃도 심고 화단도 만들었음을 들은 적이 있다. 마을의 환경을 지켜나가려는 이와 같은 공동의 노력은 우리의 생활을 더욱 행복하게 하는 것이다.

쓰레기들이 거리에 널려있고 부서진 건물들이 방치된 채 여기저기 있다면 그런 마을은 행복한 마을이 되기 어렵다. 우리는 많은 재정을 들이지 않고도 지역의 환경을 개선하는 여러 가지 일들을 할 수 있으며, 이런 작은 노력들을 통해 주민들의 마을에 대한 사랑의 감정은 더욱 커 갈 것이라 생각한다. 특히 아파트 사이사이마다 녹지를 보존하고 주민들이 운동할 수 있는 시설들을 만드는 일은 매우 소중한 것으로서 주민과 관청들을 힘을 모아 노력할 일들이라 생각한다.

필자는 평소 우리의 교육보다 우리의 자연환경이 우리 인간들의 마음을 더 바꾸는 힘이 있다고 생각하곤 하였다. 동네의 자연환경을 잘 가꾸면 우리의 마음도 변하게 된다. 깨끗한 하천을 흐르게 하고, 마을의 숲을 가꾸고, 마을의 도로와 집들을 정비하고, 마을에 새들이 날아들게 함을 통하여 우리 주민들의 심성이 착해지고 마을 전체가 웃을 수 있다면 이보다 더 좋은 일은 없을 것이다.

4) 마을 병원

요즈음 지역 사회 복지의 개념으로서 강조되는 의료생활협동조합(의료생협)에 대해 소개하고 싶다. 의료생협은 지역 주민이 조합원으로 참여하고 의료인과 함께 협동하여 직접 의료 기관을 개설하고 운영하고 기관이다. 이 의료생협은 병의 치료뿐 아니라 보건과 예방을 중시하여, 조합원과 지역 주민 스스로가 건강을 지켜나갈 수 있도록 건강강좌, 체조교실, 등산모임 등의 건강프로그램도 진행하기도 한다.

좋은 보험제도 덕분에 오늘날 우리 국민들은 양질의 의료적 혜택 하에 있음으로써 평균 수명도 많이 증가되었다. 그러나 아직도 우리의 의료 체계에는 문제들이 적지 않다. 가장 문제가 되는 것 중 하나는 병원들이 가능하면 많은 이윤을 내어야 하는 문제 때문에 과잉 진료의 유혹을 뿌리치기 쉽지 않다는 것이다.

이런 상황에서 공공적 이익을 앞세우는 의료생협의 활성화야말로 우리에게 매우 소중한 발상이라 할 수 있다. 이에 있어 필자는 이런 의료생협을 '마을 병원'으로 발전시키자는 제안을 하고 싶다. 의료 시설들은 사적 이윤을 추구하는 기관이기보다 공공재로서의 기관이어야 함을 강조하고 싶은 것이다.

이에 지역의 학생들을 의대에 보내 훌륭한 의사가 되게 하고, 이런 의사들을 모아 마을 병원을 세워 생협 형태로 운영한다면 우리의 의료는 더욱 좋은 방향으로 발전할 것이다. 그런 마을 병원은 병을 치료하는 정도의 기관에서 더 나아가 지역 주민의 건강을 책임지는 기관으로 발전시킬 필요가 있다. 아울러 마을 병원과 함께 인생의 마지막을 지내는 사람들을 위한 호스피스 센터를 교회가 협력하여 운영한다면, 그런 마을은 더욱 건강하고 행복한 마을이 될 수 있을 것이다. 물론 필자는 여기서 병원을 국가가 운영하자고 말하는 것이 아니다. 마을의, 마을 주민을 위한, 마을 주민에 의한 병원을 만들자는 것이다. 사회적 협동조합의 형태로 많은 마을 병원들이 세워져 우리나라가 보다 건강한 나라가 되었으면 한다. 물론 이 일을 위해서는 병원을 운영하는 주체들의 양심적 경영이 중요한데, 이는 사회의 장기간에 걸친 사회적 자본의 축적에서만 가능한 일이 될 것이라 생각한다.

5) 마을 은행

레위기의 희년법은 자국의 백성에게 저리나 무이자로 재화를 빌려주는 제도에 대해 언급한다. 가난한 사람들이 그들의 힘든 상황을 극복하고 경제적으로 자립할 수 있도록, 이스라엘의 해방된 사회는 여러 면에서의 조처를 취했던 것 같다. 이에 우리도 가난한 사람들이 금융기관들을 통해 용이하게 대부받을 수 있는 제도를 마련하는 것이 좋을 것이다. 무엇보다 그들의 형편을 이해하여 그들의 상황에 맞는 융자 제도를 만들어, 사업에 실패한 서민들이 새로운 기회를 가질 수 있도록 하는 것이 필요할 것이다.

우리는 이러한 취지하의 제도로서 방글라데시의 그라민은행을 소개할 수 있다. 일종의 빈민을 위한 은행으로, 빈민들에게 저리로 자금을 빌려주어 그들을 자립시키고자 하는 은행이다. '그라민'이란 방글라데시말로 '마을'이란 의미로서, 그라민은행은 '마을 은행'이라는 뜻이다. 그라민은행은 마이크로크레딧(microcredit) 사업의 대표주자다. 마이크로크레딧이란 저소득층의 자활을 위해 자금을 대출하고 교육하는 무담보 소액대출 서비스를 말한다. 이 은행을 설립한 방글라데시의 무함마드 유누스(Muhammad Junus)는 2006년 노벨평화상을 받았는데, 그는 이 은행을 통해 그간 빈곤층 1억 가구를 혜택 받게 하였다. 그의 이러한 노력은 우리나라에서도 출판된『가난 없는 세상을 위하여』에 잘 소개되어 있다. 이런 마이크로크레딧 운동의 선두 격은 거룩한빛광성교회가 추진한 일종의 미소금융으로서의 복지법인 해피월드의 해피뱅크 사역일 것이라 생각한다.

이러한 그라민은행과 같은 가난한 사람들을 위한 무담보 소액대출의 제도는 우리나라에서 신용조합의 형태로 많이 운용되기도 하였다. 예전에는 우리나라의 교회들이 비영리 금융기관으로서의 신용협동조합을 설립하여 많이 운영하기도 하였는데, 요즈음에 들어 그 수가 현저히 줄어든 것 같다. 그러나 이전의 이 신협 운동은 교회의 가난한 사람들에 유용한 금고 역할을 하였는바, 오늘의 그 취지를 잘 살려 보다 안정된 시스템하에서 잘 운영하면 교회와 지역 사회에 좋은 영향을 미칠 것이다.

6) 마을 센터

이전 동사무소의 이름이 주민 센터로 바뀌더니, 최근에는 그 이름이 행정복지 센터로 변경되었다. 가능하면 주민 친화적인 주민 센터를 만들기 위해 노력하는 중이지만, 아직도 그 거리가 충분히 좁혀지지 않고 있는 것 같다. 관청은 주민들의 생활을 살피며 최소한 경제 문제 때문에 자살하는 사람은 없이해야 할 것이다. 그런 다이내믹이 있는 동사무소와 일선 지방 자치 기관을 만들려면 우리의 사고방식에 많은 변화가 필요하다.

정말 마을의 중심이 되는 주민 센터가 되기 위해서는 동사무소에 앉아있는 직원보다 동네의 길을 발로 뛰어다니는 직원들이 더 많아야 할 것이다. 주민들의 실제적 요구들을 알려면 거리로 나서야 하고 부단히 주민들과 소통해야 할 것이다. 교회가 교인들을 심방하는 것과 같이 주민 센터의 직원들이 주민들의 고충을 파악하기 위해 뛰어다니는 나라가 되었으면 한다.

이런 의미에서 필자는 주민 센터를 '마을 센터'라는 명칭으로 하자고 제안하고 싶다. 주민의 위에 서있는 관료적 기구가 아니라, 주민의 삶의 중심에서 주민을 섬기는 마을 센터가 되길 바라는 것이다. 이런 마을 센터들의 역할은 더 구체적이어야 할 것이라 생각한다. 일단은 마을에서 경제적으로 매우 힘든 사람들을 마을 센터가 복지적 차원에서 도와주어야 할 것이다.

최근 주민 센터엔 주민 자치 센터가 들어서 마을 사람들을 다방면으로 교육하는 일들을 하고 있는데 매우 좋은 발상이다. 문화학교, 지방 자치에 대한 이해, 주민들이 마을을 행복하게 하기 위해 참여할 수 있는 일들, 자원봉사의 방법과 실제 등 마을의 기운을 활기차게 하는 일을 위해 교육은 매우 중요하다고 생각한다.

주민 자치란 말은 오늘의 시대에 한국의 민주주의 발전을 위해 매우 중요한 개념이라 생각한다. 서구의 민주주의가 발전한 나라들은 모두 주민 자치가 활성화되어 있다. 정부의 기관이 마을의 모든 일을 주도하여하는 것이 아니라, 주민이 마을의 주인이 되어 마을을 위한 요긴한 일들을 찾아내고 그런 일을 주민 스스로가 하게 하는 것이 주민 자치의 근본이며 우리나라 민주주의의 뿌리가 될 것이다. 이에 주민이 나라의 주인이 되는 것을 위한 주민의 자치 역량 강화가 필요한데, 이를 위한 주민 센터의 교육은 매우 중요한 것이 될 것이다.

7) 지역 사회 복지로서의 '마을 복지'

지역 사회 복지는 인간의 복지와 복리를 개인적인 차원에서 접근하기보다는, 지역 공동체를 하나로 묶어 생각해보려 한다. 한 사람의 행복을 개인적 입장에서만 살피는 것이 아니라, 공동체 속에서 그 사람의 행복을 그려보는 것이다. 한 개인이나 기관이 어려운 사람을 도와주는 것도 중요하지만, 그 사람의 행복을 위해 전 사회의 구조 전체를 작동하게 하는 것이 지역 사회 복지가 추구하는 바이다.

이상의 글에서 필자는 지역 사회 복지를 마을을 중심으로 하는 '마을 복지'란 개념을 통해 설명하려 하였다. 오늘 한국의 국민들에게 가장 필요한 일들 중의 하나는 서로가 마을 공동체를 발견하는 것이다. 마을을 중심 테마로 두고 복지를 생각해보자는 것이다. 물론 한 사람 한 사람의 행복이 엮그는 중에 마을의 행복이 도모되는 것만은 분명하다. 하지만 개개인의 사람만을 보고 하는 복지와 마을 전체를 시야에 두고 하는 복지는 같은 복지가 아니다.

사람을 사랑하는 것도 중요하지만, 마을을 사랑하는 것도 중요하다. 가끔은 마을 내의 학교가 다른 마을의 학교들과 축구시합도 하고, 음악 경연대회도 하며, 아이스하키 시합도 하면서 마을에 대한 사랑을 높여 나가는 것도 우리에게 또 하나의 작은 행복이 될 것이라 생각한다. 한 사람에 필요한 것과 함께 우리는 마을에 필요한 일이 무엇인지 살필 필요가 있다. 아이들을 마음 놓고 맡겨놓고 생업에 종사할 수 있는 마을을 만드는 것, 누구에게나 퇴근을 하면 따뜻하게 쉴 수 있는 집이 있는 마을을 만드는 것, 그런 것들이 그렇게 어려운 일인 것 같지는 않다. 공공 아파트, 임대아파트 등 주거복지를 위해 정부는 많은 노력을 하고 있지만, 우리에게 정작 필요한 것은 마을 단위로 서로의 주거 문제에 관심을 가져주는 것이다. 이에 필자는 공공 주택이란 말보다 '마을아파트'란 개념을 제안하고 싶다. 동 단위의 마을들이 이웃의 주거 문제를 염려하여 '마을아파트'들을 세우는 것은 우리의 가슴을 설레게 하는 일이 될 것이라 생각한다.

8) 마을 교회

이런 마을 복지를 위해 교회가 할 수 있는 일은 무엇일까? 필자는 그간 '마을목회'에 대한 16권의 책을 발간하며, 우리 한국교회가 마을의 영적 정신적 물질적 행복을 위해 공헌할 수 있는 바가 무엇인지 탐구해 왔다. 일단 교회는 지역의 주민들이 자기 자신만을 보고 사는 데에서 이웃을 보며 마을을 보게 하는 것으로서의 이웃 사랑의 정신을 확산하는 것이 필요함을 말하고 싶다.

이에 마을 교회는 교회만을 위한 교회가 아니라, 마을을 품고 세상을 살리는 것을 위해 진력하는 교회가 되어야 한다. 교인만을 교인으로 생각하지 않으며, 모든 주민을 목회의 대상으로 보는 것이 마을목회인 것이다. 마을목회는 '마을을 교회 삼아, 주민을 교인 삼아'라는 슬로건을 강조한다. 마을에 동떨어져 있는 교회가 마을로 들어가 마을의 중심에서 봉사하는 교회가 마을 교회인 것이다.

작은 교회라 할지라도 마을을 위해 할 수 있는 사랑의 실천이 없는 것이 아니다. 작은 한 교회가 한 사람이라도 제대로 도울 수 있다면, 그리고 불행한 한 사람을 행복하게 할 수 있다면, 그것은 결코 작은 일이 아니다. 마을의 어려운 사람들을 끝까지 돕겠다는 정신이 중요하다. 지금 내가 가진 힘이 작은 것이지만 어떻게든 나의 힘을 키워 남을 돕자고 생각하며 살면 그 안에 참 행복이 넘칠 것이다.

우리의 인생은 결코 순탄한 바다를 항해하는 것과 같지 않다. 인생 중엔 많은 풍랑과 파도를 만나곤 한다. 그러나 이런 와중에서도 우리가 서로의 손을 잡아준다면 우리의 삶이 그렇게 험난하지마는 않을 것이다.

예전 중세 시대의 마을을 보면 타운 중심에 관공서, 오페라하우스, 교회가 있었다. 이런 세 주체들이 힘을 합하여 행복한 마을을 구성해 나갔던 것이다. 9년 전 스위스 다보스 근처의 한 마을을 간 적이 있다. 저녁 무렵 시간이 있어 호텔을 나와 작은 그 마을을 산책하였었다. 아기자기한 가게들이 중앙의 광장을 향해 있는 길들에 자리 잡고 있었다. 별 살 것도 없으면서 몇몇 가게를 들어가 구경도 하고 어떤 작은 물건 하나 산 것 같이 기억된다. 마을 중앙에 가니 예상대로 큰 교회당이 있었다. 그 속에 수도원도 자리하고 있었는데 독신의 수도승들이 마을의 행복을 위해 자기의 삶을 전력투구하여 연구도 하고 새로운 생산품도 개발하곤 하였을 것이다. 마을 가운데의 교회당으로 들어가 이 건물 저 건물을 기웃거리며 많은 생각을 하였다. 마을의 한 가운데 자리 잡은 교회, 그리고 마을의 일에 깊이 관여하고 있는 교회의 모습들을 그려보았다. 물론 그러한 교회로의 권력 집중이 중세 교회를 부패하게 하기도 하였지만, 어차피 정치와 종교는 상호 연관을 맺고 견제할 수밖에 없는 속성을 가지고 있다. 오늘날 우리나라 정치인들의 상상력 고갈로 대한민국은 지금 불행한 나라로 가고 있는데, 이런 상황에서 우리 기독교는 새로운 꿈을 백성들에게 줄 수 있어야 할 것이다. 이제 인류는 시험대 위에 서 있는 형국이다. 구각을 뚫고 새로운 출발을 시도해볼 것인가 아니면 답답한 이 상황을 그대로 끌고 갈 것인가 하는 기로에 서 있는 것이다. 하나님의 말씀의 비전 안에서 새 길을 찾는 우리가 되었으면 한다.

6. 마을목회의 핵심 전략

남인도교회 대표들을 위한 강의를 위해 마을목회의 핵심 전략을 정리하여 보았는데, 그 내용을 아래에 적어보았다. 앞에서 설명한 내용들을 다시 언급한 것도 있지만, 기타 마을목회를 하며 유의해야 할 사항에 대해 정리한 것이다.

1. '마을'이란 주로 시골지역에서 여러 집이 모여 사는 곳을 말한다. 그러나 '마을목회'는 농어촌 지역의 목회 전략을 말하는 것이 아니다. 마을이 하나의 공동체를 이뤄 그곳의 주민들이 서로 도우며 살 듯, 도시에서도 이런 공동체를 이루며 사는 것이 필요한바, **지역 공동체로서의 하나님 나라를 동네 속에 세우기 위한 목회가 마을목회다**.

2. 교회에는 여러 사명이 있다. 복음 전도, 예배, 교육, 교제, 사회봉사 등이다. 마을목회는 이런 기능들 중 교회의 **사회봉사 영역에 치중한 목회방안이다**. 그간 한국교회는 복음 전도, 제자 훈련, 예배 및 교육 등의 일들을 잘 수행해왔다. 그 같은 노력과 함께 마을목회로서의 대사회적인 교회의 기능이 잘 수행된다면, 보다 활력 있는 하나님의 선교가 가능해질 것이다.

3. 마을목회는 주님의 십자가의 능력과 성령의 감화를 강조하는 목회 방안이다(갈 5:16-26). 주님의 칭의의 능력이 아니고는 아무도 이웃을 진정으로 사랑할 수 없는 것으로, 우리는 항상 주님께 의존하며 기도하면서 마을과 온 세상의 샬롬을 이뤄나가야 할 것이다(막 9:29, 사 11:1-9). 이와 같이 마을목회는 오늘의 시대에 기독교 사랑의 진정성을 보여주려는 목회방안으로(요일 3:16-18), 우리는 **믿음에 따른 사랑의 실천**이 주님의 복음을 왕성하게 할 수 있음을 믿는다(마 5:16).

4. 마을목회는 이론에 앞서 실천을 중시하는 목회다. 마을목회는 본 교단의 교회들이 전개한 현실 목회에서의 노력들을 살펴 만들어낸 이론으로 **실천성**을 강조하는 운동이다. 그러므로 마을목회는 신학을 위한 신학이 아니라 교회를 위한 신학을 강조한다. 이전 해외에서 한국을 대표하던 신학으로 민중 신학이 있었다. 사회 현실과는 밀착된 신학이었지만 목회 현장에 적용하기에는 쉽지 않은 신학이었다. 이에 비해 마을목회는 목회 현장에 충실한 사회봉사 신학으로, 사랑의 실천을 구체화하는 목회방안인 것이다.

5. 마을목회는 **개인적 행복과 함께 공동체적 행복**에 관심을 갖는다. 이런 견지에서 마을목회는 지역 사회를 공동체적 가치를 통해 만들어나가는 것을 강조한다(요 17:21-23). 마을목회는 오늘 우리 사회의 위기가 지나친 개인주의적 삶의 방식에 기인한 것으로 분석하여, 경제, 교육, 복지, 환경, 문화 등 사회 각 분야에 기독교가 강조하는 사랑의 하나 됨과 공동체성을 불어넣을 것을 주창하는 목회 전략인 것이다.

6. 마을목회는 교회 밖의 주민들도 회개하고 믿기만 하면 주님의 자녀가 될 수 있는 **잠재적 교인**으로 생각하며, 그들을 목회의 대상 안에 포함시키는 운동이다(롬 3:29-30). 이런 의미에서 마을목회는 "마을을 교회로, 주민을 교인"으로라는 표어를 주창한다(요 3:16). 주님은 우리 안의 99마리의 양을 두고, 길 잃은 한 마리의 양을 찾아 나서시는 분이시다(마 18:12-14).

7. 마을목회는 **평신도 사역**을 강화하는 목회 전략이다(고전 12:4-31). 평신도의 역량을 강화하여 그들을 주민 자치와 교회 사역의 전면에 내세우는 목회가 마을목회다. 우리는 마을목회를 통해 대사회적인 봉사의 일은 평신도들이 우선적으로 담당케 하며, 목회자는 기도하고 설교하는 일에 전념하는 분담이 필요하다.

8. 마을목회는 지방 자치 분권화를 통해 **마을 만들기 운동**을 전개함으로 우리 사회의 풀뿌리 민주주의를 정착시키려는 노력을 지지한다. 이에 마을목회는 관 주도적인 하향식 운동이 아니며, **주민주도적인 상향식 운동**이다. 이에 마을목회는 복음을 통해 마을 공동체를 행복하게 만드는 일에 교인과 주민이 앞장서는 주체적 시민의식을 강조하며, 마을의 일을 위해 함께 의논하는 민주적 소통을 중시한다.

9. 마을목회가 가능하려면 주민들의 주체적 역량이 전제되어야 한다(벧전 2:9). 마을 만들기를 위해서는 주민들의 자주성과 소통 능력, 마을을 개발하는 일을 위한 핵심 역량과 주민의 민주적 시민정신이 함양되어야 하는 것으로, 이를 위해 지역 사회와 교회는 주민들의 **역량을 강화**

하는 교육에 관심을 두어야 한다. 이에 제자직을 위한 성경 교육과 시민직을 위한 시민 교육이 중요할 것이다(마 28:19-20, 딤후 3:16).

10. 마을목회는 **삼위일체 하나님 안에 나타난 생명성**을 온 세상에 퍼뜨리는 운동이다(요 17:21). 삼위일체 하나님께서 세 분이시면서 하나이신 것과 같이, 우리는 개인주의와 집합주의를 넘어서는 기독교 복음의 강조점을 나타내보여야 한다. 이에 마을목회의 사역을 위해서는 상호 간 하나 됨과 네트워크가 중시된다(고전 12:12). 마을 속의 주민들의 연대, 교회들의 연대, 교인과 마을 주민 사이의 네트워킹, 교회와 관청, 마을의 학교와 기업 등과의 폭넓은 사귐과 관계적 통전성이 이런 마을목회를 활력 있게 할 것이다.

11. 교회가 성장하려면 교회 밖의 사람들을 전도하고 선교해야 하는데, 이를 위해서는 그들과의 접촉이 확대되어야 한다. 마을목회는 교회의 문턱을 낮추는 목회 전략으로, 교회의 봉사를 통해 **교회 밖의 사람들과 관계망을 확장**하여 그들이 교회 안으로 들어와 주님의 자녀가 되는 것을 쉽게 하는 목회 전략이다.

12. 마을목회는 전략을 세워 사회봉사의 사역을 추진하는 **과학적 목회방안**으로 지역 사회 개발 이론, 역량 강화 이론 및 전략 기획 이론 등의 방법론을 사용한다. 마을목회는 실천과 함께 일의 기획 과정과 사후 평가를 중시하는 목회 방식이다(엡 1:11).

7. 마을목회와 복음 전도

기독교의 핵심 과제는 사람들로 하여금 예수 그리스도를 주로 믿어 구원받게 하는 것이다. 그들로 하여금 인간의 유한함과 죄 됨을 깨닫게 하여 회개함으로 주님을 구주로 받아들여 영생을 얻게 하는 것이 기독교 선교의 목적이다. 그러나 이들의 영혼이 죽어 천국에 들어가는 것과 함께 소중한 것이 있는데, 그것은 오늘의 삶 속에서 하나님의 나라를 구현하는 것이다. 하지만 이런 하나님의 나라를 이 땅에 선취하는 일도 주님에 대한 믿음을 통하지 않고는 가능하지 않음을 성경은 강조한다. 주님의 성령이 역사하지 않고는 우리는 진정된 회심을 할 수 없다.

문제의 핵심은 교회의 사회봉사가 영혼 구원을 위한 복음 전도와 양립할 수 있는가 하는 것이다. 교회가 사회봉사의 일에 주력할 때 복음 전도에 대한 열정은 식을 수밖에 없으며, 그들 영혼의 근본 문제에 대해서는 소원해질 수밖에 없다는 주장들이 있다. 복음을 우선적으로 전해야 한다고 말하는 사람들은 사회봉사가 진정 주님의 말씀을 받아들이는 데에 방해가 된다고 하며, 오히려 봉사의 사역보다 복음을 제시하는 일을 위해 전력해야 한다고 주장한다. 사회봉사를 통해 전도하고 복음을 듣게 하는 것은 오히려 전도에 방해가 된다는 것이다.

여기서 우리는 질문해보게 된다. 사회봉사 등을 배제하고 복음 전도만을 우선으로 하는 선교 전략이 좋은가, 아니면 사회봉사를 통해 그들과 관계를 형성하여 교회로 그들을 불러들이는 것이 더 효과적인가 하는 것이다. 길거리에 있는 사람들에게 구원의 교리를 적은 전도지를 주고, 성경을 주어 그들로 하여금 예수님을 믿게 하는 길이 더 빠른 구원의 길인지, 아니면 먼저 그들에게 도움을 주면서 하나님의 사랑을 그들로 하여금 체험케 하는 것이 전도의 방법으로 더 효율적인지 하는 것이다.

복음을 제시하여 비기독교인들을 교회로 나오게 하는 확률이 높은가, 아니면 그들을 진정으로 섬김으로 교회에 나오게 하는 확률이 더 높은가 하는 문제이다. 물론 이 일을 잘 파악하기 위해서는 교회에 나오게 된 동기에 대한 설문 조사가 필요할 것이나, 먼저 복음에 대한 제시를 받고 교리를 받아들여 교회에 나와 신자 생활을 시작한 사람의 비율은 높지 않으리라 추측된다. 사실 오늘날 한국의 교회에 다니지 않는 많은 사람들도 교회의 교리에 대해 어느 정도 알고 있다고 보아야 할 것 같다. 워낙 주변에 예수 믿는 사람들이 많아 기독교 교리의 핵심 내용 정도는 많이 알고 있는 것이다. 그렇게 그들이 교리를 알고 있음에도 교회에 잘 나오지 않는 것은 그런 교리의 인지도가 그들을 교회 나오게 하는 데에 결정적인 영향을 미치지 않는 것임을 알게 된다. 그들은 이미 기독교의 교리를 들은 적이 있는바, 그 교리가 그들에게 신빙성을 주지 못하고 있으며, 이에 교회 나갈 필요성을 느끼지 못하고 있는 것이다.

비기독교인들로 하여금 교회에 다녀 예수를 믿게 하는 최선의 길은 무엇인가? 일단 그들에게 먼저 복음을 제시하여 복음에 관심을 갖게 하면 그들이 교회에 다니게 될 것이라는 주장과, 그들을 하나님의 사랑으로 사랑하게 되면 그들이 감동을 받아 교회에 관심을 갖게 되며 이런 관심이 그들로 하여금 교회에 다니게 한다는 두 가지의 주장이 가능하다. 복음 제시의 교육을 먼저 하느냐, 아니면 주님의 사랑으로 그들을 섬겨 그들을 교회로 나오게 하는 것이 더 쉬운가 하는 질문이다.

전도를 하려면 교회 밖의 사람들과 소통하고 교제해야 하는데, 필자는 이를 위한 우선적인 방법이 교리를 가르치는 것이라고 생각되지는 않는다. 교리를 가르치는 적기는 그들이 어느 정도 교회의 일원이 된 다음 양육의 단계에서라고 생각된다. 그들이 건성 기독교인이 되지 않도록 그들에게 복음을 제시하며 그들로 복음을 바로 믿게 하기 위해 교육이 필요하며, 그런 교육이 가능하려면 그들을 우선적으로 교회에 나오게 해야 할 것이다.

그러면 사람들로 하여금 교회에 나오도록 하는 가장 큰 요인은 무엇인가? 필자는 그 이유를 일종의 관계 형성으로 말하고 싶다. 무언가 교회 내의 신자들과의 관계가 형성되어서 그들이 교회에 나오게 되는 경우가 많다는 것이다. 이에 중요한 것은 교회 밖의 사람들과 관계를 확대하는 것인데, 그러한 관계 확대를 위해 가장 효율적인 방법이 마을목회라고 필자는 생각하고 있다. 마을목회는 교회 밖의 사람들과의 접촉점을 많게 하는 목회 방식으로, 교회 밖의 사람들이 교회 안의 일에 많은 관심을 갖게 하는 전도의 방안이다.

이런 마을목회로서의 사회봉사를 하며 우리가 유념해야 할 일이 있다. 교회의 사회봉사를 말하는 학자들은 이구동성으로 기독교의 봉사의 진정성이 중요함을 강조한다. 교회의 봉사가 수혜자들을 교회로 인도하는 목적을 위한 수단이 될 때, 그 수혜자들은 교회 봉사의 진정성을 의심하게 된다. 오히려 봉사자의 그런 의도는 그들로 하여금 교회로 멀어지게 하는 결과를 낳기 쉽다. 교회가 사회봉사를 하며 그 일을 교인을 만드는 일과 결부하지 않으면 않을수록 그들을 교인으로 만들 공산이 더 크다는 말이다. 이 말은 어느 정도 이율배반적인 면이 있다. 교회가 대놓고 교인들을 얻으려 하기보다는 그저 순수한 마음으로 봉사를 할 때, 사람들이 교회로 나오게 하기 더 쉽다는 것이다. 그들을 교회로 나오게 하면 우리에게는 그들을 향한 복음 제시의 가능성이 더 커지게 된다. 그들에게 천국의 영생을 전달할 기회가 많아지게 되는 것이다. 교회의 복음 전도는 이렇게 하나님의 사랑에 따른 관계의 진정성으로부터 더 큰 가능성을 갖게 되는 것 같다.

아무튼 우리는 이 문제에 대해 더 냉정히 생각해보아야 한다. 교회는 교인의 숫자를 늘리고 재정을 키우기 위해 그들로 하여금 교회에 나오게 하려는 것이 아닌지, 그들의 영혼과 그들의 모든 것을 사랑해서 그들에게 복음을 전하려는 것인지 냉정히 평가해보아야 한다. 우리는 지금 복음의 순수성을 지키고 있는가? 우리는 그들의 영혼과 그들의 모든 것을 진정 사랑하고 있는 것인가? 어떻게 하는 것이 그들을 위한 진정된 사랑인가? 정말 그들을 위한 전도인가, 아니면 나를 중심을 놓고 위장하여 하는 위선적 전도인가? 자기만족과 대리 만족, 현실 도피에 사로잡힌 봉사인가, 아니면 그들이 진정 필요로 하는 것이 무엇인지를 냉철히 판단하고 하는 봉사인가? 그들의 영혼을 사랑하여 전도한다는 것은 무엇인가? 이제 우리는 마음속에 있는 것을 그대로 들쳐 내봐야 할 것이다.

이에 대한 더 깊은 숙고를 위해 미국 장로교 총회의 직원으로 있었던 다이어터 헷셀(Dieter T. Hessel)의 '사회적 목회'(social ministry) 개념을 검토해봄이 좋을 것 같다. 헷셀은 그의 책,『사회적 목회』(Social Ministry)에서 '사회적 목회'라는 말을 사회적 목회'들'(social ministries)이라는 복수와 구별한다. '사회적 목회들'로서의 복수는 목회의 일과 구별된 교회가 사회를 위해 봉사하고 노력하는 별도의 일들을 지칭할 때 쓰이는 말이다. 무료급식소, 교회의 복지관, 노인들을 위한 프로그램, 지역을 위한 의료 시설, 집 고쳐주기 운동 등 교회는 사회를 위해 이 일 저 일을 할 수 있다. 그러나 단수로서의 '사회적 목회'란 이런 것과 다르다. 그 '사회적 목회'는 본질적으로 모든 목회가 사회적임을 강조한다. 이런저런 사회봉사를 함으로써 목회가 사회적인 것이 되는 것이 아니라, 목회 자체를 사회적인 것으로 정위시킬 것을 강조한다. 어차피 우리는 사회의 일들에 관여하며 살 수밖에 없는 존재들이기 때문이다. 이런 의미에서 마을목회는 사회적 목회'들'을 하는 바가 되어서는 안 되며, '사회적 목회'가 되어야 할 것이다. 그 교회가 존재하는 마을과 사회를 염두에 두고 하는 목회를 말한다.

교회가 사회적 봉사를 한다는 것과 목회 자체가 사회적이라는 말은 같은 것이 아니다. 사회적 목회'들'을 강조하는 목회자는 혹시 부족한 사회적 관심들이 없는가 하며 사회적인 행동들을 찾아 분주해진다. 그러나 본질적으로 사회적인 목회를 하는 목회자는 그와 같이 분주한 마음을 가질 필요가 없다. 왜냐하면 전 교회의 삶이 애초부터 사회적인 방향으로 정위되어 있기 때문이다. 사회적 목회는 사회봉사의 양으로 결정되지 않는다. 그것은 질의 문제이다.

헷셀은 목회 그 자체의 일 속에 사회봉사와 사회 정의를 향한 행동이 포괄되어야 한다고 주장한다. 목회의 한 부분으로서의 선교하는 일에 있어서도 마찬가지다. 사회 선교는 선교에 부가되는 어떤 것이 아니다. 본질적으로 모든 선교는 사회적인 것이 되어야 한다. 사회적 논의와 연계되어 생각되지 않는 개인영혼의 구원이란 충분한 것이 못 되기 때문이다. 사회 선교는 선교의 한 부분이 아니다. 오히려 기독교의 선교 전체가 사회적인 것으로 정위됨이 요청된다. 교회는 선교에 있어 개인의 영혼 구원 문제를 정치, 경제, 사회, 문화, 교육의 문제와 연계할 수 있는 능력을 가지고 있어야 할 것이다. 영적인 사람이 되면 될수록 그는 봉사하며 섬기는 사람이 되지 않을 수 없다.

헷셀은 이전의 이원론적인 목회 방식을 극복할 것을 말한다. 영적인 발달과 사회 정의를 행하는 것 사이를 분리하는 것, 신앙의 개인적인 면과 집합적인 명을 분할하는 것, 교회를 양육하는 것과 사회를 개혁하기 위한 행동을 분리하는 것은 올바르지 않다. 참다운 목회는 개인적인 동시 정치적으로 행동적이며, 연민(compassion)과 함께 용기를 강조한다. 또한 경축(celebration)과 동시 도덕적 요구를 한다. 영적인 갱신과 사회적 헌신은 나눠지지 않는다. 복음을 증거하여 영혼을 구원하는 것과 하나님의 정의를 사랑하는 것은 서로 반대되는 것이 아니며 전체에 있어 하나다. 개인적 경건과 사회적 행동, 영성과 정치, 믿음과 행함, 관상(contemplation)과 투신(commitment), 기도와 행동, 하나님 사랑과 이웃 사랑, 영과 육, 종말과 역사, 수직적 영성과 수평적 영성, 하늘과 땅이 우리의 목회에서 분리되어선 안 될 것이다. 기도가 노동이며, 노동이 곧 기도다(Orare est laborare, laborare est orare).

헷셀은 사회적 행동이 목회에 연결되어 있으며, 목회와 예배를 통해 배태되어야 할 것으로 생각하였다. 교회에서의 예배와 설교, 복음의 증거, 교회교육, 교회의 행정, 목회적 돌봄과 상담을 통하여 이런 사회적 의미들이 부각되며 실천을 향해 방아쇠가 당겨지는 것이 필요하다. 교회의 목회는 일차적으로 하나님의 영광을 위한 것이어야 하며, 동시에 인간을 사랑하고 봉사하는 내용을 그 속에 담고 있어야 한다.

우리의 복음 전도는 사회봉사의 일과 분리되어있는 것이 아니다. 그런 의미에서 경제의 문제는 세속적인 영역 내에 머물러 있지 않다. 경제는 그것의 깊이에서 신앙의 문제 및 기독교의 구원의 문제와 조우한다. 경제나 경영(administration)을 말하는 헬라어 '오이코노미아'(oikonomia)는 하나님의 경륜(dispensation)이나 청기기직(stewardship)라는 뜻도 동시에 가지고 있다. 하나님이 인간을 불러 그 자신과 함께 세상을 경영하는 방식이 경제로서, 그것은 인간이 하나님의 계속적인 창조 활동에 참여하는 방식이다. 그런 의미에서 하나님의 선교의 개념 속엔 자연히 경제의 문제가 포함될 수밖에 없는 것이다. 이와 같이 우리가 전하는 복음이 공적 복음이 될 때, 사회는 교회를 더욱 신뢰하게 될 것이며 복음의 광채가 더 드러나게 될 것이다.

하나님의 말씀을 전하는 복음 전도는 '복음 전도'고, 이웃 사랑의 사회봉사는 '사회봉사다.'라고 이원론적으로 생각할 때가 많은데 그렇지 않다. 복음 전도가 사회적 행동이며, 사회봉사가 하나님의 사랑을 나타내는 복음 전도의 일이다. 하나님의 진정한 사랑으로 이웃을 사랑할 때 하나님의 복음이 그들의 마음에 박히게 된다. 우리가 하나님의 복음을 사람들에게 전하는 것은 그들을 진정 사랑하기 때문으로, 그것은 그들을 위한 봉사의 일이기도 하다. 이와 같이 복음 전도와 사회적 행동 모두가 하나님을 향한 우리의 헌신이 된다. 남을 위한 사랑의 행동을 할 때 그것을 통해 주님이 말씀하신다는 것을 우리는 느끼게 된다. 주님의 깊은 은혜에 빠지면 빠질수록 우리는 이웃의 고통을 외면할 수 없는 것이다. 그것은 우리로 하여금 찬양케 하며, 기도하게 하고, 다시 주님의 말씀을 느끼게 하고, 행동하게 하는 것으로, 그러한 예배 중심적 하나님의 선교를 우리는 오늘의 시점에서 다시 명찰해야 할 것이다.

하나의 이야기로 이에 대한 논의를 마무리하고자 한다. 미건 맥케나(Megan McKenna)의 책『정의의 의례』(Rites of Justice)에서 따온 글이다. 바빌로니아 탈무드 속에 있는 「안식일을 사랑하였던 요셉」의 이야기다: "요셉은 주일 내내 열심히 일해야만 했던 가난한 사람이었다. 그는 안식일을 위해 준비할 것을 사기 위해 거의 노예와 같이 일을 하였다. 그는 소랍의 가정을 위하여 일하였는바, 소랍은 그를 위해 얼마 안 되는 수당을 지불하였다. 한 번은 요셉이 임금을 올려줄 것을 요청하였으나, 소랍은 그늘에 앉아 시원한 음료를 마시며 그의 말에 대해 들은 척도 하지 않았다. 하지만 요셉은 안식일을 기다리며 그것을 위해 일하는 것이 낙이었다. 그는 작은 임금을 받아 금요일 저녁 안식일을 위해 여러 좋은 것들을 준비하였다. 맛있는 음식도 사고, 예쁜 초도 사는 등 그는 안식일을 소중히 준비했다. 그는 땀내 나는 더러운 옷을 벗어 던지고 안식일을 위해 고운 옷을 차려입었다. 그는 여러 가지 음식을 차려놓고, 촛불을 켜고, 하늘의 별들을 보며 하나님을 찬양하였다. 그리고는 그 다음 날 남은 음식을 주변의 어려운 사람들과 같이 나누었다. 요셉은 주간 내내 피곤하고 지쳤지만, 안식일의 쉼과 샬롬을 고대하며 그러한 어려움을 참곤 했다. 하루는 소랍의 꿈에 천사가 나타나, 그의 모든 재산과 토지가 다 요셉의 손에서 나온 것이기 때문에 보름이 지나기 전에 그의 전 소유가 다 요셉의 것이 될 것이라고 말하였다. 소랍은 소스라치며 일어나 그런 일이 결코 일어나지 않을 것이라고 마음에 되뇌었다. 그러나 그 다음날 꿈에 천사는 다시 나타나 그 말을 되풀이하였다. 소랍은 근심에 쌓이게 되었다. '결코, 그럴 수는 없어!'를 외치며 소랍은 자신의 소유를 팔아 아주 귀한 붉은 루비와 바꾸고는 멀리 이사 가기 위해 배를 타게 되었다. 마침 강한 바람이 불었는바 소랍은 갑판에서 떨어져 다시 볼 수 없는 사람이 되었다. 요셉은 다른 주인을 만나 어려운 생활을 하며 안식일의 평안을 기다리는 삶을 계속하였다. 그는 금요일이 되어 어려운 노동을 마치고 안식일을 준비하였다. 시장에서 여러 물건을 사고 또한 생선도 한 마리 샀다. 생선가게 주인들이 요셉의 안식일을 위해 남겨놓은 비교적 큰 생선이었다. 그는 그날로 옷을 갈아입고, 좋은 음식을 만들어 먹으며, 기쁜 찬양을 하나님께 드렸다. 그가 생선 요리를 먹다가 큰 돌이 하나 씹혀 그 돌은 골라내어 보았더니, 값이 비싼 큰 루비임을 알았다. 그는 다음날 그 루비를 팔아 큰 부자가 되었다. 그 다음 날 아침 요셉은 사람들을 초대하여 자신의 행운을 말하였으며, 사람들은 그것이 하나님께서 그에게 내리신 축복이라고 하였다. 그는 부자가 된 다음에도 열심히 일하며 안식일을 가난한 사람들과 함께 보냈으며, 안식일을 사랑하여 그 날을 항상 감사와 기쁨 중에 보내었다."

8. 글 말미에: 마을목회와 해외 선교

마을목회 차원에서 새롭게 하는 국내 선교의 예를 부천의 새롬교회나 후암동교동협의회가 잘 보여주었다면, 영등포노회가 추진한 베트남 선교나 한아봉사회가 동남아 지역에서 펼친 선교 및 온누리교회의 더멋진세상을 펼치고 있는 사역들은 국외 선교로서의 마을목회의 모습을 잘 보여준다. 영등포노회는 그들이 파송한 선교사들을 통하여 복음을 전할 뿐 아니라, 그 지역을 아름답게 개발하는 일에 많은 노력을 해왔다. 또한 노회 차원에서 그 지역을 자주 방문하는 등, 지역의 많은 교회들이 합심하여 베트남 선교를 도왔던 것이다. 개 교회가 선교사를 파송하여 선교를 하는 것보다 교회들이 연합하여 선교의 일을 할 때보다 건실한 선교가 될 수 있음을 영등포노회의 선교는 우리에게 잘 보여준다.

한아봉사회는 그 이름부터 남다르다. '선교회'란 이름으로 활동하기보다는 NGO의 이름과 같은 '봉사회'란 이름으로 활동하고 있는 것이다. 한아봉사회는 그 기관을 다음과 같이 소개한다. "[한아봉사회는] 선교대상 지역의 지도자양성, 기술 교육, 빈곤퇴치프로그램, 의료 지원 등 정의롭고 평화로운 사회 발전과 관련된 프로그램을 지원하고 있습니다. 아시아에 정의와 평화가 정착 되도록 하기 위하여 제1단계로 베트남, 라오스, 캄보디아, 미얀마, 제2단계로 중국과 북한, 그리고 제3단계로 근동지역으로 활동영역을 넓혀 가려 합니다." 이러한 한아봉사회의 활동은 복음 전도와도 연결되는 것으로 그들은 이 양자 사이의 연관성을 다음과 같이 설명한다. "이것은 단순히 인적 물적 자원을 나누는 차원을 넘어서 '지금' '여기'에서의 복음에 대한 구체적인 체험 자체를 나누는 것을 의미한다. 따라서 본 회는 우리 구주 예수님의 말씀과 사역에서 나타난 '섬김과 나눔'을 복음 선포의 본질적 차원으로 밝히며 선교 사역에 있어 인적 물적 차원뿐만 아니라 한반도에서 체득된 복음의 깊이와 신앙 체험의 차원에서의 섬김과 나눔을 실천하고자 한다." 이런 설립취지에 대한 언급에서와 같이 한아봉사회는 선교의 사역과 사회봉사의 일을 통전적으로 잘 융합하고 있는 것이다.

본 연구원의 부이사장으로 있는 이재훈 목사와 온누리교회의 선교 방안 중 하나인 기독교 NGO '더멋진세상'이 펼치는 해외 선교에 대해 이야기를 나눈 적이 있다. '더멋진세상'은 온누리교회가 2010년 12월에 세운 세계 선교 기관이다. 이 기관은 이 땅의 모든 사람들이 행복하고 즐겁고 기쁜 삶을 살기를 원하는 마음에서 세워진 NGO로서, 인종과 이념, 종교의 벽을 넘어 가난과 질병, 재난 등으로 고통을 받고 있는 지구촌 이웃들에게 전문적이고 체계적인 도움을 제공하고 섬김과 나눔을 통해 더멋진세상을 구현하려고 노력하는 중, 현재 아시아와 아프리카 대륙의 9개 국가에서 '더멋진마을'을 만드는 사역을 위해 헌신하고 있다. 해외 선교를 NGO 기관을 통해 수행한다는 것 자체가 멋있는 발상이며, 이를 통해 주님의 선교가 더욱 활발히 진행되는 것을 여러 면에서 감동이 있었다.

이런 해외 선교 사역을 위해선 선교사 한 명을 파송하여 생활비만 지원해선 충분하지 않다. 그 선교지역을 살리는 마을목회적 선교를 하려면, 선교 센터를 만들어 여러 명의 선교사들이 힘을 합해 선교를 해나갈 필요가 있다. 이 일을 위해서 많은 재정이 요청되는바, 한 교회의 지원만으론 감당되기 어렵다. 한 지역을 정해놓고 그 지역에 교회와 병원과 학교 등등을 세워나가며 복합적 선교를 하는 것이 효율적이다. 초기 한국교회 선교사들이 하였던 선교도 그와 같은 모델이었던 것이다.

해외 선교에 있어 가장 중요한 점은 선택과 집중이다. 상당 기간 동안 선교할 지역을 물색하고 그 지역에 대한 리서치를 하며, 그 선교지에 합당한 맞춤 선교가 무엇인지 연구하고 이후 그에 적합한 선교사를 선발하여 훈련하며, 재정적 지원을 통해 그 선교지에서 마을목회를 수행하게 하는 등 일련의 일관성 있는 선교 전략이 요청되는데, 그것은 한 교회의 역량으로 감당할 수 있는 일은 아니다. 선교지에 대한 리서치를 위해 신학교 교수들과 현지 선교사들의 조언을 듣고 지역의 목회자들과 함께 의논하는 등 선교를 위한 선택과 집중이 요청된다는 것이다. 한국교회가 선교의 양을 자랑하던 시대는 지나고 있다. 이젠 선교의 질을 강화하여야 하는데, 그러기 위해 가장 필요한 선교 구조는 선택과 집중이며, 이를 위해 교회들이 연합하여 선교 센터를 운영하는 방식이 유리할 것이라 생각한다. 마을목회는 오늘 우리의 해외 선교의 확실한 대안이다.

세계적으로 가장 앞선 선교 신학으로 무장한 선교단체는 월드비전이라고 생각한다. 월드비전에 대해서는 모두를 잘 알고 있는데, 그들의 선교에 바탕이 되는 선교 신학에 대해선 우리에게 잘 알려져 있지 않은 것 같다. 월드비전의 중요한 프로그램 가운데 ADP(Area Development Program)이 있는데, '지역 발전 프로그램'으로 번역할 수 있겠다. 지역을 돕는 마을목회의 사역을 언급하는 것이다. 월드비전은 마을을 개발하는 일을 하며 자신들이 기독교인들임을 자랑스럽게 오픈하여 말하지만, 그들의 일을 하며 종교나 인종을 구별하지 않는다.

우리는 이 같이 선도적으로 해외 선교를 해온 여러 선교 기관들의 케이스들을 살피며, 마을목회의 가능성을 다시 타진해보게 된다. 특히 이 책은 이러한 마을목회적 해외 선교에 대한 이론과 실천의 내용을 담은 책으로서, 이 책을 통해 우리의 선교가 한 발 더 전진할 수 있다면 그것은 우리에게 큰 기쁨이 될 것이라 생각한다.

삼박자 선교와 마을목회

1. 문화적 구원의 개념

1) 복음서에 나타난 다양한 구원의 모습

복음서에 나타나는 예수 그리스도께서 보여주신 기독교 구원의 총체성을 우리는 한 시야로만 좁혀 보아서는 안 될 것이다. 특히 마가복음에는 예수 그리스도의 사역이 다양하게 묘사되어 있는데, 우리는 이 같은 그리스도의 사역을 통해 그가 이 세상에서 베푸시고자 했던 구원의 사역이 어떤 것인지 가늠해보게 된다. 마가복음서에서 예수 그리스도께서는 귀신들린 자에게서 귀신을 축출하시며, 몸에 질병이 있는 사람들을 치유하시고, 장애를 가진 사람들의 장애를 이기게 해주시고, 부당한 법으로 인해 피해 받는 사람들을 도와주시며, 죄악의 굴레들에게서 해방하시며, 영적이며 정신적인 고통을 치료해주시고, 여러 가지의 차별이 있는 세상에서 그 차별의 굴레를 벗겨주셨으며, 경제적인 어려움에 봉착해 있는 사람들을 도와 그것에서 벗어나게 하는 등 다양한 사역을 하셨는 바, 그러한 내용들은 기독교의 구원 사역이 의미를 우리에게 보여주고 있다.

2) 총체적 구원으로서의 문화적 구원

복음서에서 묘사된 그리스도의 사역은 우리의 삶 전반의 문제들을 아우르는 총체적 양상을 띠고 있다. 우리는 이 같은 총체적 구원의 모습을 보통 문화적 구원이라 부른다. 이에 있어 '문화'(culture)란 인간 활동의 복합 총체(complex whole)로서, 그 문화를 연구하는 문화학은 현실인식 및 그에 대한 지식을 위해 그 연구 대상을 인간 행위와 그 산물의 전체 영역으로 하고 있다. 이와 같이 문화란 정치학이나 사회학, 철학 등의 한 시야를 말하는 것이 아니라, 모든 것들이 총괄된 전체적 시야를 언급한다. 다양한 스펙트럼을 갖고 한 대상을 조망할 때 그 대상에 대한 이해가 보다 명확해진다. 문화란 그와 같이 학문 영역들의 총체적인 융합을 통해 그 내용이 만들어지게 되는 것이다.

일례로 건강에 대한 문화적 접근에 대해 말해보도록 하겠다. 건강한 마을과 도시를 만들기 위해 우리는 여러 가지들을 떠올릴 수 있다. 먼저는 지역의 의료 수준을 높이는 것이다. 다음으로 충분한 병원 시설은 만드는 것도 중요하다. 그러나 이것만으론 지역의 건강을 높일 수는 없다. 아무리 좋은 병원과 의료진이 있다고 하여도, 주민들의 경제생활이 어려우면 그러한 의료 시설들을 이용하기 어렵다. 그러므로 그 지역의 경제수준을 높이는 것이 필요하다. 하지만 지역의 전체 수입이 높아졌다고 하여 병원을 이용할만한 경제력을 지역의 모든 주민들이 갖게 되는 것은 아니다. 그 높아진 경제력을 지역 주민들이 고루 나누어 갖는 것이 전제되어야 한다. 곧 경제적 평등을 이룩해야 한다는 것이다. 이를 위해서는 주민들을 위해 사회복지 제도를 정비할 필요가 있으며 의료보험 제도 등도 중요할 것이다. 그러나 이것만으로 지역 주민의 건강이 보장되는 것은 아니다. 수질 오염과 공기 오염 등의 환경 오염을 줄이는 것 또한 주민 건강에 필수다. 주민들의 식생활 역시 건강과 직결된다. 주민들이 각자에 알맞은 직업을 가지고 건전히 살아가는 마을을 만드는 것도 필요하다. 정신 문화와 도덕적 수준을 고양하는 것 역시 주민의 건강 수준을 높이는 일에 기여할 것이다. 이와 같이 한 마을과 도시의 주민 건강을 높이는 일은 어떤 한 부분의 개선만으로 가능한 것이 아닌바 총체적인 접근이 필요한 사안이다. 이러한 건강에 대한 총체적 접근은 보통 건강에 대한 '문화적 접근'으로 표현되기도 한다. 문화적 접근이란 어떤 문제 해결을 위해 일차원적인 접근을 하는 것이 아니라, 다각적 방향에서 다차원적으로 접근을 하는 것을 말한다.

 기독교의 구원도 그렇다. 마가복음에 나타는 그리스도의 사역의 내용에서와 같이 인간의 구원은 영육을 아우르는 총체성을 띤다. 그것은 개인적인 영역과 사회적인 영역 모두를 아우른다. 기독교가 말하는 구원은 총체적이고 통합적인 어떤 것으로 인간의 전존재와 상관된다. 복음은 인간의 전문화와 연관된다. 복음에 의한 구원은 총체적 구원으로 우리는 그것을 '문화적 구원'(cultural salvation)으로 부른다. 여기서 문화란 문학, 예술 등을 말하는 좁은 의미의 문화를 언급하는 것이 아니며, 인간의 하는 모든 일을 포함하는 넓은 의미의 문화 개념인 것이다.

3) 문화적 구원으로서의 샬롬

평강이나 평화 또는 '정의로운 평화'로 번역되는 히브리어 '샬롬'은 기독교적 구원관을 잘 표현하는 용어다. 이 '샬롬'은 "제반 관계에 있어서의 온전함"을 나타내는 말로서, 인간과 하나님의 영적인 관계, 인간과 인간의 사회적 관계, 국가와 국가 사이의 국제적 관계, 인간과 자아 사이의 심리적 관계, 인간과 자연과의 생태적 관계 등의 온전함을 포괄한다. 이 같은 샬롬의 구원관은 예수 그리스도를 믿어 죽어 천당에 가는 영적인 구원뿐 아니라, 영육간의 구원을 그 속에 포함한다. 현대 신학자들은 오늘의 기독교의 구원을 표현하는 말로 '샬롬'을 선호하는바, 이 샬롬은 기독교 구원의 총체성을 잘 드러내는 단어이다.

기독교의 구원은 통전적인 문화적 구원으로서, 그러한 문화적 구원 개념을 잘 대변하는 성경의 단어로 필자는 '샬롬'을 언급하고 싶다. 아트킨슨(D. Atkinson)은 그의 책 『평화의 신학』에서 샬롬을 다음과 같이 정의한다. "평화는[샬롬은] 대체로 올바른 관계 속에 존재한다.…최상의 평화는 옳은 관계 속에 거함에 따른 즐거움과 만족에 대한 것이다. 그리고 그 관계란 하나님, 이웃, 자신, 그리고 환경과의 관계를 의미한다. 참된 평화는 불가분 정의와 관계된다. 그러므로 정의 없는 평화는 결코 존재하지 않으나 평화는 정의를 초월한다. 자주 '평화'와 '정의'는 함께 일괄적으로 이루어진다."(시 85:10, 사 48:18)[1] 그는 샬롬의 다차원적인 모습을 설명하였다. 하나님과의 종교적 관계, 인간과의 사회적 관계, 자아와의 심리적 관계, 자연과의 생태적 관계 등의 제반 관계가 샬롬의 개념

---

1 D. Atkinson, *Peace in Our Time*, 한혜경, 허천회 역, 『평화의 신학』(서울: 나눔사, 1992), 159.

속에 녹아져 있다. 이 같은 샬롬의 개념에서와 같이 기독교의 구원 사역은 통전적이며 포괄적인 것임에 분명하다.

우리는 오늘의 기독교와 교회를 문화적인 지평에서 접근하는 것이 필요하다. 기독교와 교회를 종교라는 범주에서만 고찰하지 않고, 문화라는 전 지평 속에서 검토할 때 많은 유익이 된다. 오늘의 우리의 종교 체계가 사회 체계 속에서 차지하는 위치를 연구할 수 있을 것이다. 나아가 교회가 한국의 경제적 정치적 사회적인 변화에 미치는 영향을 분석하여 전체적으로 조망하게 되면, 우리의 한국교회가 나아가야 할 방향이 보다 명확해질 것이라 생각된다. 기독교가 현대인의 관념 체계, 인지 체계, 상징 체계, 구조 체계 및 외부적 조건들에 대한 적응 체계 등에 미치는 영향을 다각적으로 검토하는 것도 많은 유익이 될 것이다.[2]

2. 순복음교회의 삼박자 구원

20세기 한국의 목회자 가운데 구원의 총체성 문제를 목회에 잘 반영한 분으로 우리는 여의도 순복음교회의 조용기 목사님을 들 수 있다. 조용기 목사님의 삼박자 구원[3]은 이런 문화적 구원의 모습을 잘 나타낸다. 조 목사님의 문화적 구원으로서의 삼박자 구원을 말하는 핵심 성경 본

---

2 전경수, 『문화의 이해』 (서울: 일지각, 1999), 105-136.
3 최근에는 조용기 목사님의 삼박자 구원이 삼박자 축복이라는 말로 종종 언급된다. 기독교의 구원을 영적인 구원으로만 한정하는 분들을 위한 배려에서 용어를 바꾼 것으로 사료되는데, 이전 삼박자 구원이란 말이 더 분명할 것으로 생각된다. 이영훈, 『십자가 순복음 신앙의 뿌리: 이것이 충만한 복음이다』, (서울: 교회 성장연구소, 2011) 참조. 이 책에서 이영훈 목사님은 삼중 구원이란 용어 대신 삼중 축복이란 용어를 대신 사용하고 있다

문은 요한삼서 2절이다. "사랑하는 자여 네 영혼이 잘 됨 같이 네가 범사에 잘 되고 강건하기를 내가 간구하노라." 이 본문은 기독교 구원의 세 가지 요소에 대해 언급한다. 첫째 요소는 영혼의 잘 됨이다. 조 목사님께서는 이 요소를 기본적 구원으로서의 영적 축복으로 언급하셨다. 두 번째의 요소는 범사에 잘 됨이다. 이 요소는 물질 축복 곧 물질적 번영과 연관된다. 조 목사님께서는 마지막으로 육체적으로 건강함의 요소를 강조하셨다. 이 요소는 건강 축복을 기독교 구원의 한 요소로 강조한다. 이에 관련하여 조 목사님께서는 육체적 약함을 치유하는 신유의 은사를 목회 가운데에서 강조하신 바 있다. 조용기 목사님께서는 영육을 아우르는 전인적 인간관을 바탕으로 한 기독교적 구원론을 전개하셨던 것이다.

이제까지의 타계적이며 영적인 구원론만을 강조하였던 한국교회의 상황에서 조 목사님의 삼박자 구원론은 새로운 구원의 지평을 우리 신자들에게 열어주었다. 예수를 믿어 우리의 영혼이 천국에 가는 것도 중요하지만, 그와 동시 현세에서 행복하며 건강하게 사는 것도 기독교의 구원과 상관되는 것임을 조 목사님께서는 강조한 것이다.[4] 이전 일제 강점기를 거치며 희망이 없던 우리 민족에게 천국에 대한 소망은 큰 구원의 내용이 되었었다. 그러나 1960-70년대에 경제 개발을 하며, 새로운 나라 건설에 꿈을 가졌던 백성들에게 삼박자 구원론은 시사하는 바가 컸다. 조용기 목사님께서는 저 세상 하늘나라에서의 행복과 함께 오늘

---

4 조 목사님께서는 삼박자 구원과 함께 오중복음을 강조하신 바 있다. 오중복음은 구원의 복음(죄 사함과 성결의 축복), 성령 충만의 복음(성령의 은사와 열매), 신유의 복음, 축복의 복음(부요의 축복), 재림의 복음(죽어 천국으로 감)을 의미한다. 조용기, 『4차원의 영성』(서울: 교회 성장연구소, 2010)을 참조하시오.

에서의 건강하고 행복한 나라 건설을 꿈꿨던 당시의 우리 백성들에게, 삼박자 구원을 통하여 기독교의 문화적 구원의 의미를 잘 전달해주셨던 것이다.[5]

이 같은 조용기 목사의 삼박자 구원론에 대한 다양한 평가들이 있었다. 먼저는 "범사에 잘 되고"라는 요한삼서의 2절 중의 본문을 해석하며 그 의미를 너무 축소시킨 것이 아닌가 하는 평가이다. 조 목사께서는 그 본문을 물질 축복과 물질적 번영으로만 해석하셨다. 그러나 우리는 그 내용이 물질 축복만을 의미하는 것이 아니라, 건강하고 행복한 우리의 개인적이며 사회적인 삶 전반을 가리키는 것으로 해석하는 것이 더 나을 것 같다. 또한 조 목사의 삼박자 구원론은 상당히 개인적 구원론을 강조하는 것으로, 사회적 구원과 사회적 책임의 측면이 약화된 기복적 성격의 신학이라는 평가를 받아오기도 했다.

조용기 목사님께서는 본인의 삼박자 구원의 이 같은 개인주의적 성격을 다음과 같이 언급하신 바 있다. "그러므로 절망에 처한 인간에게 우리가 목회자로서 외쳐야 할 것은 이러한 절망에 처한 인간을 구원하는 것입니다. 그런데 제가 말씀드리는 구원은 요즘 자유 신학에서 말하는 사회 구원과 같은 성질이 아닙니다. 사회 구원을 주장하는 자들이 말하는 기독교의 구원이란 사회 구원이며 이 사회가 점점 과학적으로 이성적으로 좋은 사회가 되어 완전히 예수 그리스도의 정신을 따라 살게 되어 그리스도의 왕국이 자동적으로 임한다고 주장하는 것입니다."[6]

---

5 조용기 목사님의 삼박자 구원의 신학과 김삼환 목사님의 삼박자 선교의 신학을 연결하여 검토하기 위해서는 김삼환 목사님의 저서, 『순복음의 전인구원 신학』(서울: 서울말씀사, 2003)을 참고해보면 된다. 이 책은 조용기 목사님의 구원론을 가장 명확하게 정리한 책이라 생각된다.
6 http://cafe.naver.com/shalomsebu/1008 "수영로교회 사명자 학교에서 2009년 10월에 한 강연 중의 내용"에서 발췌함.

이상의 언급에서와 같이 조용기 목사님께서는 당시 기장을 중심으로 강조되었던 민중 신학과 차별되는 자신의 신학을 강조하셨다. 민중 신학은 사회 구원에 집중하지만, 자신의 신학은 그런 사회 구원에 앞서 개인의 절망을 구원하는 것에 우선성을 두는 것임을 말했다. 우리는 민중 신학의 약점에 대해서도 잘 알고 있기 때문에 조 목사님의 이런 입장을 이해할 수 있다. 그러나 전체적으로 볼 때 조 목사님의 신학은 인간의 사회성을 간과한 개인주의적 행복에 치우친 면이 있다고 평가도 적지 않다. 그럼에도 이 같은 조 목사님의 삼박자 구원론은 박정희 대통령 시대의 '잘 살아보세'로서의 새마을 운동과 맥을 같이 하는 것으로 당시로서는 상당한 의미를 가졌던 신학임에 틀림없다. 조 목사님께서는 개인들이 복음으로 행복해지면 당연 사회도 행복해지는 것으로 생각하시며 개인적 구원에 우선성을 두신 것이다.

3. 삼박자 선교

우리가 말하고자 하는 통전적인 삼박자 선교(triple meter mission)를 잘 설명하는 복음서의 한 구절이 마태복음 9장 35절인데, 이 본문은 아래와 같이 말한다. "예수께서 모든 도시와 마을에 두루 다니사 그들의 회당에서 가르치시며 천국 복음을 전파하시며 모든 병과 모든 약한 것을 고치시니라." 이 본문은 예수 그리스도의 공생애의 사역을 세 가지로 언급하면서, 요한삼서 2절의 삼박자 구원과 그 내용을 연결시키고 있다. 이 본문이 말하는 삼박자 선교의 내용은 세 가지다. 가르치시고, 천국 복음을 선포하시고, 병을 고치신 것이다. 먼저 천국 복음을 선포하셨다는 것은 예수를 믿어 우리의 영혼이 천국에 가게 됨을 말하는 내용으로 보수적 구원과 선교관을 나타낸다. 이러한 영혼 구원을 위한 전도기관은 교회로서 복음 전도는 교회 개척을 통해 가능해지는 것이다. 다음으로 가르친다는 것은 교육하는 것을 의미하는데, 그러한 교육의 일을 가장 잘 수행할 수 있는 곳은 학교다. 마지막으로 병을 고치는 일을 위해서는 병원의 설립이 필요하다. 교회의 설립, 학교의 설립, 병원의 설립의 세 가지가 예수 그리스도의 공생애 사역의 핵심 과제였음을 우리는 이 본문을 통해 깨닫게 된다. 이와 같이 삼박자 선교는 복음 전도 선교, 치유 선교, 교육 선교를 세 축으로 하는 선교다. 교회 목회의 전도적 구조, 교육적 구조, 치유와 사회봉사적 구조를 언급하는 것이다. 이에 있어 교육 선교가 잘 되려면 학교 기관뿐 아니라 교회가 방송국 체제를 갖는 것이 효율적임을 언급코자 한다.

여기서 우리는 '삼박자 구원'의 핵심 본문인 요한삼서 2절과 '삼박자 선교'의 핵심 구절인 마태복음 9장 35절의 본문을 연결해보게 된다. 요한삼서의 '영혼이 잘 됨 같이'라는 부분은 마태복음의 천국 복음을 선포하는 것과 상응한다. 또한 두 본문 모두 육체의 건강과 병을 고치는 것을 동일한 요소로 강조한다. 두 본문에서의 차이점은 범사에 잘 됨과 가르치는 것으로서의 교육이다. 범사에 잘 되는 것과 교육하는 것이 어떤 상관관계가 있는 것인가에 대한 질문하게 된다. 개인과 사회가 모든 일에 잘되기 위한 최상의 방안에 대한 질문이기도 하다. 한 개인이나 국가가 잘 되기 위한 여러 방안들이 있겠지만, 그런 것들 중에서 가장 우세한 방법이 필자는 교육이라 생각한다. 오늘날 한국의 경제적 부흥과 물질적인 번영은 교육을 바탕으로 하여 이루어졌음을 아무도 부인할 수 없다. 국민들의 자녀에 대한 교육적 열망이 없었더라면 오늘날과 같은 한국의 부흥은 가능하지 않았을 것이다. 개인을 행복하게 하기 위한 여러 방법들이 있겠지만, 교육만큼 확실한 방법도 없는 것 같다. 우리의 부모님들을 자녀 교육에 최선을 다했으며, 그러한 노력은 정말 자녀들을 위한 최선의 선물이 되었던 것이다. 특히 천주교의 제스윗교단(예수회)은 피선교지에 가장 훌륭한 대학을 설립하여 선교하는 것을 선교 전략으로 가지고 있는데, 그러한 선교 전략의 견지에서 세워진 대학이 서울의 서강대학교다. 필자는 이런 예수회의 선교 전략이 나름대로 큰 영향력을 갖는 방안이라고 생각한다.

<요한삼서 2절과 마태복음 9장 35절의 비교>

	요삼 2		마 태 9:35	
조용기 목사님의 삼박자 구원	사랑하는 자여/ 네 영혼이 잘 됨 같이/ 네가 범사에 잘 되고/ 강건하기를 내가 간구하노라		예수께서 모든 도시와 마을을 두루 다니사 그들의 회당에서 가르치시며/ 천국 복음을 전파하시며/ 모든 병과 모든 약한 것을 고치시니라	
	영혼의 잘 됨(영적 축복)	삼박자 선교	복음 전파(영적 축복 → **교회** 설립)	
	범사에 잘 됨(물질 축복) → 모든 면에서의 행복		가르치심(모든 면에 행복한 개인과 사회를 만드는 데에 있어 가장 중요한 것은 교육이다.) → **학교** 설립	
	강건함 (건강 축복, 육적 구원)		병 고침(건강) → **병원** 설립	

4. 삼박자 선교의 관점에서 본 호남권 선교

호남권 선교는 이런 삼박자 선교 방법을 잘 활용한 선교였다. 한국 선교 특히 호남권 선교는 세계 선교 역사상 유래가 없는 성공을 이룬 선교로서, 우리는 그 성공의 이유를 삼박자 선교에 충실하였음에서 찾을 수 있다. 미국 남장로교 선교사들은 호남권을 선교하며, 교회를 개척하였고, 병원을 설립하였으며, 교육 기관을 세웠던 것이다. 물론 이런 교육 기관 설립의 꽃은 대학의 설립이라 할 수 있겠다. 아래에 이런 삼박자 선교의 모습을 호남 지역의 주요 선교부로 나누어 검토하였다.

<미국 남장로교 선교사들의 호남권 선교에서의 삼박자 선교>

선교부	교회의 설립	병원의 설립	학교의 설립	초기 주요 선교사
전주선교부 (1894 설립, 효자동)	서문교회 (1896)	야소병원 (현 전주예수병원, 1898)	신흥중고(1900), 기전여중고(1900)	레이놀즈, 테이트 선교사 남매, 잉골드
군산선교부 (1896, 구암동)	구암교회 (1903)	군산구암병원(1897)	영명학교(현 군산제일고등학교, 1902), 멜볼딘여학교(현 군산영광여고, 1902)	전킨, 드루
목포선교부 (1898, 양동)	양동제일교회 (1894)	목포진료소(1899)	영흥중고(1903), 정명여중고(1903)	(유진) 벨, 레이놀즈, 오원
광주선교부 (1904, 양림동)	제일교회, 양림교회 (1904)	제중병원(현 광주 기독병원, 1905)	광일숭일중고, 수피아여중고, 기독간호대학교, 한일장신대, 호남신학대	벨, 오원, 프레스턴, 최흥종
순천선교부 (1910, 매곡동)	순천중앙교회 (1907)	안력산 병원(현 순천 기독진료소, 1915)	매산중고와 매산여고(1910)	니스벳, 프레스턴, 윌슨, 해리슨

위 다섯 곳의 선교부 모두에서 우리는 삼박자 선교의 세 요소들을 확인할 수 있다. 미국 남장로교 선교는 삼박자 선교의 내용을 잘 반영하고 있는 것이다. 물론 이 중, 군산구암병원과 목포진료소는 오늘에까지 그 명맥이 이어지지는 않았지만, 우리는 삼박자 선교의 흔적들을 오늘에서도 그대로 확인할 수 있다.

이런 미국 남장로교 선교부의 삼박자 선교는 하다 보니 그와 같은 구성을 갖게 된 것이 아니며, 애초부터 세 기관의 설립을 전략으로 하여 선교를 시작하였음을 우리는 확인하게 된다. 우리는 이 삼박자 선교가 애초부터 남장로교 선교의 전략이었음을 호남신학대학교 동산 내에 있는 선교사 묘원에서도 확인하게 된다. 우리는 이곳에 안장된 선교사들을 그 직능별로 이래와 같이 분류할 수 있다.

<묘원에 안장된 23명의 선교사와 그의 친족에 대한 직능별 분류>

설명	교회 개척 선교사 목사로 활동	의료 선교사 의사와 간호사로 활동	교육 선교사 교사로 활동
성년의 묘지수	3	4[7]	6 (목사, 의사의 부인 5명이 주로 교육 선교의 일을 담당하였다.)[8]
미성년 (아이들 묘지수)	6 (목사 관련 자녀)	1 (의료 선교사 관련 자녀)	
친척	1	2	
총	10구	7구	6구

위의 표에서 보는 바와 같이, 선교사 묘원에 안장된 23분은 목회자와 그와 관련된 가족이 10명, 의사 간호사와 그들과 관련된 가족이 7명, 교육 선교사가 6명으로 구성되어 있다. 특히 주목되는 점은 목회자가 3명, 의사 간호사가 3명, 그리고 학교 선생으로 일하던 선교사들이 6명이었다는 점이다. 목회자보다 적지 않은 의료 선교사와 교육 선교사들이 파송되었다는 것이다. 이와 같이 남장로교의 선교는 애초부터 삼박자 선

---

7 2015년 광주기독병원 7대 원장이었던 이철원(R. B. Dietrick)의 묘지가 추가됨.
8 엘라 그레이엄(한국명, 엄언라)은 수피아여고의 초대 교장으로 묻힌 분이다.

교의 전략을 갖고 수행된 선교였다. 처음부터 세 부류의 선교사들이 미국에서 파송되었으며, 이들은 각각 이 세 분야에서 열심히 사역을 하였던 것이다. 우리는 미국 남장로교의 호남 선교에 있어 교회의 설립과 건축도 중요하지만, 병원과 학교의 설립과 건축 또한 이에 못지않게 중요하게 생각하였음을 인지해야 할 것이다. 교회의 규모보다 더 큰 병원과 학교의 건물들이 호남 곳곳에 건축되었는바, 그것은 이들 선교에서 병원과 학교가 차지하는 비중이 적지 않았음을 보여주는 것이다.

현재 호남신학대학교 교정에는 100년이 더 되는 기독병원의 2대 원장으로 있었던 로버트 윌슨(한국명, 우월순) 선교사의 사택이 광주시 기념물 제15호로서 보존되어 있다. 광주 시내엔 현재 목회자로서 일하였던 선교사 사택은 보존되어 있지 않은바, 의료 선교사인 윌슨 선교사 사택만 보존되어 있다는 것으로도 초기 미국 남장로교회 선교에 있어 의료 선교가 얼마나 중요하였는지를 가늠해보게 하는 것이다.

우리는 이상과 같이 미국 남장로교회의 호남권 선교에서 예수 그리스도의 삼박자 선교의 전형을 찾게 된다. 그들은 한국에 와서 교회를 세웠으며, 병원을 설립하였고, 학교를 지었던 것이다. 이에 우리 또한 이런 예수 그리스도의 공생애 사역과 미국 남장로교회의 선교 사례를 본받아 외국 선교를 실천해나가면서 세 기관의 설립을 통한 선교 전략을 동일하게 수행해나가야 할 것으로 생각한다. 선교지에 교회만을 세우는 것이 아니라, 선교 센터를 세워 병원과 학교를 병행하여 운영하면서 선교를 해나가는 것이 더 효율적인 선교 전략임을 말하고자 하는 것이다. 물론 한 교회가 선교를 하며 이런 기관들을 모두 짓는 것은 어려운 일로서 여러 교회들이 합력하여 선교를 해나가는 것이 필요할 것이라 생각한다. 선교비를 잘게 나누어 선교하는 것이 아니라, 선택과 집중을 통해 선교 센터 단위로 집약하여 선교하는 것이 더 효과적인 선교일 것이라 생각된다. 물론 모든 선교지마다 교회와 병원과 학교를 동시에 짓는 것이 쉬운 일은 아니다. 그러나 병원과 학교를 짓지는 못하더라도 그에 버금가는 치유 선교와 교육 선교의 일을 할 수 있을 것이다. 상황에 맞는 창의적인 삼박자 선교가 수행되면 될 것이다. 우리는 이 같은 미국 장로교회의 선교 전략을 다음의 내용을 통해 보다 확실히 이해할 수 있게 된다.

"미국 남북장로교 한국 선교회는 1893년 『선교사 합동 공의회』를 결성하고 선교 원칙 10가지를 결정하였다. 이 원칙에 따라 각 지역의 중심지에 선교부(mission station)를 세우고 교회와 학교와 병원을 운영하게 하였다. 이 세 가지 기관을 운영하려면 최소한 4가지 직능의 선교사가 필요하였는데, 복음 전파를 전담할 목사, 치료를 전담할 의사, 가르침을 전담할 교사, 그리고 부녀자들과 아동을 전담할 부녀/아동 담당 여선교사, 이렇게 4사람이 하나의 선교부에서 팀웍을 이루어 협력하면서 일하였다. 목사 선교사에게는 한국인 유급 조사 2명이 배치되고, 의사에게는 한국인 조수와 미국인 간호사, 그리고 (가능하다면) 약사가 배치되고, 교사에게는 본인과 아내, 그리고 동료 선교사들의 부인이 가세하였다. 나머지 여성과 아동 담당 선교사는 복음 선교사와 함께 짝을 이루면서 여성들을 긴밀하게 만나서 복음을 전하였다."[9]

위의 내용에서 다시 확인되는 바와 같이 삼박자 선교는 미국 장로교회가 수행하였던 한국 선교의 핵심 전략이었던 것으로, 우리는 이러한

---

9 차종순. 『양림동에 묻힌 22명의 한국인: 한국에서 순교한 선교사들의 이야기』(광주: 삼화문화사, 2000), 33.

선교의 모델을 우리의 외국 선교뿐 아니라 국내 선교에서도 여전히 반영할 필요가 있다.

우리는 한국 선교가 왜 효과적인 선교였는가에 대해 검토했다. 한국 선교에 있어 선교사들이 세운 병원의 대표격으로서의 세브란스, 대표적 학교들로서의 이화여자대학교와 연세대학교 등은 그들의 전도를 통해 세워진 새문안교회, 정동교회 등과 함께 한국교회 발전에 큰 영향을 미쳤던 선교의 기관들이다. 오늘과 같은 교회 성장 정체기를 맞아 한국교회에 가장 필요한 전도 전략이 어떤 것이어야 할지 생각해보게 된다. 이를 위해 우리는 우리가 가지고 있는 의료 선교 기관들을 잘 관리하여 선교 전면에 내세울 필요가 있으며, 교회들에 의해 운영되는 미션스쿨들을 잘 육성하는 것도 중요할 것이다. 미선계 병원들과 학교 그리고 교회가 삼위일체로 연결되어 삼박자 선교를 이뤄나갈 것인가에 대한 신중한 검토와 연구가 요청된다.

5. 21세기 한국교회의 국내외 선교 전략

호남권 선교의 꽃으로 우리는 다음의 기관들을 말할 수 있다. 인돈 선교사의 대전신학교의 설립, 잉골드 선교사가 전주 예수병원을 세운 일, 그리고 전주 서문교회, 순천중앙교회 등의 개척이다. 특히 여수 순천 지역은 기독교 인구가 34%에 달하는 곳으로 한국 선교가 매우 성공적으로 진행된 곳으로 평가된다. 우리는 이 같은 교회와 병원과 학교의 세 기관의 설립이 한국교회 선교에 어떤 영향을 미쳤는지 자세한 조사를 한 적은 없으나, 이 같은 삼박자 선교가 다른 어떤 선교 방법보다 효율적인 방안으로 판단되고 있다.

　2014년 아시아 아프리카에 선교사들이 건립한 8개 대학들의 연합체인 PAUA(Pan Asia & Africa Universities Association) 모임이 호남신학대학교에서 있었는데, 이러한 대학 설립을 통한 선교적 노력들이 중시 되어야 할 것이라 생각된다. 특히 몽골에 세워진 울란바토르대학교는 몽골 선교에 많은 공헌을 한 대학으로 한국교회가 이런 기관들을 전략적으로 육성할 필요가 있을 것이라 생각한다. 세우는 것도 중요하지만 지속적인 관리는 더 중요한 일이다. 앞에서도 언급하였듯 대학 설립을 통한 선교 전략은 많은 비용이 요청되는 선교로서 모든 선교지에서 쉽게 시행할 수는 없는 것으로 교회 간의 협력이 요청되는 일이다. 하지만 대학을 설립치는 못하더라도 작은 미션스쿨들, 아니며 소규모의 유치원 같은 교육 기관을 세워 복음 선포의 일과 병행해나간다면 교회가 더욱 왕성히 선교할 수 있을 것이라 확신한다. 기독교적 가치관에 의거하여 교육하며, 기독교적 세계관을 장착한 교육 콘텐츠들을 개발하여 가르치는 것이, 선교를 위해 중요한 일인 것이다.

　한국교회의 초기 선교가 활성화된 곳을 보면, 대체적으로 그곳에 교회의 개척과 함께 신학교가 세워져 있음을 보게 된다. 교육 기관의 설립이 중요하다는 말이다. 신학대학을 세워 그 나라 출신의 교역자를 배출하는 것이, 한국 선교사가 몇 교회를 개척하는 것보다 효율적일 때가 많다. 선교사가 교회를 세우면 적은 수의 교회 세울 수 있지만, 30명의 신학생을 졸업시키면 30곳 이상의 교회가 개척되게 된다. 우리는 그러한 한 예로 이흥래 장로님이 세운 모스크바장신대를 들 수 있다. 일면 한계도 있었지만 신학대학을 세워 선교의 일을 추진하는 것이 얼마나 생산력 있는 선교였는지를 우리는 모스크바장신대를 통해 배우게 된다. 교육이 정말 중요하다. 우리는 국가를 발전시키는 데에 있어 교육의 힘을 경험한 민족이다. 선교지에 신학대학과 그 나라에 긴요한 인력들을 길러내는 교육 기관 및 대학을 설립하는 것이 한 국가를 새롭게 하는 첩경이 될 것이다.

우리는 전도를 하는 일을 제자를 기르는 일로 종종 표현한다. 그들을 가르쳐 지키게 하는 제자화의 길이 사람들로 하여금 바른 믿음을 갖게 하는 길이기도 하다. 마태복음 28장 18-20절은 이 같은 교육으로서의 선교를 우리에게 강조한다. 선교지에서 교육 기관을 세워 교육해보면 그 나라 백성들에게 하나님 나라를 전하는 좋은 방법이 무엇인지를 발견하게 된다. 교육적 역량을 개발하여야 선교의 일도 잘 된다는 말이다. 교회와 교육 기관들이 합력하여 시너지 효과를 내게 되면 국가적 선교의 길이 더욱 크게 열릴 것이다. 성급하게 생각하지 말고 하나하나 교육 자료들을 만들어가며 선교의 일을 꾸준히 진척해나가는 지구력 있는 한국 선교가 되길 기대한다.

명성교회가 아디스아바바에 세운 MCM은 의료 선교의 좋은 성과물이다. 아울러 2004년 몽골 울란바토르에 세워져 2014년에 폐원된 연세친선병원 또한 한국교회가 세운 중요한 선교 병원 중의 하나였다.[10] 이런 의료 선교뿐 아니라 단기로 하는 해외 의료 봉사들도 효율적인 선교 방안 중 하나로 지역 사회의 건강 전도의 전략을 적극 펴나가는 것이 중요함을 언급하고 싶다. 국내에서 기독교 병원으로 운영되고 있는 최일도 목사가 세운 다일천사병원 등도 지속적 후원을 통해 발전적으로 운

---

10 한국교회의 대표적인 선교 성공 사례를 우리는 몽골에서 찾을 수 있다. 교단이 연합하여 한인교회를 세운 일, 연세친선병원의 걸립, 울란바토르대학과 몽골유니온신학교의 세운 일, 성경의 번역 등의 삼박자 선교의 전형을 몽골 선교가 보여주고 있는 것이다.

영되기를 기대해본다.

그러나 모든 선교지에 일정 규모의 병원을 세우는 것은 쉽지는 않다. 이에 작은 의원을 세우는 것, 단기 의료 봉사의 일을 하는 것, 목회 간호의 일로서 선교사와 함께 간호사가 협력하여 선교를 수행하는 것, 지역의 보건 의료 문제를 자문하는 일, 지역 주민의 건강을 위해 우물을 파주는 일, 주거 환경의 개선 등의 보다 작은 규모로서의 다양한 건강 전도의 일을 교회가 수행할 수 있을 것이다. 오늘과 같이 병원 시설이나 학교 교육이 발전한 시대에 교회가 이 분야에 관여할 수 있는 일을 찾는 것이 쉽지마는 않겠지만, 어떤 변형된 형태로 이런 일을 병행함이 교회의 선교에 중요할 것이라 생각한다.

최근 이런 육체적 건강의 문제를 중시하는 의료 선교 전략의 일환으로 CHE(Community Health Evangelism, 지역 사회건강 전도)라는 선교 방안이 실천되고 있다. '건강'이란 개념에 집중하여 기독교의 영육간의 선교를 수행해나가는 이 전략은 매우 발전된 선교 전략으로 이에 대한 깊은 연구와 더 나은 실천이 요청된다. '지역 사회건강 전도'의 방안은 건강을 정의하며 그것을 육적인 의미의 건강으로 한정하지 않으며, 정신건강, 영적인 건강들을 포괄하는 개념으로 접근하고 있다. 이 CHE는 복음 전도와 사회적 개발 양자를 모두 중시하는 선교 전략으로서 이 둘이 서로 분리될 수 없음을 강조한다. 특히 이 CHE 전략은 피선교지의 사람들이 자율적으로 자신의 문제를 풀어나갈 것을 말하면서 일종의 역량 강화(empowerment) 전략을 그 방안으로 삼고 있다.

한 지역이 건강하고 행복한 공동체가 되기 위해서는 경제적 성장도 중요한데, 이를 위한 '선교로서의 사업'(Business as Mission, BAM)이 그것의 한 방법이 되고 있다. 이런 '선교로서의 사업'이 활발히 진행되려면 저소득층이 손쉽게 빌릴 수 있는 저금리 대출로서의 '마이크로크레딧 운동'이 또한 요청되어지기도 한다. 우리는 '선교로서의 사업' 통해 기독교가 운영하는 '사회적 기업'(social business)들을 육성해나가는 것도 선교를 위한 한 전략이 될 것이다.

현 시대의 한국민들은 기독교가 추상화된 복음을 선포하는 것을 원치 않는다. 우리의 영혼이 잘 됨 같이 교회가 우리의 현세 행복을 위해서도 기여하길 바라는 것이다. 외국 선교를 하며 병원과 학교를 세워 선교를 하는 일은 우리나라 청년들의 일자리 창출을 위해서도 좋은 방안이라고 생각한다. 현재 명성교회의 MCM에서 일하는 직원들의 수가 600여 명에 이른다는 말을 들었다. 그중 다수가 한국에서 간 의료진이나 청년들로서 특히 청년들을 위한 새로운 도전을 주는 곳이라 생각된다. 그것은 선교지에 세워진 학교에서도 그렇다. 일자리를 만들어 국민의 경제생활을 향상시키는 것이 교회의 주목적은 아니겠으나, 이런 일들을 통한 새로운 도전의 기회를 젊은이들에게 준다는 것은 정말 의미 있는 일이라 사료된다. 교회에서의 생활이 그들의 육적인 삶에 직간접적으로 좋은 영향력을 미칠 수 있도록 교회는 다각적 시도를 할 필요가 있다. 국민들에게 이런 기관들을 통해 세계화를 향한 꿈을 주는 것도 오늘 우리 교회들의 중요한 사명이 될 것이라 생각한다.

경제 개발 이전의 시대의 한국교회는 주로 성도들의 질병을 치료하는 것으로서의 치유의 은사 곧 영적인 능력을 강조하였다면, 삼박자 선교 전략은 보다 구체적인 치료의 방안들을 강조한다. 병원을 세우고 학교를 설립하여 직접적으로 그들의 육적인 삶을 옹호하는 것이다. 물론 오늘의 교회도 병을 치유하는 영적인 능력 곧 치유의 은사를 강조하여 선포한다. 그러나 오늘의 교회는 그것과 함께 실제적으로 병든 사람을 돕는 일을 위해서도 노력하는 교회로 성장했다. 한국 경제가 부흥되기 이전에는 우리 교회들이 힘이 없었으므로 국민들의 건강과 복지를 위해 많은 일을 하지 못했지만, 오늘의 시대엔 국민들의 행복을 위해 보다 구체적인 내용을 갖는 선교를 하기 위해 노력하고 있는 것이다.

이 같은 상황에서 필자는 한국교회가 '생명 공동체 마을 만들기 운동'을 강화해 나갈 필요가 있다고 생각한다. 본 교단은 2012-2022에 "치유와 화해의 생명 공동체 운동"을 펼칠 것을 결의한 바 있다. 일종의 마을 만들기 운동으로 행복하고 건강한 마을 만들기를 위해 교회가 할 수 있는 역할이 무엇인지 숙고하는 운동이다. 교회가 그 마을에 있음으로써 그들의 영혼을 천국으로 인도함과 동시 그들의 영적 정신적 육적인 삶을 윤택하게 하는 것이 우리의 선교의 방향이 되면 좋을 것이다.

이상으로 필자는 오늘의 시대에 있어 한국 선교 전략으로 가장 추천할만한 선교 방안이 삼박자 선교임을 설명했다. 목회를 하며 목회자가 교인들의 영적 차원뿐 아니라 그들의 원만한 경제생활과 자녀들의 교육 및 그들의 육적 건강을 함께 염려해줌이 없이, 그들을 진정 사랑한다고 말할 수 없을 것이라 생각한다.

당장 우리에게는 북한 선교라는 커다란 과제가 앞에 있는데, 이 문제도 삼박자 선교 전략으로 접근할 것을 추천한다. 북한에서의 교회 건축과 함께 병원과 학교를 세워 육성하는 것이 미래 북한 선교의 큰 기틀이 될 것이다. 이런 입장에서 북한에 이전 설립된 평양과학 기술대학과 여의도 순복음교회가 평양에 7층 건물로 세우려다 중단된 조용기심장병원 등을 지원 육성하는 것이 긴요하다. 평양과학 기술대학은 명문대학으로 성장시키는 것, 개성과 원산 정도에 북한에서 가장 앞선 병원을 세우는 것, 이런 실천들이 북한 선교의 문을 속히 열 것이라 생각한다.

21세기를 시작하여 17년이 지났다. 우리 한국은 선교를 통해 하나님으로부터 많은 축복을 받았다. 필자는 선교로 축복받은 나라가 우리 대한민국이 되길 바란다. 믿음과 성령으로 사람을 새롭게 하고 마을을 품고 세상을 살리는 한국교회가 되었으면 한다.

6. '삼박자 선교'와 마을목회

위에서 설명한 삼박자 선교는 마을목회에 통하는 점이 적지 않다. 한국의 초기 선교는 교회와 병원과 학교를 동시에 세우는 선교였다. 교회를 통해 복음을 선포하고, 병원을 통해 병에 걸린 사람들을 치료하며 그들을 경제적으로 도와주었고, 학교를 세워 교육함으로써 그들이 하나님의 제자와 좋은 시민이 되게 한 한국 선교는 세계 선교의 모범이 되었던 것이다.

이에 있어 우리는 이 같은 삼박자 선교가 우리가 말하는 마을목회와 많은 연관이 있다고 생각한다. 피선교지의 사람들을 전도하여 그들의 영혼을 구하는 것과 함께 그들의 이 세상에서의 삶도 함께 관심를 가져주는 삼박자 선교는 마을을 품고 세상을 살리는 마을목회의 중요한 전형이 되는 것이다. 기독교가 말하는 구원은 통전적이며 총체적인 구원으로서, 우리는 이러한 샬롬의 구원을 마을목회가 잘 수행할 수 있음을 생각하며 이 이론을 발전시켜 나갈 필요가 있는 것이다.

빌레몬서: 전인구원의 교과서

1. 빌레몬서가 좋다

1) 빌레몬서는 골로새 시의 루고 계곡에 있었던 한 작은 가정교회에 바울이 보낸 편지로 1장으로 된 짧은 서신이다. 저는 빌레몬서가 짧아서 좋다. 하지만 마르쿠스 바르트[1]와 헬무트 브랑케는 500페이지가 넘는 빌레몬서 주석을 쓴 적이 있다. 1페이지밖에 안 되는 빌레몬서이지만, 주석을 500페이지 넘게 쓸 수 있을 정도로 중요한 책임을 우리는 알 수 있다.

2) 또한 이 편지는 일종의 사적인 편지로 우리는 이 편지에서 사도 바

---

[1] 20세기의 유명한 신학자 칼 바르트의 아들. Markus Barth and Helmut Blanke, *The Letter to Philemon* (Grand Rapids: Eermans, 2000). 이 책은 총 580페이지로 되어 있다.

울의 채취를 느낄 수 있다. 정확히 말하면 본 빌레몬서는 사적 편지의 형태를 가진 공적 편지다. 2절 "네 집에 있는 교회에 편지하노니"라는 구절은 이 편지가 사적인 형태를 취하고는 있지만, 골로새 교회에 보내진 공적인 편지임을 나타낸다. 그러나 이 편지는 사적인 형태를 취하고 있는 편지로, 우리는 이 편지에서 바울의 개인적인 면모를 잘 발견하게 된다.

3) 무엇보다 빌레몬서는 짧지만 기독교의 구원의 의미를 잘 정리하고 있다. 예수 그리스도의 대속의 은혜를 우리는 이 서신을 통해 잘 발견하게 된다. 필자는 이 빌레몬서를 통해 전도의 목적과 방법에 대해 반성해 보려 한다. 특히 섬김과 전도의 양 날개로 날아야 하는 교회의 중요성을 우리는 이 빌레몬서를 통해 알게 될 것이다.

2. 전도의 목적: 통전적 구원

빌레몬서는 기독교 구원의 통전성 또는 총체성에 대해 강조한다. 우리는 이 빌레몬서를 전인구원의 교과서로 읽게 된다. 우리는 영적으로만 구원하기 위해 한 사람을 전도하는 것은 아니다. 우리의 전도는 보다 포괄적인 총체적 구원을 목적으로 한다. 빌레몬서는 총체적 구원의 모습을 다음과 같이 설명한다.

1) 먼저 가장 중요한 것은 오네시모가 영적으로 구원받았다는 것이다: 오네시모는 예수 그리스도를 믿고 구원을 받은 형제가 된다.

2) 다음으로 18절은 오네시모가 편지의 수신자에게, 잘못한 것이 있으면 자신에게 돌리라고 말한다. 바울은 오네시모의 영적인 구원뿐 아니라, 그의 잘못과 불의에 대해 책임을 지고 그 문제를 해결하여 주려 하였다. 그것은 부모들이 자식의 모든 잘못을 책임지려는 마음과 같다. 남의 잘못과 불의에 대해 내가 책임지는 것에서 하나님의 구원이 나타난다.

3) 18절에서 바울은 다시 오네시모가 수신자에게 진 것을 갚아주겠다고 말한다. 여기에서 진 것이란 아마 경제적인 빚을 의미한다고 생각된다. 바울은 오네시모의 잘못을 책임지려 하였을 뿐 아니라, 그의 경제적인 빚도 해결하여주려 하였다.

4) 다음으로 16절은 이렇게 말한다. 개역개정판으로 읽겠다. "이후로는 종과 같이 대하지 아니하고 종 이상으로 곧 사랑받는 형제로 둘 자라." 노예로 보지 말고 형제로 대하라는 것이다. 바울은 노예였던 오네시모의 신분을 해방하여 그를 자유인으로 해방할 것을 골로새 교회에게 부탁하고 있다. 곧 오네시모의 사회적이며 신분상의 구원을 언급한 것이다. 4세기 밀라노의 설교자 크리소스톰(Chrisostom) 이래, 빌레몬서에서 바울은 노예 제도를 폐지할 것을 주장하지 않았다는 입장이 견지되어 왔다. 그러나 최근의 학자들 중에는 크리소스톰과 반대되는 의견들이 많다.

5) 다음으로 11절은 이렇게 말한다. "저가 전에는 네게 무익하였으나, 이제는 나와 네게 유익하므로."

하나님의 구원을 설명하며, 빌레몬서는 오네시모가 무익한 사람에서 유익한 사람으로 변하였음을 언급한다. 기독교의 구원의 능력으로 세상에 쓸모없는 사람을 사회와 국가에 유익한 사람으로 변화시킨다. 오네시모란 이름의 뜻은 "유익"이다. 그는 주 예수를 믿음을 통해, 남에게 유익이 되는 사람으로 변화하였던 것이다. 예수를 믿기 전, 우리는 하나님과 사람 앞에서 모두 무익한 사람들이었다. 그러나 예수를 믿은 다음, 우리는 이웃과 사회를 위해 유익한 사람이 된다. 이전에는 자기의 욕심만을 위해 살았으나, 구원을 받은 다음에는 다른 사람을 위한 존재로 우리 모두가 변한다.

바울은 영적으로 뿐 아니라, 법적으로, 심리적으로, 경제적, 사회적으로, 그리고 주변에 유익한 사람이 되는 것을 위해 오네시모를 도움으로써, 완전한 복음을 제시하였다. 이와 같이 바울의 오네시모를 향한 복음선교는 일종의 총체적 봉사(full service, total service)의 모습을 하고 있다.

남을 영적으로 구하는 전도와, 이웃을 향한 육적인 봉사는 서로 분리되지 않는다. 교회는 항상 이 섬김과 전도를 목회의 양 날개로 견지하여야 한다. 우리는 기독교의 구원을 영적인 구원만으로 축소시켜서는 안 된다. 눈에 보이는 부분을 사랑하지 못하면, 그의 영적인 부분을 사랑하여 구원하기 어렵다. 이 같은 영육간의 구원을 요한3서 2절은 "사랑하는 자여 네 영혼이 잘 됨 같이 네가 범사에 잘 되고 강건하기를 내가 간구하노라."라고 말한다. 영육 간의 축복을 강조하는 말씀이다.

3. 우리의 전도는 인간의 변화를 야기할 수 있어야 한다.

복음의 가장 중요한 능력 중 하나는 무익한 사람을 유익한 사람으로 변화시키는 데 있다.

1) 정말 한 사람을 변화시킨다는 것은 결코 쉬운 일이 아니다. 말 안 듣는 자녀, 술에 빠져 사는 남편 등의 삶을 바꾸기란 정말 어려운 일이다. 정말 한 사람을 변화시킨다는 것은 쉽지 않다. 이에 있어 빌레몬서는 인간이 변화할 수 있는 존재임을 강조한다. '오네시모'란 '유익'이란 뜻으로, 무익한 자에서 유익한 자가 되었음을 빌레몬서는 강조하는 것이다. 11절은 다음과 같이 언급한다. "그가 전에는 네게 무익하였으나 이제는 나와 네게 유익함으로."

2) 우리는 결단을 통해 스스로의 삶을 비교적 쉽게 변화시킬 수 있다. 우리는 나는 마음대로 주장할 수 있을 것 같다. 그러나 다른 사람을 변화시킨다는 것은, 죽은 사람이 이 세상의 깡통을 발로 차는 것 이상으로 어렵다.[2]

3) 이에 있어 빌레몬서는 예수를 믿고 한 사람이 온전히 변화하는 과정을 묘사다. 한 사람을 바꿀 수 있다면, 많은 사람들을 동일한 기작(mechanism)에 의해 변화시킬 수 있다. 성경에도 변화한 많은 사람의

---

[2] 영화 "사랑과 영혼"의 한 장면을 연상.

이야기가 나오는 것 같지만, 그렇지 않다.[3] 그러나 빌레몬서는 오네시모가 변화되었음을 강조한다.

인간 변화의 힘을 상실한 종교는 죽은 종교다. 무익한 인생들이 변하여 유익한 인생이 되며, 여러 가지의 노예로 사는 사람이 변하여 진정한 자유를 갖는 사람이 되는 것이 참 종교의 힘이다. 문제 있는 자녀나 문제 있는 남편 및 아내를 둔 모든 삶들에게 성경은 변화의 가능성을 강조한다. 고린도후서 5장 17절의 말씀이다. "그런즉 누구든지 그리스도 안에 있으면 새로운 피조물이라 이전 것은 지나 같으니 보라 새 것이 되었도다."

오늘의 한국교회가 왜 힘이 없는가? 실제 교회 내에서 중생의 변화가 일어나고 있지 않기 때문이다. 말들은 많지만 실제 변화는 없다. 교회는 아무리 다녀도, 그의 옛 생활이 바꾸지 않는다. 진정한 회개, 진정한 거듭남, 진정한 성화가 우리 가운데에서 멀어진지 오래다. 오늘 우리의 교회에 가장 필요한 것 중 하나는 사람을 실지 변화시킬 수 있는 복음의 능력이다.

4. 사람을 변화시키는 방법: 그리스도의 사랑

1) 먼저 변화시키려는 대상을 자식과 같이 사랑하여야 한다고 말한다.

---

3 모세, 바울 등 그의 삶이 신앙을 통해 과격히 변화한 예가 성경에 많지는 않다.

바울은 오네시모를 자신의 갇힌 중에 낳은 아들이라 불렀다(10절). 전도는 결코 쉬운 것이 아니다. 아들을 낳고 키우듯 정성을 다하여야 한다. 그를 자신의 자식 사랑하듯 사랑하는 것을 통해 복음이 전해지게 되는 것이다. 전도의 대상자를 자신의 자녀와 같이 생각하는 데에서 복음 전도가 시작된다. 그가 우리의 자녀라면 그에게 무엇을 해겠는가? 영육간에 그를 도와야 하지 않겠는가? 하나님은 그의 독생자를 우리의 죄를 위해 십자가에 달리게 하심으로 자신의 우리들에 대한 사랑을 나타내셨다(롬 5:8). 사랑이 식은 교회는 전도가 식을 수밖에 없다.

2) 다음으로 그에게 할 일을 주는 것이 중요하다.

바울은 자신이 옥에 갇혔을 때 오네시모를 만났다. 그가 오네시모를 위해 할 수 있는 일보다는, 오네시모가 그를 위해 할 수 있는 일이 많았던 것 같다. 남을 바꾼다는 것은 내가 많은 것을 가지고 있을 때, 일어나는 것만은 아니다. 내가 그에게 줄 것이 없을 때, 성령이 그를 위해 일하기 시작한다. 부모가 잘나가고 있을 때, 자식들이 정신 차리는 것이 어렵다. 부모가 좌절하고 절망하는 때에 자식들은 자기가 하여야 할 일이 무엇인지를 깨닫는 때가 많다.

13절에서 바울은 강력한 어조로 오네시모가 자신의 복음 사역을 위해 필요함을 말한다. 그가 하나님을 위해 무언가 하여야 할 일이 있음을 알게 하고 또 그것을 요청하는 것에서, 인간의 변화가 야기되는 것임을 빌레몬서는 설명한다. 그에게 하나님의 일이 위임되는 것과, 그의 존재가 변화하는 것은 결코 분리되어질 수 없다. 인간을 바꾸기 위해서는 먼저 그가 무엇을 할 수 있는 존재임을 알게 하여야 한다.

살만한 의미와 보람을 갖고 있지 못했던 노예 오네시모에게 바울은 그리스도의 은총을 통해, 그가 새로워질 수 있는 가능성을 제시하였으며, 그에게 살맛나는 인생의 모습을 보여주었다. 오늘 얼마나 많은 사람들이 그리스도를 만나지 못하고, 자기의 죄악 속에서 멸망의 길을 헤매고 있는지 모른다. 그들은 오네시모가 만났던 예수 그리스도를 만나야 살 수 있다.

3) 마지막으로 빌레몬서는 명예로운 자가 불명예스러운 자를 대신함으로 남을 변화시키는 방법에 대해 말한다.

17절은 "네가 나를 동무로 알진대 저를 영접하기를 내게 하듯 하고"라고 언급한다. 오네시모는 노예였고, 바울은 자유인이었다. 바울은 노예였던 오네시모를 자기 대하듯 대우하라고 골로새 교인들에게 말하고 있다. 남의 불명예를 나의 영예로 감싸주는 것, 남의 죄 됨을 나의 선함으로 대치하는 이러한 위치 교환[4]이 그리스도의 십자가에서 나타난다. 우리는 빌레몬서에서 죄인을 구하기 위해 그의 추악함에까지 내려가시는 주님의 사랑과 은총을 경험하게 된다. 그리스도는 십자가를 지심을 통해 우리의 죄와 불명예를 짊어지셨으며, 우리는 그리스도의 의를 덧입게 된 것이다.

위치 교환을 다시 설명하려 한다. 하나님이 인간이 되고, 인간이 하나님의 거룩함에 참여하게 되는 일이 중보자 예수 그리스도를 통해 일어났다. 우리는 나의 유익과 나의 잘남을 위해 선을 행한다. 남과의 비교

---

4 독일어 'Vertauschung'

의식에서 경쟁적으로 의로워지려 하는 것이다. 그러나 예수 그리스도의 선은 자신을 위한 선이 아니라, 남을 위한, 죄인들을 위한 선이었다. 우리의 선함은 나를 위한 선으로만 머물러서는 안 된다. 나의 선이 남의 악을 덮어주는 데에 사용되어야 한다. 그리고 우리의 위치를 통해 남을 위해 할 수 있는 일을 발견하는 자들이 되어야겠다. 우리가 가지고 있는 힘과 부와 권위와 능력이 다 남을 위하는 일에 쓰일 수 있도록 노력함이 중요하다. 무엇보다 남의 죄악을 덮는 일에, 남의 추함을 덮는 일에 나의 의로움과 아름다움이 쓰일 수 있다는 것은 정말 가치 있는 일이다.

고린도후서 6장 21절은 "하나님이 죄를 알지도 못하신 자로 우리를 대신하여 죄를 삼으신 것은 우리로 하여금 저의 안에서 하나님의 의가 되게 하려 하심이니라."라고 말한다. 주님의 의가 나의 죄를 대신하셨다. 빌레몬서는 이러한 예수 그리스도를 통한 구원을 우리에게 극명하게 보여주는 책이다.

5. 섬김과 전도의 양 날개로 나는 교회

오늘 교회에서, 사람들에게 복음을 전하는 문제를 다시 생각해본다. 전도란 전인적이며 총체적인 구원을 그들에게 주는 것을 목적으로 한다. 피전도인의 영육간의 구원을 위해 노력하는 교회가 되는 것이 중요하다. 우리 교단의 교회들도 의료 선교, 장학금, 소년소녀 가장들을 위한 센터 건립, 기타 사회봉사 등을 통하여 총체적 돌봄의 선교를 하고 있다. 귀한 일이라고 생각한다. 교회는 영뿐만 아니라 육도 함께 돌보는 기관이다.

1) 먼저 피전도인의 육체적 건강을 위해 기도하는 교회가 되는 것이 필요하다.
2) 피전도인의 경제적 어려움을 도와주는 교회
3) 피전도인의 여타 사회문화적인 삶의 풍성함을 위해 노력하는 교회
4) 피전도인의 심리적 문제를 위해 노력하는 교회
5) 피전도인이 남에게 무익한 사람에서 유익한 사람으로 변할 수 있도록 도와주는 교회
6) 피전도인이 영적으로 구원받는 것을 위해 노력하는 교회가 되어야 한다는 것입니다.

바울은 자식 사랑하듯, 오네시모를 사랑하였다. 그가 육체적으로 정신적으로 영적으로 건강할 수 있도록, 사회에서 필요한 사람이 될 수 있도록, 그를 도와주고 그를 사랑하려고 할 것이다. 하나님은 우리 모두가 잘 되기를 원하시는 우리의 아버지이시다.

바울은 오네시모를 갇힌 중에서 낳은 아들이라 불렀다. 한 사람을 자신의 자식과 같이 사랑하는 것에서 우리의 전도가 시작된다. 우리는 우리의 자녀들을 위해 우리의 목숨까지라도 바치려 한다. 하나님은 우리를 위해 자신의 독생자의 생명까지도 아끼지 않았다. 우리는 그러한 하나님을 믿는 것이다.

우리는 잘못된 제도와 환경을 통하여 남을 잘못 대할 때가 많다. 바울은 이러한 비인간화를 지적하며, 인류가 서로 화목하게 살 것을 강조하고 있다. 바울은 노예 오네시모를 자기가 낳은 아들, 사랑받는 형제, 심

복(심장)[5], 동무라고 불렀다. 인간을 사물화하고 도구화하는 오늘의 시대에, 이웃을 형제로 인식하는 것에서, 진정된 사회 변혁과 하나님의 구원이 시작될 것이라 생각한다. 그리스도의 사랑만이 죽은 영혼과 죽은 사회를 다시 살릴 수 있다.

본 교단 총회는 지난 2009년 총회 주제를 "섬겨야 합니다."라고 정했었다. 동시에 같은 해에 "예장 300만 성도 운동"을 활발히 벌렸었다. 두 가지를 강조한 것이다. 섬김과 전도다. 이에 있어 필자는 빌레몬서의 연구를 통해 이 양자가 서로 어떻게 상관되는가를 탐구하였다. 이러한 탐구를 통해 전인적인 인간에 대한 사랑이 없이, 바른 섬김과 전도가 가능하지 않음을 설명하였다. 우리는 그 사랑의 원형을 예수 그리스도의 사역을 통해 찾게 되며, 아울러 그의 행로를 그대로 추종하였던 사도 바울의 입장을 통해 다시 확인하게 된다. 오늘의 교회가 바울의 행적에서와 같이 사람을 변화하게 하는 힘을 다시 회복한다면, 교회는 보다 강력한 전도의 힘을 갖게 될 것이다.

마을목회는 빌레몬서와 같이 총체적 구원을 강조한다. 무엇보다 이런 새로운 행복을 위해 먼저 무익한 사람이 유익한 사람으로 변화되는 과정이 필요한데, 이 서신은 그에 대해 우리에게 잘 설명을 하고 있다고 생각한다. 사람을 변화시키고 그를 섬기는 것을 통해 우리는 하나님의 선교 사역을 펼쳐나갈 수 있다. 하나님의 진정한 사람으로 사람을 섬기고 세상을 구하는 목회가 마을목회라는 것이다.

---

5 영어로 'heart'

하나님의 백성 공동체와 생명 목회

1. 생명

1) 죽임의 문화와 생명을 살리는 목회

오늘 우리 주변은 죽임과 폭력의 문화에 만연해있다. 생태계의 파괴에 의해 전 생명체들이 심음 하는 중이다. 세계 곳곳에 발발하는 전쟁들은 생명들을 커다란 위험 속으로 몰아넣고 있다. 경제적인 불평등으로 인한 빈곤과 기아는 인간 생명의 존엄을 심각히 손상하여왔다. 또한 에이즈, 사스 등의 새로운 질병이 인류의 생존을 위협하고 있는 상황이다. 생명 공학의 무분별한 개발과 인간복제 등의 문제는 생존의 문제를 더욱 어둡게 한다. 에스겔 6:11-13의 말씀은 이미 오래 전에 이러한 죽임의 문화를 다음과 같이 표현하였다. "모든 가증한 악을 행함으로 마침내 칼과 기근과 온역에 망하되 먼데 있는 자는 온역에 죽고 가까운데 있는 자는 칼에 엎드러지고 남아있어 에워싸인 자는 기근에 죽으리라. 이같이 내 진노를 그들에게 이룬즉 그 살육 당한 시체가 그 우상 사이에, 제단 사방에, 각 높은 고개에, 모든 푸른 나무 아래에, 무성한 상수리 나무 아래 곧 우상에게 분향하던 곳에 있으리니 나를 여호와인줄 알리라." 작금의 이러한 위기는 다차원적인 성격을 지닌다. 우상 숭배를 통한 하나님과 인간 사이의 관계 파괴, 인간과 인간 사이의 그릇된 관계로서의 부정의, 인간의 자연에 대한 폭력에 의해 야기된 생태계 파괴, 국가와 국가 사이의 전쟁에서 비롯되는 생명 위협, 인간의 자신과의 잘못된 관계에서 야기되는 자신의 생명에 대한 학대 등, 생명 위기는 다차원적인 부적절한 관계에서 비롯되는 것이다.

성경은 이러한 다차원적인 관계에서의 온전함을 샬롬이란 단어로 표현한다. 21세기를 맞이한 우리 교회는 지구 생명 공동체의 위기에 대한 책임을 통감하면서, 하나님 중심의 세계관 및 통전적 신앙과 신학에 근거한 샬롬의 생명 목회 패러다임을 확립함으로, 생명을 살리는 목회를 지향해야만 할 것이다. 이 글의 목적은 총회가 지난 2002년부터 2012년까지 '생명살리기10년(2002-2012)' 운동을 하며 힘써온 목회적 노력들을 종합하여, 이것을 신학적 교회론과 기독교적 생명 이해의 입장에서 재정리함에 있다. 본 글에선 교회론적 시야에서 오늘의 목회가 정리되었으며, 미래를 향한 목회의 방향이 기독교적 생명 이해와 그에 따른 유기체 교회론에 기반을 두어야 함을 강조하였다. 한국교회는 지난 1백 20여 년 동안에 이루어 놓은 성장을 바탕으로, 죽임의 문화 속에서 죽어가는 생명들을 살리는 목회에 전력을 다해야 한다. 이런 정황에서 우리 교단이 '생명살리기 운동10년'을 선포하고, 생명 목회를 오늘의 위기에 대한 대안으로 설정한 것은 시의적절한 것이다. 이것은 하나님의 역사적

소명에 응답하는 일이기에 모든 피조물과 더불어 기뻐하며 하나님께 영광을 돌리는 바이다.[1]

2) 하나님께서 주신 생명

요한복음 1장 4절은 하나님 안에 생명이 있었음을 언급한다(시 36:9). 하나님은 살아 계신 생명의 하나님이다. 이 생명이 예수 그리스도에게서 나타나신바 되었다. 그는 생명의 주되신 하나님이셨다(행 3:5, 17:25, 요 11:25). 하나님께서는 인류에게 생명을 불어넣으신 분이다(창 2:7). 그러나 인간은 타락으로 말미암아 생명 나무에 접근할 수 없게 되었다(창 1:24). 이러한 영원한 생명을 상실한 인간에게 예수 그리스도께서 오셔서, 생명 나무와 생명 강으로의 길을 다시 열어주셨다(계 2:7, 7:17). 나무에 달리신 그가 우리를 죽음에서 구원하신 것이다(행 5:30). 인간은 인류 시조의 타락으로 멸망 받을 수밖에 없는 존재였으나, 그를 믿음으로 새로운 생명을 누리게 되었다(요 3:16).

마태복음 19장 16-22절의 본문은 십계명의 원리대로 사는 것이 생명을 얻는 길임을 언급한다. 십계명은 생명의 언약이다. 이에 있어 십계명이 말하는 바의 하나님 사랑과 이웃 사랑은 자기희생의 십자가 정신을 요구한다. 요한복음 12장 24-25절은 십자가 정신에 따른 생명의 언약을 제시한다. "내가 진실로 진실로 너희에게 이르노니 한 알의 밀이 땅에 떨어져 죽지 아니하면 한 알 그대로 있고 죽으면 많은 열매를 맺느니라. 자기 생명을 사랑하는 자는 잃어버릴 것이요 이 세상에서 자기 생명

---

1 http://www.pck.or.kr/community/mutidataboard/upload/생명 목회%20칼럼-손인웅(13)

을 미워하는 자는 영생하도록 보존하리라." 십자가는 하나님의 우리를 향한 생명의 징표이다. 십자가에 드러난 하나님의 자비와 은총에 대한 믿음은, 남을 위한 우리의 희생을 가능하게 하며, 우리를 영생의 구원에로 이끈다. 그리스도의 십자가의 능력과 성령의 역사에 따라 타자를 위해 자신의 생명을 내어줌으로써, 우리는 더욱 풍성한 생명에 이르게 된다(마 16:24-25, 요 10:10).

3) 관계성으로서의 생명

예수 그리스도의 구속의 십자가 사건과 말씀에 나타난, 죽으면 산다는 기독교적 생명의 역설적인 논리에서 반성하여 볼 때, 기독교가 말하는 생명은 인간 속에 존재하는 일종의 구성 요소적인 것이기에 앞서, 다른 것들 및 전체와의 관계성에서 생성되는 어떤 것이라 볼 수 있다. 그리스도로부터 주어진 참 생명은 우리 안에 본래적으로 존재하는 어떤 구성 요소가 아니며, 예수 그리스도를 통해 그와의 관계에서 새롭게 주어지는 것이다(창 2:7, 요 10:28). 아들이 있는 자에게는 생명이 있고, 아들이 없는 자에게는 생명이 없다(요일 5:12). 예수 그리스도께서는 생명을 정태적이며 존재적 측면으로 이해하기보다는, 관계성에서 발산되는 역동적 생성의 모습으로 이해하셨다. 생명은 그릇에 담아 저장할 수 있는 것이 아니며, 일종의 흐름으로 관계에서 형성된다. 생명은 줌으로써 얻는 것이지, 담아두어 크게 할 수 있는 것이 아니다. 모든 유기체는 다른 것들과의 바른 관계성 속에서 자신의 생명력을 일구게 된다. 인간의 생명은 하나님과의 관계, 이웃 및 사회와의 관계, 자연과의 관계에서 그것의 풍성함과 거룩함을 발현하게 된다. 이러함에 개개의 사물을 연결시키고 하나로 만드는 관계성 또는 순환 운동 그 자체를 부차적인 것이 아닌 근원적인 생명으로 깨닫는 인식의 전환이 요구된다. 이러한 관계로서의 생명의 본질은 기독교가 말하는 삼위일체론에서 분명히 드러난다. 성부, 성자, 성령은 각각의 세 위로서 서로 순환하며, 전체로서 하나를 이룬다는 삼위일체 교리는, 기독교가 말하는 생명 현상의 전형을 나타내고 있다.

요한복음 10:10은 '풍성한 생명'을 언급한다. △풍성한 생명은 예수 그리스도를 통해 하나님께서 주신 생명으로, 은총으로서의 생명을 말한다. △생명이 잘 보존되려면, 그 생명의 배태시키고 육성하는 행복한 가정과 공동체가 있어야 한다. 가정의 붕괴는 인간 생명에 치명적인 위험이 된다. 그리고 공동의 문제에 대한 관심의 부재에 따른 공동체 파괴는 우리의 생명을 열악한 상황으로 몰고 간다. △또한 세계 각지에서의 전쟁은 우리의 생명을 위협한다. 생명체들의 안전한 삶을 위해 우리는 전쟁을 막아야 한다. △사회적 부정의는 또 다른 생명의 위기를 가져온다. 이에 정의로운 사회 만드는 것은 생명살리기 운동의 또 하나의 수단이 된다. △생태계의 파괴에 따라 생명체들이 신음하고 있는바, 하나님의 성령의 새롭게 하심에 의지하여, 우리는 생태계를 아름답게 하여야 한다. △우리는 온전하고 풍성한 생명을 종말의 시점에서 얻게 된다. 종말적 생명은 미래적 생명임과 동시, 성령 안에서 선취된 생명이다. 우리의 생명은 근시안적 시야를 통해 보존되기 어렵다. 종말까지 이어진 우리의 시간적 전망 확대는 우리의 생명 보존을 위해 중요하다. △풍성한 생명은 나 혼자만의 생명으로 폐쇄되는 곳에선 드러나기 어렵다. 가정, 마을, 공동체, 사회, 국가, 세계, 인류, 우주 및 하나님에까지, 자신의 삶의 공간적 지평확장을 통해 생명은 더욱 풍성해지는 것이다.

그러므로 공동체와 사회와, 세계 및 자연 만물을 위한 우리의 노력 모두가 생명살리기 운동이 된다. 이와 같이 하나님으로부터 주어지는 본질적이며 온전하고 풍성한 생명은 여러 다층적 관계 안에서 발현되게 된다. 이러한 모든 것들의 온전한 관계로서의 샬롬은, 하나님 나라의 선포와 확장에 의해 우리에게 다가오게 된다.

2. 교회

1) 교회의 기능과 본질

교회의 목적 곧 교회론을 분명히 하는 것이 교회 성장의 첩경이라고 주장하며, 스스로 성장의 모범을 보인 교회들이 나타났다. '목적이 이끌어 가는 교회'라는 말을 강조하며, 새로운 세기의 교회적 대안으로 떠오른 이들 교회들은 시사하는 점이 많다. 이러한 교회들은 교회의 목적을 대체적으로 다섯 가지로 구분한다. 복음 전도 또는 말씀 선포(kerygma), 교육(didache), 교제(koinonia), 봉사(diakonia), 예배(leiturgia) 또는 성례전이다. 교회는 위와 같은 다섯 가지의 일을 위해 세워진 하나님의 기관이라는 것이다. 그러한 교회의 목적을 정함에 있어, 먼저 전제되어야 할 것은 기독교의 구원론이다. 교회는 하나님의 구원의 기관으로서, 그 교회의 기능적 목적은 이 같은 하나님의 인간을 향하신 구원의 의미에 초점을 맞추어야 한다. 교회는 구원의 기관으로 구원받은 신자들이 모임이며, 말씀의 순수한 선포와 올바른 제도에 따라 성례전이 바르게 집행되는 곳이다.

하지만 건강한 교회가 되기 위해서는, 교회의 기능적 목적을 검토하는 것만으로 충분하지 않다. 교회의 본질적인 목적을 분명히 하는 것이 또한 요청된다. 교회의 기능은 교회의 본질에서 도출되어야 하는 것으로, 우리는 교회의 기능적 목적에 앞서 교회의 본질적인 목적을 검토하는 것이 필요하다. 그러한 교회의 본질적 모습을 찾기 위해, 성경에 나타나는 교회에 대한 은유들을 검토하는 것이 유용할 것이라 본다. 성경에는 교회를 상징하는 여러 가지 은유들이 있다. 하나님의 백성, 성령의 전, 방주나 배, 신자의 어머니, 반석, 하나님의 집, 기도하는 집, 예수 그리스도를 머리로 한 몸 등의 은유들이다. 여러 가지의 은유들이 있지만, 그 중 가장 중요한 것은 '그리스도의 몸'이란 표현이다. 고린도전서 12장은 그리스도의 몸이란 은유에 나타나는 유기적 공동체 이론으로서의 교회관을 잘 설명하고 있다. 고린도전서 12:12은 다음과 같이 언급한다. "몸은 하나인데 많은 지체가 있고 몸의 지체가 많으나 한 몸임과 같이 그리스도도 그러하니라." 교회는 생명을 구원하는 기관이다. 성경은 생명을 배태하고 육성하는 집 또는 자궁으로서의 교회 공동체를 강조한다. 몸의 유비에 따른 유기적 공동체로서의 온전한 교회가 없이는, 온전한 생명이 육성되지 않는다. 그러므로 온전한 공동체로서의 교회를 세우고 굳건히 하는 것이 생명 구원의 초석이 되는 것이다.

2) 생명의 담지체로서의 유기체(organism) 교회

생명을 가진 몸으로서의 유기체는 자신과 세상이라는 두 가지의 중심을 가진다. 하나는 내부적인 자체적 중심이며, 다른 하나는 외부를 향해 있는 외부와 상호 연관된 중심이다. 먼저 모든 유기체는 자신의 생명을 유지하기 위한 내부적인 그 자체의 대사 구조를 가지고 있다. 또한 유기체는 그 자체만으로는 생존하지 못하며, 외부 환경과 연관되어야만 유기체의 생명력을 유지할 수 있다. 유기체는 밖으로부터 어떤 재료를 받아, 그것을 자기의 것으로 동화하고, 밖을 향하여 자신의 것을 내어놓는 구조를 갖는다. 유기체는 자기 밖의 환경에 영향을 받으며, 또한 자기 밖의 것에 대해 영향을 미치면서 생명을 유지한다. 투입, 전이 또는 소화, 산출의 세 체계가 그것의 과정이다. 유기체는 이질적인 것을 자기화 함으로, 밖의 이질적 환경을 향해 자신이 산출한 것을 내어놓는다. 밖의 재료를 자기의 것으로 동화하고, 밖에 자기의 영향력을 행사함에 있어, 유기체는 그것의 관계 영역이 넓으면 넓을수록 더 풍성한 삶을 영위하게 된다.

유기체가 자신과 세상이라는 두 개의 중심을 갖는 것과 같이, 살아있는 그리스도의 몸이라는 교회의 상징은 두 측면을 갖는다. 교회 자체를 유지하기 위한 자기 지향적인(self-oriented) 유기적 몸(organic body)이라는 개념과, 세상을 향한 그리스도의 선교적 몸(missionary body of Christ)이라는 개념의 두 측면이다. 바른 공동체로서의 교회는 건강한 내적 구조와 건강한 외적 사역을 가진다. 이러한 교회의 내향성과 외향성은 상호 교환적이다. 교회는 예수 그리스도 안에서 시작된 하나님의 일과 목적을, 이 세상에서 계속 수행하고 있다. 그러므로 선교는 교회가 하는 하나의 프로그램이 아니며, 교회의 본질 자체를 말하는 교회의 자기표현이다. 교회가 교회로서 존재할 수 있는 것은, 세상 안에서 그리스도의 복음을 선포하고 하나님의 나라를 구현하는 그의 선교적 사명을 실행함에 의해서이다. 유기체 교회는 세상 안에서 그리스도의 복음과 하나님 나라를 전함을 통해 자신의 정체성과 생명력을 일구게 된다. 예수 그리스도의 몸 된 교회는 하나님의 백성 공동체로서 이 땅에 하나님의 나라를 이루는 사명을 갖고 있다. 생명력 있는 교회란 그리스도의 몸으로서 그리스도로부터 명령된 선교적 사명에 따라, 밖을 위해 노력하며 일하는 교회다.

3) 생명 목회의 기초로서의 '생명윤리헌장'(2001. 8. 15.)과 '생명살리기 운동 10년의 10가지 주제 영역'(2002년)

본 교단 총회 농어촌부는 최근 생명윤리에 대한 기본적 정신을 담은 서문과 이를 뒷받침하는 행동 강령 등으로 구성된 '생명윤리헌장'을 2001년 8월 15일에 발표한바 있다. '생명윤리헌장'은 생명 위기의 현실 속에서 지구 공동체의 모든 생명을 보전하고 풍성하게 하기 위한 9가지의 행동 강령을 말한다.[2] △모든 삶의 터인 가정, 직장, 교회에서 피조물을 사랑하며 환경 친화적인 삶을 위해 노력한다. △낙태 반대, 자살 반대, 사형제도 반대,[3] 환경 운동 등 생명 운동에 적극 동참한다. △유전자 조작 농산물 생산을 반대한다. △유기농산물 생산 단체와 소비자 연대를 추진한다. △기독교 과학자들의 관심을 촉구한다. △과학 기술이 지구 공동체를 위해 발전할 수 있도록 노력한다. △기독교 교육 대안을 마련한다. △생명 존엄성 보호를 위한 사회적, 법적 제도를 마련한다. △생명을 사랑하는 국내외 단체와 연대하며 협력 한다 등의 9개 항이다. 이 '생명윤리헌장'은 본 교단의 생명 목회의 실천적 방향이다.

---

2 http://www.pck.or.kr/community/mutidataboard/upload/연재기획생명살리기(1)
3 http://www.pck.or.kr/community/mutidataboard/upload/연재기획생명살리기(8)

지난 2002년 본 교단은 '생명살리기 운동 10년'의 기획을 전개하면서, 시행 핸드북을 만들었다. 그 핸드북은 '생명살리기 운동 10년'의 10가지 주제 영역을 정한 바 있다. 이 주제들은 앞에서 언급한바, 풍성한 생명을 맺히기 위한 다차원적인 관계성들을 포괄한다. △일치와 갱신(예수 안에서 하나 되고 새롭게 되는 운동), △민족복음화(민족 공동체의 생명을 구현하는 운동), △사회 선교(복음의 능력으로 사회를 섬기는 운동), △세계 선교와 에큐메니칼 연대(세계 교회와 함께 복음을 전 세계에 증거 하는 운동), △교육 목회와 훈련(신앙 인격의 배양을 통해 인간성을 변혁하는 운동), △신앙과 경제(사랑의 나눔을 통해 경제 정의를 실천하는 운동), △한반도에서의 나눔과 평화(한반도의 평화 통일을 통해 세계 평화를 이루는 운동), △기독교와 문화(복음으로 교회와 문화를 상호 변혁하는 운동), △정보화 시대의 언론 홍보(정보 매체를 통해 생명의 메시지가 전달되게 하는 운동), △지탱지속 가능한 성장을 위한 기본 정책(지탱지속 가능한 대안 공동체를 건설하는 운동)이 그것들이다. 이 같은 10가지의 주제들은 본 교단 생명 목회 방향의 주요한 기초가 된다.

3. 생명 목회

1) 생명 목회의 과제: 복음 전도를 통한 생명 육성과 폭력의 최소화

교회는 구원받은 신자들의 유기체적 모임이다. 교회는 그 자체만으로 폐쇄될 때, 그의 생명을 잃게 되며, 외부와의 활발한 상호 교류를 통해, 그의 생명의 본질을 키워나갈 수 있게 된다. 내적인 유기체적 구조의 활성화와, 외적인 유기체적 사역에 의해 미래 교회는 주님 안에서 더욱 든든히 세워질 것이다. 생명 목회를 위해, 교회는 두 가지 방향의 노력이 필요하다. 먼저는 하나님의 구원을 통해 인간에게 참 생명을 부여하며, 교회를 생명력 있는 기관으로 만드는 것이다. 둘째 교회가 자신 안에 있는 생명력을 가지고, 이 세상에 생명을 전달하는 하나님의 선교의 일을 감당하는 것이다. 첫 번째의 일을 위해 교회는 교인들을 교육하고 교회의 구조를 생명력 있는 구조로 변혁할 필요가 있다. 두 번째로 교회가 하여야 할 일은 교회 밖의 사람들을 전도하여 그들을 구원함과 동시, 세상을 구원하는 선교적 노력을 하는 것이다. 인간의 죄의 결과 죽음의 위기에 처하게 된 세상의 많은 생명체들을 살리기 위해 교회의 포괄적인 헌신이 필요한 시점이다. 교회는 생명살리기 선교와 운동을 수행함과 함께 이 세상의 문화변혁에 관심을 두어야 할 것이다. 대중매체와 다양한 예술 및 문화 전반의 내용들이 하나님의 생명 구원 의도에 공명할 수 있게 하여야 한다. 이를 위해 한국교회는 한국 문화 전반에 대한 신학적 접근, 한국적 교회문화에 대한 연구, 기독교 문화 예술 운동의 대중적 확산을 위해 노력하여야 할 것이다.[4]

이 같은 유기체 교회의 생명 목회는 생명의 육성과 폭력의 최소화라는 두 가지 과제를 갖게 된다. 첫째는 적극적으로 생명을 살리고 풍성케 하는 것이며, 둘째는 반생명적 세력들을 극복하는 사역이다. 생명 목회는 예수 그리스도와 성령의 사역에 의하여, 전인적인 인간성을 회복하며 죽임의 폭력 문화를 극복하고 상생의 문화를 창달하여 생명을 파괴

---

4 http://www.pck.or.kr/community/mutidataboard/upload/연재기획생명살리기(11)

하는 모든 세력들과 싸우는 실천을 포함한다.[5]

첫 번째로 생명 목회는 죽음의 위기에 있는 생명을 살리며, 시들어가는 생명을 소생시키는 일을 의미한다. 생명을 살리기 위하여 교회가 해야 할 일은, 예수 그리스도의 복음을 증거하며 하나님 나라의 구현을 통해서, 모든 사람들이 풍성한 생명에 이르도록 하는 것이다. 교회는 구원 받은 생명들이 진리의 말씀을 통해 건강하게 양육되도록 교육 목회를 충실히 함으로써, 하나님의 자녀들이 풍성한 생명을 얻도록 도와야한다. 하나님의 백성들은 지속적이며 균형 잡힌 성장을 통해서, 그리스도의 온전성을 갖추어 나가게 될 것이다. 생명 목회의 궁극적인 목표는 하나님의 통치가 하늘에서 이루어지는 것과 같이 땅에서도 이루어지게 함으로써, 생명력 넘치는 하나님의 나라를 확장해 가는 것이다. 생명력 넘치는 하나님의 나라에선, 모든 것이 바르고 온전한 관계 및 네트워크 안에 놓이게 된다.

생명 목회의 둘째 과제는 반생명적 세력에 적극적으로 대처하는 것이다. 태초에 하나님께서 아름답게 창조하신 인간을 위시한 모든 생명체들이, 그 아름다움과 건강을 계속 유지하지 못하고 있다. 창조 세계의 청지기인 인간이 하나님을 떠나 타락하고 부패하게 되면서, 인간과 함께 모든 생명들이 황폐해지고 썩어지고 죽게 되었다. 생명 목회는 생명을 약화시키거나 속박하는 모든 세력으로부터 생명들을 자유하게 하며, 모든 반생명적 세력을 물리치는 목회이다. 예수께서 수행하신 생명 목회는 복음 전파와 가르침의 교육, 병 고침과 귀신을 쫓아냄, 성전 청결 및 구조적인 사회악 개선을 포함하는 총체적인 것이었다.

---

5 http://www.pck.or.kr/community/mutidataboard/upload/생명 목회%20칼럼-손인웅(14)

2) 생명 목회의 방법

생명 목회의 방법은 성경이 언급하는 바의 생명의 의미를 오늘의 삶에 적용하는 문제와 연관되어 있다. 이 같은 생명 목회의 방법은 다음과 같은 과정들로 구성된다. △성경을 통해 생명의 의미를 파악한다. △오늘의 삶에서의 생명 파괴의 모습을 분석한다. △오늘의 상황에 대한 분석과 성경이 제시하는 생명의 모습을 연결 지어 반성한다. △오늘의 시점에서의 생명 운동의 비전을 만든다. △그 비전을 구체화하는 목표를 설정한다. △그 목표를 단계적으로 이행할 수 있는 전략적 기획을 한다. △그 전략을 이행함과 동시, 그 전략에 장애를 파악하여, 전략을 일부 수정한다. △시행한 결과를 평가하며, 새로운 생명 운동의 가능성을 검토한다.[6] 이러한 생명 목회의 실천을 위해서, 공동체를 조직해나가는 것이 유용할 것이다. 그리고 이러한 실천을 밀고 나갈 수 있는 의식의 개혁과 동시 조직의 개편을 위한 교육이 필요하다. 생명살리기 운동의 진작을 위해 교회는 목회의 활동을 교육적 관점에서 재조명하고 구조화하는 교육 목회 구조를 형성할 뿐 아니라, 이에 부합하는 교육 훈련 체계와 프로그램 개발에 역점을 두어야한다.[7]

3) 생명 목회의 실천

(1) 교회 내적인 구조

6　맹용길, "생명 운동이란 무엇인가?" 대한예수교장로회총회교육부편, 『그리스도께서 주신 생명과 평화』(서울: 한국장로교출판사, 1996), 118.
7　http://www.pck.or.kr/community/mutidataboard/upload/연재기획생명살리기(6)

① 유기체 교회의 내적인 구조: 건강한 생명체들을 일구는 교회는 건강한 구조와 건강한 사역을 가지고 있다. 최근 교회를 하나의 생명체로 보고, 건강한 유기체 교회의 구조와 기능을 갖게 되면, 교회 성장을 자연히 이루게 된다는 이론들이 등장하였다. 유기체의 중요한 특징 중 하나는 자기증식과 성장의 능력이다. 살아있는 그리스도의 몸은 변화하며, 성장하고, 증식하기를 그치지 않는다. 모든 생명체는 자기의 분신을 그의 주변 환경 내에 계속적으로 증식시킨다. 생명력을 갖고 있는 교회는 구원받은 신자를 양산하여, 하나님의 백성의 수를 점증하게 하는 것이다.

건강한 공동체로서의 교회가 있는 곳에 건강한 생명들이 자리 잡게 된다. 교회 공동체가 형성되지 않은 곳엔 구원도 없고 생명도 없다. 건강한 교회는 교회 내적으로는 생명 되신 예수 그리스도를 머리로 하는 유기체적 구조를 하고 있으며, 교회 외적으로는 사회와 긴밀한 상관성 속에서 자신의 역할을 하는 공동체를 말한다. 이러한 건강한 생명력을 가진 하나 된 모습으로, 소그룹이 활성화된 유기체적 교회가 강조될 수 있다. 우리 몸의 모든 부분들이 기능을 잘 하여야만 건강한 것과 같이, 교회 또한 건강함을 위해 목회자를 위시한 모든 구성원들로 이뤄진 소그룹의 활력 있는 참여와 헌신을 요청한다. 교회의 구성원 모두가 건강하게 일하는 교회가 튼튼한 교회이다. 많은 성도들이 일하게 하는 구조로 셀 교회이 형태가 제기된 바 있다. 평신도를 일깨워 은사에 따라 사역하게 하는, 셀 교회의[8] 모습에서 우리는 유기체 교회의 생명력을 다시

---

[8] 셀 교회는 '세포 교회'라고 번역된다. 셀 교회는 세포 단위의 소그룹 곧 작은 공동체를 통해 교인들을 가까이서 돌보는 것을 강조한다. 세포 교회는 교회가 세포 단위로 분열하는 것을 말하지 않는다. 오히려 우리의 몸의 세포로 구성되듯, 소그룹들이 네트워크를 형성하여, 하나의 커다란 공동체를 이루어나가는 것을 추구한다. 한 몸을 구성하는 많은 지체로서의 사역을 세포 교회는 주장하는 것이다. 세포 교회는 대형 교회들이 등한시하기 쉬운 성도간의 코이노니

보게 된다(고전 12:12-14). 소외된 성도가 없이 모든 성도가 참여하게 하고 일하게 하는 교회가 건강한 교회이며 건강한 공동체이다. 이러한 성령 안에서의 건강한 공동체를 통해 신자의 건강한 생명이 육성되는 것이다.

② 교회 사이의 하나 됨과 연대: 다음으로 건강한 교회 유형으로서 네트워크 교회(network church)가 소개되고 있다.[9] 오늘의 시점에 있어 건강한 교회 개척의 모델 중의 하나로, 기존의 교회의 후원으로 새 교회가 개척되는 방식이 주목되고 있다. 개척하는 교회와 개척된 교회 사이의 보다 면밀한 유대가 필요하다. 이전의 연관성은 보통 재정 지원을 통한 유대였으나, 보다 여러 면에서의 유기체적 유대가 요청된다. 개척하는 교회는 개척된 교회에 재정적인 지원뿐 아니라, 인적 자원에 대한 지원 및 기타 목회 노하우에 대한 지원을 할 수 있을 것이다. 이런 관계성 속에서 양자의 교회는 더 나은 성장을 도모할 수 있을 것이며, 그런 성장을 통해 개척한 교회와 개척된 교회는 네트워크 교회로서의 연결되게 된다. 네트워크 교회는 중심과 주변의 관계가 아니며, 서로 대등한 입장에서 도움을 주고받는 관계에 있는 교회를 말한다. 새로 태어난 아기에게 많은 돌봄이 필요하듯, 새로 개척된 교회는 다른 교회들보다 많은 돌봄이 요청된다. 이에 기존의 교회들은 새로 시작하는 교회에 다양한 지원을 아끼지 않아야 한다.

하나의 개 교회가 그 자체로 폐쇄될 때는 생명의 소통이 막히게 된다. 생명의 소통이 막힌 공동체는 그 공동체의 구성원에게 건강한 생명을

아와 목회적 돌봄의 문제를 보완하는 기능을 갖는다.
9 네트워크 교회란 위성교회로서의 지교회 형태를 의미하지 않는다.

주지 못한다. 세상의 모든 교회는 그리스도의 몸 안에서 하나이다. 그러나 오늘의 한국교회들은 너무 고립된 목회를 하고 있는바, 이런 개 교회주의는 한국교회 발전에 큰 장애가 되어 왔다. 새로운 천년을 맞이하여, 우리 교회는 홀로 서 있는 교회의 모습에서 탈피하여, 서로 연결된 네트워크 교회 및 지역별로 블록화 된 교회로 전이할 필요가 있다. 같은 지역 내의 옆의 교회가 경쟁 관계에 있는 것이 아니라, 함께 성장해 나가는 파트너십 관계에 있는 교회로 발전하여야 한다. 큰 교회가 해당지역의 노회 및 교회들과의 협조를 통해 한 지역에 교회를 개척하며, 또한 한 지역의 교회들이 유대 하여 서로 도와주는 유기적 네트워크를 형성함으로써, 교회들은 생명력 있는 더욱 온전한 성숙을 이룰 수 있을 것이다. 이 같은 네트워크 교회의 일례로 후암동 8개 교회와 동사무소가 연합하여 함께 사회봉사와 전도를 하는 초교파적인 '후암동교동협의회'를 들 수 있다.[10] 이 같은 교회 간의 네트워크는 지역과 국가 내로만 제한되어서는 안 되며, 범세계적인 교회의 연대와 하나 됨으로 이어져야 할 것이다.

③ 사역의 분담을 통한 협력 목회의 강화: 생명력 있는 유기체적 교회의 모습을 지향하는 목회 구조로 협력 목회의 모습이 언급된다. 예수 그리스도가 교회의 머리이며, 목회자는 그 머리에 순종하는 하나의 지체이다. 그러므로 목회자는 교회의 머리가 될 수 없는바, 목회자 상호간에 연결된 협력 사역을 통해 그리스도의 몸이 세워지게 되는 것이다. 오늘의 우리 한국교회의 목회 스타일은 여전히 권위주의적이며 계층적인 조직의 형태에 머물러 있다. 이런 구조는 목회자들을 쉽게 탈진시킨다.

---

10 http://www.pck.or.kr/community/mutidataboard/upload/생명 목회-후암동8개 교회

생명력을 가진 유기체적 목회는 계층구조의 형태라기보다는, 기능적으로 구성되어 서로 협력하는 형태를 지향한다. 그러한 목회의 유기체 구조는 생명을 갖는 우리 몸의 구조에서도 잘 드러난다. 몸의 각 부분은 나름의 역할이 있으며, 그러한 분업화를 통해 전체적인 하나 됨을 다시 형성한다. 일이 엉키고 서로를 제압하려고 하는 형태의 조직으론 생명력을 창출하는 공동체를 일구기 어렵다. 여러 부목사들을 둔 교회들도 사역의 분담을 통한 협력 목회가 이루어지지 않는 경우가 많다. 각 목회자들이 교회의 모든 일에 관여되어서, 모두 동일한 일을 하고 있다. 이런 목회 구조는 능률적이지 못하다. 여러 목회자들이 동일한 일을 하는 것에서, 일을 직능 별로 나누어 분담함으로 전문화하는 것이 요청된다(고전 12:4-11). 주일 예배 시 설교를 주로 담당하는 목사, 교육 담당 목사, 음악 목사, 심방 및 상담 담당 목회자, 교회의 행정을 담당하는 부목사, 전도의 일에 전념하는 교역자, 사회봉사 담당 교역자 등 교회의 일을 나누어 분담하는 협력 목회의 구조가 필요 되는 시점이다. 이러한 협력구조의 형성은 목회자 사이에만 해당하는 것은 아니다. 교회가 평신도 지도자들을 개발하여, 그들에게 교회를 섬기는 업무들을 일정 부분 분담시키는 것도 중요하다. 우리 몸이 여러 지체를 통해 지탱되어 한 몸을 이루듯, 목회도 직능적인 분할을 통해 더욱 생명력을 갖게 된다.

(2) 교회 외적인 사역

① '복음 전도'와 '사회 선교': 신자와 교회의 생명력은 교회 자체 내의 폐쇄된 환경 속에서 배태되는 것이 아니며, 타 교회와의 관계, 교회 밖의 사회와의 관계, 전지구적인 세상과의 관계 그리고 온갖 자연 만물과

의 온전한 관계 가운데 길러진다. 몸이 외부와의 관계에서 단절될 때 죽음을 맞게 되는 것과 같이, 교회도 교회 밖의 세상과 관계성을 상실하면 생명의 흐름이 멈추게 된다. 주변의 사회적 환경이 온전하지 못하면, 우리의 생명도 온전하지 못하게 된다. 주변의 안전은 개별 생명의 안전과 직결되어 있다. 이에 사회적 목회(social ministry) 및 사회 선교의 장이 필요하다. 사회 선교는 교회가 사랑의 행동을 통해 주님의 복음을 세상에 증거 하는 행위로서, 생명살리기 운동의 핵심 과제가 된다. 사회 선교는 교회가 갖는 복음 전파와 대사회적인 책임에 관련된 모든 활동 즉 △사회봉사 △사회 행동 △사회 운동 등으로 구성된다. 사회와 세상에 대해 닫혀있는 교회가 되어서는 올바른 성장을 할 수 없다. 생명력 있는 교회는 세상과 비신자 곧 예비 신자들을 향해 열려 있는 교회이다. 사회 선교는 교회가 예비 신자들과 접촉하는 중요한 창구가 된다. 본 교단 총회 21세기위원회가 제출한 '생명살리기 운동 10년' 제안서는 이를 위해, △교회의 재정 구조 갱신과 사회 선교 기금 조성 △교회 시설의 개방과 신설/ 1교회 1봉사관 운동 △사회 선교를 위한 교회조직 갱신 △사회 선교 교육 훈련과 인적자원 개발 △사회 선교 협력망 강화 △지속적 사회 선교 정책 개발과 보급 등 6개 항을 제안한 바 있다.

사회 선교는 여러 가지 실제적인 과제들을 갖는다. △사랑과 정의를 통해 경제 정의를 실천하는 운동,[11] △한반도의 평화 통일을 통해 세계 평화를 이루는 운동,[12] △외국인 노동자와 실업자들을 위한 디아코니아, △노인학교, 경로식당, 독거노인 및 소년소녀 가장에게 도시락 배달, △

---

11 http://www.pck.or.kr/community/mutidataboard/upload/연재기획생명살리기(7)
12 http://www.pck.or.kr/community/mutidataboard/upload/연재기획생명살리기(9)

어린이교실, 벽촌 및 낙도 어린이 초청, 영세민 자녀 후원, △청소년 사회봉사단, 청소년 문화센터, △직장 여성을 위한 탁아소 운영, 여성문화대학, 직업훈련, △사회 단체 및 복지 기관 지원, △외국인 노동자 상담 및 지원, △목회 간호 사역과 건강박람회, △사랑의 헌혈, △알뜰시장, △도시와 농촌 교회 사이의 협력 관계[13] 구축[14] 등의 운동이 이런 실제적 과제들이다. 이러한 실제적 과제들의 구현을 위해, 성도들이 한 군데씩 사회봉사 하도록 하는 것이 효과적일 것이다. 이를 위해 지역의 행정기관, 사회 복지 시설, 병원 등과 연계하여, 봉사할 곳을 개발하는 노력이 요청된다.[15]

② '교회의 세계화'를 통한 복음 전도의 효율화: 하나님이 주신 샬롬의 하나님의 나라를 세상에 선포하기 위해서는 국가내적인 노력만으론 부족하며, 세계적 연대로서의 노력이 필요하다. 지구적인 경제 정의와 평화에 대한 구상이 없는, 자국 내의 정의와 평화란 불가능하다. 전지구적 건강함이 보장되지 않고는, 개인의 생명 또한 건강하게 지탱될 수 없다. 예를 들어, 오늘의 환경 문제는 국제적인 연대를 요청한다. 냉장고 냉매로서의 프레온 가스를 주로 쓰는 지역은 북반구인데 반해, 오존층은 남반구에서 현저히 얇어지고 있다. 아울러 선진국을 중심으로 한 화석연료의 과대한 사용은, 그들의 지역뿐 아니라 지구 전체의 온난화를 야기하였다. 이러한 국제적 정의와 평화 및 환경 보존의 문제는 세계적 연대와 교회의 범세계적 대처를 요구하는 것이다.

---

13 92년부터 수원의 G교회는 '예수마을'(현 다솜마을)이라는 새로운 차원의 환경 운동을 시작한 바 있다. 이는 농촌 교회와 도시 교회의 협력 관계의 전형이라 할 수 있다.
14 http://www.pck.or.kr/community/mutidataboard/upload/생명 목회-덕수교회
15 http://www.pck.or.kr/community/mutidataboard/upload/생명 목회-영도중앙교회

교회의 유기체성은 국내적 범위로 머물러서는 안 되며, 범세계적 교회들의 네트워크로 발전되어야 한다(사 2:2-4). 한국교회가 성숙해지려면, 좁은 한반도 내로만 움츠려 들어서는 안 된다. 밖을 향해 열려 있으며, 밖을 향한 창구의 역할을 하는 교회가 되는 것이 중요하다. 그러기 위해 교회는 나름의 국제적 네트워크를 구축하여 자신의 세계화를 도모할 필요가 있다. 교회의 세계화를 위해 다음의 일들이 제안된다. △기존의 세계 교회연합체들과의 연대는 교회의 발전을 위해 중요하다. WCC를 통한 교회의 연대는 앞으로의 시대에 더욱 중요하리라 본다. △교회의 해외 선교는 국제화에 큰 도움이 된다. △해외 동포들에 의해 세워진 교회들과의 적극적인 유대 관계도 교회의 국제적인 네트워크 구성에 일조할 것이다. △국내 신학교를 졸업한 사람들을 해외의 동포 교회들에 파송하고, 이민 2세들로서 외국의 신학교들을 졸업한 사람들을 국내의 교회들이 많이 채용하는 것은, 우리 교회의 세계화를 위해 유리할 것이다. △또한 세계의 정의와 가난의 문제에 우리 교회들이 관심을 갖는 것이다.[16] 기아에 허덕이는 세계의 많은 민족들에 도움을 주며, 그들의 정치 경제적 발전에 지속적 관심을 갖는 것은 교회의 세계화에 요긴하다. △마지막으로 외국에서의 의료 선교 봉사 등의 봉사 활동도 세계화에 도움을 줄 것이다.[17]

③ '환경 목회'를 통한 복음 전파: 아름다운 자연 속에서 아름다운 생명이 육성된다. 교회 현장에서 가장 가깝게 할 수 있는 생명살리기 운동이 환경을 회복하는 목회, 곧 '환경 목회'이다. 사실 창조 세계를 보전

---

16 http://www.pck.or.kr/community/mutidataboard/upload/연재기획생명살리기(5) 앞의 세 가지의 교회 내적인 연대를 의미한다.

17 http://www.pck.or.kr/community/mutidataboard/upload/생명 목회-부천제일교회

하려는 환경 회복 운동은, 통전적 구원관 및 전 생명체들을 살리는 샬롬의 목회와 연계된다(골 1:15-20). 이러한 환경 목회를 위해서 첫 번째로 해야 할 일은 위원회들을 조직하며 환경에 대해 교육하는 일이다. 불편하고 검소한 생활을 처음부터 즐겨하는 사람은 없지만, 교육과 훈련을 통해 몸에 익으면 마음도 변하게 된다. 이러한 교육에는 경건 절제 훈련 및 영성훈련의 내용이 포함된다.[18] 다음으로 하여야 할 일은 환경 문제를 위한 다양한 실천이다. 더 나아가 환경 목회는 사회 정책적 개선의 측면을 동시에 포괄하고 있다. 이러한 환경 목회는 여러 측면을 통해 구현된다. △폐광촌을 생태적 마을로 바꾼 H교회의 예(사 35:6-7),[19] △바른 먹거리 문화의 정착을 위해 노력하는 B교회의 예(요 6:55),[20] △환경 목회를 시민운동으로 승화한 '기독교환경 운동연대'의 예들은(엡 2:16), 자연 사랑을 통한 생명살리기 운동의 실천적 면들을 잘 나타내주고 있다.

교회는 외부의 세상과 유기적 관계를 이루고 있다. 외부 세상의 건강함은 개인 생명체의 생명력과 직결된다. 교회가 속해 있는 사회 및 전지구적 공동체, 그리고 자연 만물로 구성된 우주와의 유기적인 연관성 속에서 교회의 본질을 구현해 나갈 때, 교회는 그의 생명력을 더욱 증진할 수 있으며, 아울러 세상의 생명을 살리는 샬롬의 기관이 될 수 있을 것이다. 사회 선교와 교회의 세계화 및 환경 목회를 포괄하는 교회의 외적인 사역을 통해, 생명의 복음이 더욱 효과적으로 전파될 수 있을 것인

---

18 http://www.pck.or.kr/community/mutidataboard/upload/생명 목회%20칼럼-김영락(6)
19 http://www.pck.or.kr/community/mutidataboard/upload/생명 목회-황지중앙교회
20 http://www.pck.or.kr/community/mutidataboard/upload/생명 목회%20칼럼-남상도(10)

바, 교회는 이 같은 하나님 나라의 구현을 위한 생명 목회를 활성화하여야 할 것이다.

4. 마무리 글

필자는 삼박자 선교에서 교회, 학교, 병원을 설립하는 것의 중요성에 대해 말하였다. 특히 이 장은 생명의 담지체인 교회 설립의 중요성에 대해 말하는 것으로, 이런 교회란 중심성에서 학교와 병원을 통한 선교가 확대되는 것을 말하고 싶다. 필자는 이후 5장에서는 기독교 선교에 있어서의 대학 설립의 중요성을, 6장에서는 병원 설립의 중요성을 언급하고 있는바, 이런 교회를 중심으로 마을 학교와 마을 병원을 세워나가는 마을목회적 선교가 우리의 선교 전략의 요체가 되어야 함을 말하려 하는 것이다.

문화적이며 통전적 선교로서의
대학 설립을 통한 해외 선교 방법

1. 통전적 구원으로서의 문화적 구원(cultural salvation)에 대한 접근

문화는 예술 및 과거로부터 물려받은 유산이나 출판, 라디오, 텔레비전, 영화, 비디오, 음향 녹음과 같은 문화 산업을 언급하는 좁은 의미의 개념이 아니다. 그것은 공유된 상징, 가치, 관습, 신념 등의 총체를 말하는 보다 넓은 개념이다. 그것은 역동적이고 유기적이며 통전적 의미(holistic sense)를 갖는다.[1] 문화는 개인적이며, 공동체적이고, 국가적이며, 국제적인 수준들을 포괄한다. 세계 체계(world system)에 대한 변혁 없이는 국가와 개인의 변혁이 불가능한 것으로, 모든 변화는 하나의 유기적인 관계로 연결되어있다.

---

1 D. Paul Schafer, *Culture: Beacon of the Future* (Westport: Praeger, 1998), 7.

예를 들어 건강에 대한 문화적인 접근을 해보면 다음과 같다.[2] 건강과 질병 및 치유에 대한 개념은 그 공동체의 사회 구조와 가족 구조 등에 크게 영향을 받는다. 또한 그 사회의 경제적인 수준, 빈곤층의 분포 등도 건강의 문제와 깊은 연관이 있다. 그 나라의 정치, 특히 의료 및 보건에 대한 국가의 정책, 의료보험 제도 등도 한 사람의 건강을 유지하는 문제와 관련된다. 이러한 건강의 문제는 한 국가의 범주 속에서만 관찰될 수 있는 사항이 아니며, 글로벌한 체계 속에서 생각해 볼 수 있는 문제이기도 하다. 그 나라 사람들이 가지고 있는 인간관 가치관 세계관 또한 건강과 질병의 문제에 깊이 관여되어 있다.

이상과 같이 어떤 한 문제를 문화분석적인 측면에서 추구한다는 것은, 그 문제가 놓인 총체적 상황들을 분석하는 것이다. 문화를 연구하는 사람들은 이러한 제반의 사항들을 핵심적으로 규정하는 것들을 그 사회가 가진 가치, 가치 체계 또는 세계관으로 지적함을 앞에서 언급하였다. 그러므로 세계를 변혁하는 문제에 있어 가장 핵심 되는 바는 그 사회의 근본 되는 세계관과 패러다임을 변경하는 것이다. 종교의 본질 (substance)을 신학자 틸리히는 문화라고 하였으며, 문화는 종교의 형식 (form)이라고 말하였다. 문화의 핵심적 내용으로서의 세계관과 패러다임은 변혁은 틸리히가 이른바, 문화의 본질로서의 종교를 통해 가능할 것임에 분명하다.[3]

창세기 1장 28절에는 다음과 같은 말씀이 있다. "하나님이 그들에게 복을 주시며 하나님이 그들에게 이르시되 생육하고 번성하여 땅에 충

---

2 마사 O. 루스토트, 엘리사 J. 소보, 『건강 질병 의료의 문화분석』, 김정선 역 (서울: 한울 아카데미, 2002) 참조.
3 Paul Tillich, *Theology of Culture* (New York: Oxford University Press, 1959), 42.

만하라, 땅을 정복하라, 바다의 물고기와 하늘의 새와 땅에 움직이는 모든 생물을 다스리라 하시니라." 이 구절은 보통 '문화 명령'(cultural mandate)으로 알려져 있다. 이 말씀에서 하나님은 땅에 대한 인간의 책임을 명한다. 그러나 인간은 이러한 하나님이 문화 명령에 바로 응답하지 못하였다. 그에 따라 인간은 모든 면에서의 타락과 파멸을 경험하게 된다. 인류의 파멸은 하나님의 명령에 진지하게 반응하지 못한 인간의 불순종에 기인한다. 그러한 하나님과 인간의 그릇된 관계 설정은 여타의 관계들의 파괴를 가져왔다. 인간의 타락 후, 하나님은 이 땅으로 하여금 인간에게 가시나무와 엉겅퀴를 내게 하였다. 또한 아담과 하와의 바른 관계도 파괴되어 여자가 남자에게 굴종적 자세를 갖게 하였다. 하나님의 명령에 대한 불순종으로 인해, 인간은 자기 속에 있는 수치심을 발견하게 된다. 이와 같이 인간의 타락은 전방위적인 타락이었다.

하나님과의 관계 파괴로서의 종교적인 타락, 수치심과 불안의식에 휩싸이게 되는 것으로서의 심리적 고통, 여자와 남자의 불합리한 관계로서의 사회적 관계 파괴, 자연과의 불화의 관계 형성으로서의 생태적 위기 등, 인간의 타락은 모든 부분의 파멸을 가져왔다. 그러나 이 같은 다차원적인 파멸을 하나님은 그대로 방치하시지마는 않았으며, 구원을 위한 대안을 마련하셨다. 하나님은 인간과 새로운 계약의 관계를 설정하시고자 하였다. 또한 아벨과 가인의 파괴된 인간관계 속에서도, 가인을 위해 하나의 구원의 길을 마련하셨다. 하나님은 노아의 홍수에 따른 커다란 자연 재난을 인간이 경험하시게 하셨으나, 무지개를 통해 자연과의 또 다른 화해의 차원을 약속하셨던 것이다. 이러한 인간의 새로운 구원의 여명이 창세기에서 동트고 있으며, 그 같은 구원의 완성을 위해 구약성경은 메시아의 출현과 종말에서의 희망을 제기한다.

인간의 타락은 상당히 다차원적인 측면이 있으며, 그에 대한 하나님의 구원도 총체적이며 문화적인 면을 갖고 있다. 하나님의 구원에는 종교적 구원, 사회적 구원, 심리적 구원, 생태적인 구원의 모든 면이 포괄된다. 이러한 구원의 총체성은 오늘의 신학에서 보통 '샬롬'(shalom)이란 구원의 개념으로 서술되고 있다. 우리는 인간의 구원을 너무 좁게 파악하여서는 안 된다. 인간의 구원을 영적인 구원의 문제만으로 환원하는 것은 성경의 구원 내용을 너무 좁게 한정하는 것이다. 인간의 구원은 인간의 모든 차원들의 구원을 포괄하는 것으로 일종의 총체성을 갖는다. 이러한 총체적 모든 면에서의 구원을 우리는 문화적 구원(cultural salvation)[4]이란 용어로 표현할 수 있을 것이라 본다. 우리의 구원은 영적인 구원 이상이다. 우리의 구원은 영과 육, 마음과 정신, 차안과 피안을 묶는 구원으로서, 하나의 통전적(wholostic) 구원인 것이다. 기독교의 구원은 다차원적인 것으로서, 일종의 문화적 구원으로 표현될 수 있다. 그러므로 예수를 믿는 우리의 선교적 노력도 이러한 통전적인 문화적 구원의 측면으로 구현되어야 할 것이다. 인간의 일면만을 강조하는 구원 개념이 아니라, 인간의 모든 면에 걸친 구원을 현실화하는 문화적 선교(cultural mission)[5]에 대한 노력이 필요할 것이라 생각된다.

기독교 교리사에서 우리는 구원론의 개념 확대가 있었음을 보게 된다. 교회는 먼저 개인 구원(personal salvation)의 문제에 착목하였다. 다음으로 교회는 구원의 사회적 측면으로서의 사회 구원(social salvation)의 입장을 전개하였다. 특히 19세기 들어 산업화와 도시화를 경험하

---

[4] 성경에 나타나는 바, 주님 안에서 성취되는, '하나님의 나라' 개념은 이런 구원의 통전성을 잘 설명하여 준다.
[5] 필자는 "문화 선교"를 "문화적 선교"와 구별한다.

면서, 교회는 기독교 구원의 사회적 입장을 부각하였다. 이 시대에 나온 영국의 기독교 사회주의(Christian socialism), 독일의 종교 사회주의(religious socialism), 미국의 사회 복음(social gospel)이란 용어들은 이러한 면들을 보여준다. 이후 1980년대 이후 환경적 위기를 인류가 경험하면서, 교회는 생태적 구원(ecological salvation)의 문제를 대두시킨 바 있다. 개인 구원과 사회 구원 더 나아가 인류의 구원뿐 아니라 자연의 구원을 포괄하는 생태구원으로서의 우주적 구원(cosmic salvation)으로 기독교의 구원 개념이 폭넓어지면서, 총체주의(wholism)적 샬롬문화의 형성이 강조되었던 것이다.[6] 브래드쇼우(Bruce Bradshaw)는 이르기를, "샬롬(shalom)은 전 창조물 안에서 그리스도를 통한 하나님의 구원의 사역을 상징화하는, 통전적 작인(agent)이다"라고 하였다.[7]

기독교의 구원은 개인에만 해당되는 것이 아니라, 문화의 총체성에 동일하게 해당된다. 구원이란 총체적이고 통합적인 어떤 것이기 때문에, 그것은 인간의 전존재를 상관한다. 복음은 인간이 거주하는 역사적이고 사회적인 실재, 문화 및 공동체적 구조들과 연관된다.[8] 이와 같은 구원의 개념은 넓은 문화의 개념을 사용하여, 문화적 구원(cultural salvation)이란 용어로 포괄될 수 있을 것이라 생각한다. 우리는 기독교의 구원의 개념을 너무 좁게 사용해온 경향이 있다. 기독교의 구원을 일종의 영혼 구원의 개념으로 사용하여, 영적인 문제 국한시키기도 한다. 그러나 기독교의 구원은 인간의 전 영역을 포괄하는 것으로, 일종의 문

---

6 Bruce Bradshaw, *Bridging the Gap: Evangelism, Development and Shalom* (Monrovia: MARC, 1993), 18.
7 Bruce Bradshaw, *Bridging the Gap: Evangelism, Development and Shalom*, 39.
8 Herve Carrier, *Evangelizing the Culture of Modernity* (New York: Orbis Books, 1993), 146.

화 전반에 대한 구원으로 파악될 수 있는 것이다. 그러므로 우리는 기독교의 구원의 내용이 인간의 모든 부분에 적용될 수 있도록 노력하여야 할 것이라 생각한다.

2. 문화적 (해외)선교의 구체적인 방법으로서의 대학 설립을 통한 국가 선교 모색

선교는 사람들을 죽은 후에 천당으로 인도하는 것만으로 마무리되지 않는다. 기독교의 구원은 문화적인 성격을 띠는 것임을 앞에서 언급하였다. 기독교의 구원은 영적인 면과 함께 육적이고 물질적인 면을 포괄하는 것으로, 그것은 차안적 구원과 동시 피안적 구원을 도모한다. 인간의 개발과 진보는 정치적 사회적 경제적 생태적 기술적인 제 방면의 발전을 포괄하는 것으로 총체적인 발전(total development)을 지향하는 것인바, 이러한 것을 포괄하는 문화적 선교는 교회 선교의 본래적이고 본질적인 차원인 것이다.[9]

인도의 신학자 매튜(C. V. Mathew)는 그의 글 "국가 건설에서의 교회의 역할"(The Church's Role In Nation Building)에서, 교회를 통한 교육의 중요성을 다음과 같이 설명한다.[10] 인도의 국가 건설과 국가 발전(state development) 및 인간의 발전(human development)에 있어, 교회

---

9 http://members.cox.net/vientrietdao/phancho/hudevel.html
  선교 신학자 판(Peter C. Phan)의 논문, "Human Development and Evangelization: The First to the Sixth Plenary Assembly of THE Federation of Asian Bishops' Conference"에서 인용함.
10 http://www.intervarsity.org/ism/article/755

가 설립한 교육 기관의 역할을 결코 작은 것이 아니었다. 교육은 선교적 헌신과 목회를 온전하게 하는 요소로, 복음 전도와 교육은 분리될 수 없다. 인도에서 교회가 설립한 교육 기관은 사람들로 하여금 교회로 나오게 하기 위한 하나의 미끼가 아니었다. 오히려 교육은 하나님께 봉사하며, 이웃을 사랑하는 참다운 수단이었다. 복음을 선포한다는 것은 하나님의 진리를 가르치는 것으로 교육하는 것을 의미한다. 교육 없는 복음 전도가 있을 수 없다.[11] 그리고 교육 기관의 설립은 복음 전도의 효율화를 극대화할 것이다.

　러시아를 두어 번 다녀온 적이 있다. 그와 같은 자원 강국이 못사는 이유를 이해할 수 없었다. 한 나라의 웰빙은 자원의 풍부함에만 있지 않음을 알 수 있었다. 무엇이 한 국가의 진정된 발전을 가져오는 것일까? 정치적인 문제가 있는 것 같았다. 그리고 사회적 불안정이 그 나라의 국가 발전에 장애도 되고 있음을 파악하게 된다. 무질서하며 비도덕적인 국가는 발전하기 어렵다. 마피아가 판치며 경찰이 도둑보다 더 무서운 사회를 만들어놓고, 나라가 잘 되리라 기대하는 것은 가능하지 않을 것이다. 이러한 사회의 전반적 병폐들을 바로 잡는 길이 무엇일 것인가 생각해본다. 일종의 새마을 운동을 벌어야 하는 것일까? 여러 면에서 곰곰이 생각하여 보아도, 그러한 문제들을 고칠 수 있는 것은 기독교의 신앙의 힘밖에는 없을 것이라는 확신이 든다. 백성의 마음을 고칠 수 있는 것은 성령의 능력 외에는 없다. 그리스도의 말씀을 통한 회개는 나라를 바꾸는 힘이 있다.

　한 나라를 문화적이며 총체적으로 가장 빠르게 변화시킬 수 있는 방

11　마 28:20.

법은 기독교적 가치관에 따른 교육이며 그 중심에 기독교 종합대학이 서 있다. 이에 기독교의 선교도 이 같은 대학 설립을 매개로 하여 이루어진다면 보다 총체적이고 문화적인 구원의 장을 마련할 수 있을 것이라 생각한다. 특히 기독교적 가치관으로 무장한 대학을 통해 우리는 보다 포괄적인 기독교의 구원을 전할 수 있을 것이다. 기독교 종합대학 설립을 통한 기독교의 선교는 국가 개발과 인간의 구원에 가장 빠른 통로임을 다시 한 번 확인하게 된다.

3. 대학의 설립을 통한 문화적 해외 선교의 목표

한 나라의 선교는 그 나라의 포괄적인 발전을 도모할 수 있어야 한다. 그 나라에 복음이 전해져 영적인 면과 함께 전반적인 피폐함을 더하였다면, 그러한 복음은 우리를 살리는 복음이 될 수 없다. 기독교의 구원은 이 세상과 저 세상에서의 아름다움을 더 하는 것이어야 한다. 영적인 구원과 함께 육적인 새로움을 줄 수 있는 선교의 구조에 대해 생각해보게 된다. 결론부터 말하면, 피선교국에 대학을 세워 그것을 통해 선교의 일을 감당하는 것이 이런 포괄적이며 문화적인 선교의 일에 가장 적합할 것이라는 것이다. 이에 다음과 같은 목표들을 생각해보게 된다.

1) 우리보다 어려운 나라들에 대학을 설립해 나가는 것이 효율적이다. 각 나라를 정함에 있어 선택과 집중이 요청된다. 가장 효율적으로 복음을 전할 수 있는 국가를 정하여 집중하는 것이 바람직하다. 다른 나라가 선교한 적이 없는 새로운 선교지가 있다면 이 같은 선교 전략을 적용하기에 더욱 좋을 것이다. 이와 같은 선교 모델의 비근한 예로 한국교

회의 몽골 선교를 들 수 있을 것 같다.

2) 피선교국에 기독교 대학을 설립하여 교수를 파견하고 그 나라에 합당한 교육 과정을 정하여 그곳의 사람들을 집중으로 훈련하고 교육한다.

3) 다음으로 중요한 것은 문화적 선교를 위한 확실한 매뉴얼 곧 구체적 선교 방법론과 신학적 숙고의 결과물을 만드는 것이다.

4) 오늘의 선교는 프로그램을 가지고 가는 선교가 되어서는 안 된다. 한 지역에서 성공하였다고 하여 그 내용을 그대로 다른 지역에 가지고 가는 것은 위험하다. 새로운 나라에 선교할 때에는 그 새로운 피선교지 사람들의 요구와 새로운 상황에 대한 분석이 선행되어야 한다. 프로그램 중심의 선교가 아니라 인간중심적인 선교, 명령하는 선교가 아니라 그들의 말을 들어주는 선교로서의 리더십이 요청된다. 먼저는 그 나라 사람들의 지역에 가서 살며 그들과 교제를 나누고 친해지는 것이다. 그런 다음 그들이 필요한 일을 파악하고 그들에게 물어가며 선교의 일을 진행하는 것이 필요하다. 최종적으로는 피선교지 사람을 리더로 세우는 것이다. 그 나라 사람들로 지도력을 갖게 하며 선교 사역을 수행해나가는 임파워먼트(empowerment)로서의 선교가 중요하다.

5) 피선교국의 선교사, 이민교회, 이민사회, 견습선교사, 피선교국 교회의 리더들과 서로 협력적 관계를 갖는 것이 중요하다. 대학을 통한 선교는 이런 협력 선교(partnership mission)의 가능성을 더욱 강화할 것이라 생각한다.

6) 선교의 일을 수행할 정예부대원을 공급하는 구조를 만든다. 그 일은 선교사 훈련원을 만들어 감당할 수 있을 것이다. 훈련 커리큘럼을 만드는 것도 필요하다. 지속적인 선교 인력 곧 선교지 기독교 대학을 위한 인력 공급을 하는 구조와 체계를 만드는 것이 중요하다는 것이다.

7) 공부 잘하는 학생들은 한국으로 유학 오도록 배려한다. 우리나라의 신학대학에 많이 유치하는 것이 좋을 것이다. 지난날 독일은 가난한 나라들의 엘리트들을 자국에 들어오게 하여 무상으로 공부시킨 후 본국으로 그들을 돌아가게 하여 그 나라를 이끄는 지도력을 갖게 한 다음 이들로 하여금 독일과 우호적인 관계를 맺게 했으며 이로 인해 그들과 협력할 수 있도록 하였었다. 이와 같이 각 선교지의 기독교 대학과 국내의 교육 인프라를 연결하는 노력이 중요하다.

8) 선교하는 우리 교회가 국가적인 차원에서 피선교 국가들과 연계되어 이러한 선교 및 봉사의 사역을 펼쳐 나가는 것도 유용할 것이라 생각된다. 그러나 선교가 국가적 관계로 강조될 경우의 문제점에 대해서도 인지하는 것이 필요할 것이다. 이에 대학 설립을 통한 선교는 그 시작부터 지역의 기독교 지도자 및 사회 지도자들과 긴밀한 연관 속에서 진행되는 것이 바람직하다.

9) 문화적 선교와 교회의 멤버십을 늘이는 양적 성장의 문제를 연결하는 방안에 대한 모색이 항상 요청된다. 그러나 사회에 대한 봉사가 교회의 멤버를 늘이는 것에 종속되어서는 안 될 것 같다. 그럴 경우 사회 봉사의 진의가 의심받게 되기 때문이다.[12] 필자는 이런 기독교 대학을 통한 선교는 교회의 설립과 개척에 가장 빠른 길이 될 것이라 생각한다.

---

12 'Rice Christian'을 만들어서는 안 된다.

4. 대학 설립을 통한 문화적 해외 선교의 구체 방안

1) 대학 설립과 병행하여야 할 것은 병원과 방송국을 함께 하나의 선교 센터로 세우는 것이다(마 4:23, 9:35). 먼저 병원을 세우고 그것과 연계하여 대학을 세우는 것도 긴요한 전략이 된다. 지역 교회의 인터넷 방송국과 연결하여 방송국을 세워도 될 것이다. 피선교지의 언어로 방송되는 방송국을 만들어 복음의 저변을 넓히는 것은 선교지의 밭에 거름을 주어 옥토로 만드는 일과 같다. 매스미디어의 적절한 사용은 선교 및 국가와 인간의 발전을 위한 일에 많은 영향을 줄 수 있다. 주요 국내 대학들과 연계하여 사이버 강좌를 개발하는 것도 좋은 방안이 될 것 같다.

2) 대학에 개설할 과를 정하고 선교사와 교수진을 선발한다. 신학, 사회복지학, 영문학, 컴퓨터학, 한국어학, 의학, 간호학, 법학 등의 과들을 개설할 것을 추천하고 싶다. 각 나라의 대학에서 가르칠 수 있는 핵심 신학자 및 교수 요원들을 양성한다. 그 나라의 말을 배우는 것을 포함하여 그들을 훈련시킨다. 아울러 각 대학에 필요한 과들을 위한 교육 과정을 만든다. 피선교지의 신학교육에 있어 선교학을 특성화하면 유용할 것이다. 무엇보다 한국어과를 개설하는 것이 중요하다. 모든 학생들에게 한국어를 익히게 하는 것이 장기적으로 한국교회와 연계된 선교의 장을 넓히는 것에 유리할 것이다. 최근에 보면 컴퓨터를 통해 한국어를 익히는 프로그램들이 많이 만들어졌는데 이를 이용하면 유리할 것이다.

3) 위의 사람들과 신학교수, 대학원생들이 함께 모여, 그 나라를 위한 구체적인 국가 선교 전략을 세운다. 국가 선교를 위한 비전을 세우고 그것을 실제적으로 성취할 전략을 모색한다. 이를 위해 그 나라에서 일하고 있는 선교사들 및 현지 한국인들 그 나라 지도자 및 대사관 직원들과

연계하는 것이 필요하다.

4) 다음으로 재정을 투여하여, 그곳에 부지를 마련하고 대학 건물을 짓는다. 또한 연구시설과 설비들도 마련한다. 우선은 병원 건물들을 사용하며 교육할 수 있을 것이라 생각된다. 그 나라 내에서 우수한 평가를 받을 수 있는 대학으로 만드는 것이 중요하다.

5) 교육을 위해 현지인 통역자 여러 명을 먼저 키우는 것도 중요하다.

6) 그 나라의 상황을 분석하고, 성서적이며 신학적인 반성을 거쳐, 구체적 실천 방안들을 정하고, 이에 의거 교육을 위한 교과서를 미리 만든다. 각 나라의 실정을 분석하고 그 나라에 맞는 기독교 세계관에 입각한 각 학과목을 위한 교과서를 만든다는 것은 상당히 중요한 일이다. 각 나라에 실정에 맞는 맞춤교육이 필요하며, 이를 위해서는 전문가들의 상당한 연구가 요청된다. 다른 나라에 물건을 팔려면 그 물건을 잘 생산하여 수출하는 것과 같이, 복음과 사상을 수출하려면 그 복음의 내용과 사상을 잘 다듬어 전달할 필요가 있다.

7) 학과의 학생 수를 정돈한다. 처음 시작할 때 학생 수는 한 학년 각 과 10명 정도, 3-4 과(신학과, 의학과와 간호학과, 사회복지과 또는 법학과, 한국어과, 기타 영어, 교육, 법학, 컴퓨터 등), 총 30명 정도로 제한하는 것이 좋을 것이다. 4년제로 할 경우, 총 120명 정도의 학생 수가 될 것이다. 이 학생들을 위한 교육 경비는 선교부에서 충당하는 것을 원칙으로 하며, 운영을 위한 어느 정도의 등록금을 받을 수 있을 것이다.

8) 한국의 좋은 교수들을 자원봉사자로 하여 여름에 와서 교육을 하도록 하는 것도 한 방안이다. 우리나라 대학생들 중 엘리트들을 선발하여 1년 동안 자원봉사자로 활동하게 할 수도 있을 것이다. 교인들이 외국 여행을 하는 대신 선교 봉사의 일을 하도록 유도하는 것도 필요할 것이다.

9) 건물 임대 등 자체적 수익 사업을 갖고 자립적 선교의 길을 마련하는 것도 중요하다. 또한 어느 정도 대학이 발전된 후에는 학생들에게 등록금을 징수하여 재정적 밸런스를 도모하는 것이 필요할 것이다.

10) 대학 설립을 통한 문화적 선교는 우리의 선교를 계획성 없는 선교에서 기획을 통한 선교로의 방향전환을 해줄 것이라 생각한다. 다른 나라에 대한 선교를 시작할 때 그곳에 선교사를 파송하면 모든 것이 다 끝나는 것처럼 생각하는 데서 돌이켜, 사전에 많은 연구와 분석을 거쳐 그 나라의 선교에 접근하는 방법을 정착시키는 노력이 요청된다.

5. 대학을 설립하여 문화적 해외 선교를 도모하는 일에의 문제점들

대학을 설립하여 총체적인 국가적 문화 선교를 도모하는 일에의 문제점을 지적하지 않을 수 없다. 이와 같은 대학 설립을 통한 문화적 선교 방법에서의 유의점들을 아래에 몇 가지로 나누어 적어보았다.

1) 교회를 세우는 것이 선교이지, 대학을 세우는 것이 선교냐는 비판이 있을 수 있다. 문제는 어느 것이 더 건강한 교회들을 많이 세울 수 있는가 하는 것이다. 교회를 세우는 것에 앞서, 그 교회를 목회할 실력 있는 목회자들을 세우는 것이 중요하다고 생각된다. 그리하여 대학을 세우고 그 대학 내에 신학과를 두어 좋은 목회자들을 잘 길러내는 것이 장기적으로는 더 많은 교회를 세우는 길이 될 것이다. 그러한 선교의 방법은 한국의 러시아 선교를 통해 배울 수 있을 것 같다. 더 나아가 대학의 캠퍼스는 훌륭한 복음 전도의 장이 될 수 있다. 신학과에서 양성되는 목회자뿐 아니라, 대학에 들어온 학생들을 주님의 복음으로 훈련시킨다면

많은 신자들을 얻을 수 있을 것이다. 또한 대학의 캠퍼스는 복음 전도의 베이스 캠프로도 이용이 가능하다.

2) 두 번째의 문제점은 선교에 대한 신학적 이견을 가진 이들과의 갈등이다. 선교는 복음 전도만을 수행하면 되는 것으로 사회의 여러 문제들을 관여할 필요가 없다는 주장이다. 샬롬으로서의 정의로운 평화 건설이 기독교 선교의 목표가 되어서는 안 된다는 것이다. 기독교의 선교가 추구하여야 할 바는 예수를 믿고 사람들이 죄 사함을 받으며 천국에 가는 것으로, 이 세상에서의 정의로운 평화에 대한 추구는 올바른 것이 아니라는 것이다. 그러나 우리는 이 같은 이원론적인 선교 개념에 얽매여서는 안 된다. 복음 전도와 이 세상에서의 하나님 나라의 구현은 서로 상반되는 내용이 아니며, 나눌 수 없는 서로 연관된 것임을 인식할 필요가 있다. 대학을 통해 피선교국의 차안적인 발전을 추구하는 것과 복음을 전하여 그들의 영혼을 구원하는 것은 서로 분리되지 않는다는 것이다.

3) 이러한 대학을 통해 그 나라의 발전을 추동하는 선교 전략은 피선교국의 정부와의 마찰을 쉽게 야기하게 된다는 문제점이 거론되기도 한다. 하지만 대학을 세워 선교를 도모하는 일은 피선교국의 정부와의 갈등을 완화하는 데에 오히려 큰 방안이 됨을 인식하는 것이 중요하다. 오늘날 대부분의 이슬람권의 국가에서는 직접적인 선교가 불가능한 경우가 많다. 공공연한 선교를 할 때 상대국의 정부와 마찰하기 쉬운 것이다. 이에 이러한 나라들을 선교할 때에는 직접적인 복음 전파의 방식보다는, 대학의 건립을 통한 간접적인 선교 방식이 유리한 점이 많다.

4) 네 번째의 문제점은 대학을 세우기 위한 비용이 적지 않음에 있다. 그러나 필자는 앞에서 오늘 한국의 해외 선교에서의 선택과 집중의 필

요성을 거론한 바 있다. 많은 나라에 선교사를 파송하는 것도 중요하지만, 한 교회가 한 나라에 집중하는 선교가 더 바람직함을 강조하고 싶다. 그렇게 할 경우 비용의 문제는 완화될 수 있을 것이라 본다. 아울러 대학을 설립하는 것에 어려움이 있을 경우 초등교육 기관을 설립하여 운영하는 것도 생각할 수 있는 대안일 것이다.

5) 다음으로 거론될 수 있는 점은 경제적이며 사회적인 것을 포함한 문화 제반에서의 구원이 차안적인 구원이 될 수 있어도 궁극적이며 영원한 구원이 될 수 없다는 것에 대한 의문이다. 눈에 보이는 가시적인 행복이 주어졌다고 하여도, 그것이 기독교가 말하는 궁극의 구원이 아니라는 것이다. 경제가 부흥하였다고 하지만 그것이 개인의 죄의 문제와 궁극적인 구원의 문제를 해결하지 못한다는 비판이다. 궁극의 구원은 영혼의 구원이며 종말적인 구원임을 이러한 비판을 하는 사람들은 강조한다. 이에 우리의 사회와 인간에 대한 이상은 이 같은 종말적 비전의 빛에 의해 항상 반성되어질 필요가 있다. 우리가 하는 사회 변혁, 인간에 대한 교육 등도 부족할 수 있음을 겸허히 인정하며, 성경이 말하는 구원의 빛 아래서 항상 비판받아야 함을 잊어서는 안 될 것이다. 대학 설립과 운영 자체가 목표가 되어서는 안 되며 더 큰 목적하에서 이런 일들이 운용되어야 할 것이다.

6) 대학을 통한 문화적 선교의 틀은 선교국의 사회와 피선교국의 국가 및 사회와의 긴밀한 관련성을 파악하기 쉬우나, 그 피선교국 속에 사는 개인 개인에 대한 인격적 접촉은 소홀히 할 위험이 있다는 지적도 가능하다. 이러한 접근으로는 그 나라의 사회 문제와 구조적인 문제에 대한 접근은 용이하나, 각 개인의 문제들에 대해서는 소원해지기 쉽다는 의견이다. 그러나 이 같은 비판은 하나의 기우로서, 우리가 개인을 사회

적으로 정치적으로 그리고 통전적인 문화적인 배경에서 이해하게 되면 될수록 각 개인을 더 잘 이해하게 되는 것임을 인정하여야 할 것이라 생각한다. 대학 설립을 통한 선교는 개인에 대한 전도를 소홀히 하는 구조가 아니다. 오히려 피선교국의 사람들과의 접촉기회가 많아져 개인전도의 기회가 확대될 것으로 생각한다.

7) 이런 해외 선교로서의 국가 개발 모델은 위로부터의 하향적 국가 개발의 방법이며 소수의 엘리트로부터 국가 전반을 도모해나가는 방안으로서, 자칫 이런 방법은 국가의 소외된 가난한 백성들의 현실을 외면하기 쉬운 것으로, 진정된 인간의 고통들이 노출되지 않을 염려가 있다는 평가도 있다. 오히려 복음의 능력은 힘없고 가난한 사람들을 불러 세워 그들로 하여금 주님의 거룩한 사역을 하게 하는 것으로, 대학을 통한 복음 선교 사역은 이런 저층에 있는 사람들과의 접촉을 차단할 수 있는 문제를 안고 있다는 것이다. 이에 우리는 대학을 통한 선교의 일에 있어 교육시킨 그들이 사회의 엘리트층에 편입되어 사회의 어려운 사람들과 완전차단되는 것을 경계해야 한다. 교육을 받은 후에도 어려운 사람들 속에 머물러 있으면서 그들의 고통을 현실감 있게 느끼는 위치를 견지할 수 있도록 하여야 할 것이다. 또한 대학 설립과 함께 피선교국의 초등교육을 위해 공헌하는 길을 찾는 것도 이런 문제점을 해소하는 데에 도움이 될 것이라 본다.

8) 오늘의 대학 설립을 통한 선교에서 문제가 되는 것 중 다른 하나는 대학이 설립되어 사유화되는 문제이다. 선교사들이 힘을 다해 선교비를 거두어 나름의 노력을 하여 일군 대학들이므로 그들의 노고가 무시될 수도 없는 사안이다. 그러나 대학이 세워져 결국 그것을 세운 선교사의 사유 재산이 된다면, 그것을 위해 헌금한 사람들과 그곳을 위해 자원

하여 봉사한 사람들에게는 어느 정도 미안한 일이 될 것이다. 필자는 이 문제를 너무 나이브하게 해결하여서는 안 된다고 생각한다. 그것을 위해 일한 선교사의 노고도 인정하며 동시 그런 기관의 공공성도 보존되는 입장에서 이 문제들이 지혜롭게 처리되길 기대해본다. 이런 문제를 다루는 각 교단의 선교부의 정책도 상당한 신중해야 할 것이다. 모든 문제를 흑백논리로만 해결하려 해서는 안 된다. 결국 이러한 대학들은 궁극적으로 그것이 세워진 나라들의 교회로 귀속되어야 하는 것임을 언급하고 싶다. 그러한 대학들이 기독교 정신을 유지한 채 오래토록 양질의 교육을 할 수 있도록 적절한 길을 열어주는 것이 중요할 것이라 생각한다.

6. 문화적 해외 선교(cultural foreign mission) 방안에 비춰본 문화적 국내 선교(cutural domestic mission)

해외 선교는 자국의 국내 선교와 교회갱신을 위해서도 필수적 요건이 된다. 남을 효과적으로 돕다 보면 자신의 문제도 해결되게 된다. 각국의 기독교는 그것의 문화적 상대성을 극복하고 계속적인 자기갱신을 하기 위해서, 다른 나라 교회들의 목소리를 들으며 상호 교류할 필요가 있다. 우리는 서로 다른 문화권에서 형성된 서로 다른 입장의 신학을 통하여, 새로운 변혁의 가능성을 간추릴 수 있게 된다. 각 교회는 세계 각곳에 퍼져 있는 교회들의 목소리들을 수렴함으로써, 자기 안에 있는 잘못을 체크하고 상호적으로 오류를 시정하게 된다.[13] 이와 같이 해외 선

---

13 Lesslie Newbigin, *The Gospel in a Pluralist Society* (Geneva: WCC Publications, 1989), 195-

교는 국내 선교의 건강함을 보존하는 힘이 되는 것이다.

우리는 오늘의 기독교와 교회를 문화적인 지평에서 접근할 필요가 있다. 기독교와 교회를 종교라는 범주에서만 고찰하지 않고, 문화라는 전 지평 속에서 검토할 때 많은 유익이 있을 것이라 생각한다. 오늘의 우리의 종교 체계가 사회 체계 속에서 차지하는 위치를 연구할 수 있을 것이다. 교회가 한국의 경제적 정치적 사회적인 변화에 미치는 영향을 분석하여 전체적으로 조망하면, 우리의 한국교회가 나아가야 할 방향이 보다 명확해질 것이라 생각된다. 기독교가 현대인의 관념 체계, 인지 체계, 상징 체계, 구조 체계 및 외부적 조건들에 대한 적응체계 등에 미치는 영향을 검토하는 것도 많은 유익이 될 것이다.[14]

이와 같이 교회의 사회참여는 면밀한 분석과 반성을 거쳐야 하는 것으로, 이를 통한 교회적 대안을 사회를 향해 제시하는 것이 바람직하다. 교회는 이런 과정 중에서 만들어진 내용들을 교인 및 교회 밖의 사람들을 위해 가르치는 내용으로 종합하여, 그것을 가지고 그들을 교회 안팎에서 가르치려고 노력하여야 한다.

교회가 만들어낸 대안이 대학에서 교육되고 사회의 정책으로 채택되어질 때, 기독교의 구원은 더욱 분명해질 것이다. 교회는 이런 기독교적 세계관을 가르치는 대안 학교들과 대학들을 국내에 설립할 수 있다. 물론 이런 일은 단 시간 내에 이루어지는 것은 아니다. 또한 이런 일들은 목회자들만의 힘으로만 감당될 수도 없다. 기독교적 세계관을 가진 각 분야의 전문가들이 이런 일에 앞장서는 것이 필요하다. 교회는 이런 다

197.
14 전경수, 『문화의 이해』 (서울: 일지각, 1999), 105-136.

양한 분야의 기독교 학자들이 만들어낸 기독교적 세계관에 입각한 제반의 연구들을 함께 모으고 정리하는 노력을 해야 한다. 구슬이 서 말이라도 꿰어야 보배인 것 같이, 이런 종합의 작업들을 교회가 꾸준히 해나갈 때 문화적 선교는 구체화 되리라 본다. 사람들에게 일시적 카타르시스를 주며 일시적으로 흥분하게 하는 종교로부터 탈피하여, 사회 전반의 문제를 집요하게 분석하고 그에 대한 기독교적 대안을 만들어가는 질 높은 종교 생활을 제안하는 것이다.

이와 같은 문화적 선교를 위해 교회는 다각적인 질문을 할 필요가 있다. 그리고 그러한 문제들을 표피적으로 다루는데 그쳐서는 안 되며, 심도 깊고 전문적인 논의를 필요로 한다. 이를 위해 교회는 사회 문제에 전문적인 시야를 가진 평신도들의 역량을 구동시켜야 한다. 기독교의 선교는 사람들을 일시적으로 흥분시켜 되는 것이 아니며, 그 사람들을 교육하고 주님의 복음으로 설득하는 통해 가능한 것임을 인식하는 것이 중요할 것 같다. 선교는 교육이다(마 28:20). 이에 교육적인 콘텐츠나 교육을 위한 방안이 없는 선교는 가능하지 않다. 우리 주변의 제반 문제들에 대한 기독교적 답을 제시하고 그것을 통해 국민들을 설득시켜 나가는 주도면밀한 기획 없이는, 우리의 선교의 노력은 상향되기 힘들다. 교회라는 장 내에서의 하나님에 대한 예배와 성도 간의 교제 및 말씀의 선포가 교회 밖을 향한 내용으로 해석되지 못할 때, 기독교의 선교는 힘을 잃게 된다. 교회는 교인들을 교육시켜 세상을 향해 나가게 하고, 세상을 위한 봉사에 앞장세워야 한다. 우리는 이런 노력을 하는 중 우리 능력의 한계와 인간적 한계 및 우리의 죄성 앞에 서서 하나님을 바라보게 된다. 그의 능력과 영광을 기리며 그에게 우리의 잘못과 우리의 바람을 아뢰게 된다. 우리 혼자만의 힘으로 이런 일들을 감당하기 어렵지만 성도들의 교제 속에서 우리의 힘을 모아 이런 일을 감당케 되리라 기대한다.

오늘의 한국 개신교는 침체기를 맞고 있다. 그에 대한 여러 분석들이 나오는 중이다. 신학에 대한 질문도 있으며, 오늘의 한국 사회의 종교적 분위기에 대한 이야기도 있다. 그러나 이런 침체에 대한 분석은 그런 단선적인 평가로서 결론 내려지기 어렵다. 복합적 논의가 필요하다. 정치적인 측면에서의 교회의 역할, 경제적인 상황에서의 교회의 역할, 노동 현실에서의 교회의 역할, 남북 문제에서의 교회의 입장 등 오늘의 사회 현실 속에서 교회가 놓여 있는 좌표가 찍어지면, 그러한 침체의 이유가 분명해질 것이라 생각된다. 오늘 우리 교회는 우리 국가와 민족에 어떤 의미를 갖고 있는가? 그리고 주님이 원하시는 하나님 나라의 구현을 위해 우리는 어떤 노력을 하고 있는 것인가? 과연 우리는 이 백성을 주님이 원하시는 푸른 초장으로 인도하고 있는가? 질문이 복합적일수록 우리 교회와 선교의 현실도 입체적으로 분명히 드러날 것이라는 것이 필자의 견해다. 전체적인 문화에 대한 분석을 바탕으로 한 문화적 선교, 그것이 21세기 우리 선교의 미래일 것이라 예측한다.

7. 마치는 글

한 국가의 세계 내에서의 영향력은 그 나라의 수출 역량과 깊은 연관이 있다. 그 나라의 것이 다른 나라들에서 많이 소비되면 될수록 그 나라의 영향력은 커지게 마련이다. 그러한 수출은 상품의 수출, 공장 기계의 수출, 플랜트의 수출, 기술의 수출, 문화 산업을 통한 수출, 서비스 산업의 수출, 지식의 수출, 정신 문화의 수출 등으로 발전하며 그 폭이 커지지만, 최종적으로는 정신 문화의 수출을 통해 꽃피게 된다. 세계에 정신적인 영향력을 많이 미치는 나라가 됨으로써 우리는 인류에 크게 공헌할 수 있을 것이다.

필자는 가끔 우리나라 사상들 중에서 다른 나라에 소개할 수 있는 것들이 무엇일지 생각해보곤 하였다. 무엇일지 잘 생각이 나진 않지만, 우리의 기독교적 정신 역량이 세계에 좋은 반향을 불러일으킬 수 있다고 여겨진다. 우리가 가지고 있는 기독교 신학적 역량과 목회적 역량이 세계에 좋은 영향을 미칠 것이다. 이 같은 선교 역량을 강화하여 주님의 말씀을 온 세계에 퍼뜨리는 것이 세계를 구원하는 행복의 길이 될 것이다. 주님의 복음만큼 이 세상을 변화하게 하며 행복하게 할 것이 없기 때문이다.

이 같은 정신 문화의 수출과 연계된 복음 선교의 가장 효과적인 방안을 필자는 앞에서 대학 설립을 통한 선교로 제시했다. 그것은 복음의 수출과 함께 우리 교육 역량의 수출을 동시에 도모하는 일이 될 것이다. 예전 우리는 1차 산업을 통한 지하자원들과 가발 같은 것들을 팔기 시작한 나라였다. 이젠 발전소 설비와 문화콘텐츠를 파는 나라가 되었다. 필자는 우리나라의 교육과 정신이 세계 사람에 의해 소비케 되는 날을 기대한다. 한 번 시도해보는 것이 아니라 세계의 평화와 복리와 구원에 대한 진지한 고려에 따라 이런 일들이 진행되기를 소망하는 것이다.

우리나라 사람들은 인내하면서 남을 교육하는 좋은 품성을 가지고 있는바, 이런 민족적 장점들이 이 시대에 교육 선교의 사역을 통해 발휘되었으면 하는 것이다. 가톨릭의 예수회는 그 지역에 가장 좋은 대학을 설립하여 선교하는 전략을 가지고 있으며, 그런 취지에서 세워진 대학이 서강대학교로서 상당한 목표 달성을 하였다고 여겨진다. 이 같은 제스윗의 전략은 상당히 신중하게 고안된 선교 전략으로 우리 개신교의 선교에도 유용하리라 생각된다.

은퇴한 크리스천 교수들이 외국의 기독교 대학 교수로 가서 헌신하는 사례들이 많은데, 이를 더욱 활성화할 필요가 있다. 아울러 기독 청년이라면 대학 시절 1년을 외국에 나가 자원봉사자로 일하는 것도 의미 있는 일일 것이라 생각한다. 가능한 한 지역의 교회들이 연합하여 피선교국에 기독교 대학을 세워 그 일에 집중협력하는 것을 강조해본다. 지역 내의 여러 교회들의 단기 선교도 이렇게 세워진 대학들에 집중한다면 더 많은 일들을 할 수 있을 것이다. 세계는 우리를 부른다. 그리고 우리 민족이 이 시대에 가장 세계에 공헌할 수 있는 길은 피선교국에 대학을 설립하여 전개하는 삼박자 선교임을 다시 강조하고 싶다.

제6장

병원 의료 선교와 생명살리기

1. 영육 간의 샬롬의 구현으로서의 생명살리기

오늘 우리 주변은 죽임과 폭력의 문화에 만연해있다. 생태계의 파괴로 전 생명체들이 신음하는 중이다. 세계 곳곳에 발발하는 전쟁들은 생명들을 커다란 위험 속으로 몰아넣고 있다. 경제적인 불평등으로 인한 빈곤과 기아는 인간 생명의 존엄을 심각히 손상하여 왔다. 또한 에이즈, 사스 등의 새로운 질병이 인류의 생존을 위협하고 있는 상황이다. 생명공학의 무분별한 개발과 인간복제 등의 문제는 생존의 문제를 더욱 어둡게 한다. 에스겔 6장 11-13절의 말씀은 이미 오래 전에 이러한 죽임의 문화를 다음과 같이 표현하였다. "모든 가중한 악을 행함으로 마침내 칼과 기근과 온역에 망하되 먼데 있는 자는 온역에 죽고 가까운데 있는 자는 칼에 엎드러지고 남아있어 에워싸인 자는 기근에 죽으리라. 이같이 내 진노를 그들에게 이룬즉 그 살육 당한 시체가 그 우상 사이에, 제단 사방에, 각 높은 고개에, 모든 푸른 나무 아래에, 무성한 상수리 나무 아래 곧 우상에게 분향하던 곳에 있으리니 나를 여호와인줄 알리라."

작금의 이러한 위기는 다차원적인 성격을 지닌다. 우상 숭배를 통한 하나님과 인간 사이의 관계 파괴, 인간과 인간 사이의 그릇된 관계로서의 부정의, 인간의 자연에 대한 폭력에 의해 야기된 생태계 파괴, 국가와 국가 사이의 전쟁에서 비롯되는 생명 위협, 인간의 자신과의 잘못된 관계에서 야기되는 자신의 생명에 대한 학대 등, 생명 위기는 다차원적인 부적절한 관계에서 비롯되는 것이다. 이에 있어 성경은 이러한 다차원적인 관계에서의 온전함을 샬롬이란 단어로 표현한다.

21세기를 맞이한 우리 교회는 지구 생명 공동체의 위기에 대한 책임을 통감하면서, 하나님 중심의 세계관 및 통전적 신앙과 신학을 근거로 한 샬롬의 생명 목회 패러다임을 확립하여, 생명을 살리는 목회를 지향해야만 할 것이다. 이런 정황에서 우리 교단이 '생명살리기 운동 10년(2002-2012)'을 선포하고, 생명 목회를 오늘의 위기에 대한 대안으로 설정한 것은 시의 적절한 것이었다.[1]

2. 통전적 치유 선교

병원은 인간의 질병을 치유하는 곳이다. 그 치유를 통해 우리는 질병에서 벗어나 건강과 생명을 다시 찾게 되는 것이다. 이에 있어 치유(healing)라는 영어 단어는 앵글로 색슨의 형용사 'hal'에서 파생된 것으

---

1 http://www.pck.or.kr/community/mutidataboard/upload/생명 목회%20칼럼-손인웅(13)

로,[2] 그 단어는 '온전한'(whole)이라는 뜻을 갖는다. 히브리어 중 '온전함'이란 의미를 갖는 단어는 '샬롬'이다. 구약에서 '샬롬'이란 단어는 250여 군데에서 사용된다. '샬롬'은 완전함(completeness), 건전함(soundness), 복지(welfare), 평화(peace), 만족(contentment), 하나님과의 평화, 온전하게 함, 좋게 만듦, 잃어버리고 도적질된 것을 회복함(엡 2:15, 출 21:37) 등의 의미로 쓰인다. 이 단어는 시편 73장 3절에서 물질적 번영이란 뜻을 갖으며, 시편 4장 8절에선 육체적 안전과 정서적 평온이란 의미로 사용된다. 그 단어는 휴식, 근심과 걱정에서의 자유, 안전, 신뢰성, 그리고 편안함(ease)이란 의미를 갖기도 한다. 전쟁에 대비되는 공동적 복리, 번영으로 이끄는 법과 질서의 상태라는 뜻도 갖는다. '샬롬'은 육체적 건강함을 나타내기도 한다. 이사야 43장 7절, 예레미야 29장 11절, 14장 13절 등에서 이 단어는 구원을 나타내는 말로도 사용된다. 그것은 개인적 차원을 넘어서는 사회적 정치적 면을 언급하기도 한다. 그것은 공의 곧 법과 판결의 구체적인 이념들과도 상관되는 말이다. 성경은 궁극적으로 이 '샬롬'이 하나님의 선물이라고 말한다. 요약하면 히브리어 '샬롬'이란 기독교적 온전함의 개념과 일치하는 것이라고 할 수 있다. 예수 그리스도의 선교는 이 '샬롬'의 온전함과 기쁨을 회복하기 위한 것이었다.[3]

이에 비해 질병(disease)이란 영어 단어는 dis+ease로 구성된 단어로서, 평안이 없는 상태를 의미한다. '샬롬'의 상태가 아닌 것이 질병의 모습임을 그 단어는 나타낸다. '샬롬'은 생명의 충만함을 의미하는 것으로,

---

2 건강(health), 온전함(wholeness), 거룩함(holiness)은 온전함이란 뜻의 고어 hal에서 유래된 말들이다. 박형렬, 『통전적 치유 선교학』 (서울: 도서출판자유, 1994), 117 참조. .
3 John B. Wong, *Christian Wholism: Theological and Ethical Implications in the Postmodern World* (New York: University Press of America, 2002), 13-15.

모든 차원에서 좋은 건강을 구성하는 관계를 나타내는 개념인 것이다.[4] 그것은 하나님과의 관계, 이웃 및 가족과의 관계, 공동체와의 관계, 자연과의 관계 등 제 관계에서의 온전함과 생명 충만 함을 의미한다. '평강'이나 '온전함'을 의미하는 히브리어 '샬롬'은 영육을 포함하는 인간의 모든 면의 온전함(wholeness)과 통전성(integrity)을 언급하는 단어로, 나와 하나님, 나와 이웃, 나와 자연, 나와 자기 자신, 집단과 집단의 온전하고 건강한 모습을 말한다.

이러함에 질병이란 하나님과 자신과 이웃과 자연과의 균형과 조화가 깨져 온전하거나 원활하지 못한 상태를 일컫는다. 결국 질병이란 전인적인 인간이 하나님의 법을 어겨 하나님의 지배를 벗어난 결과로 야기되는, 그를 둘러싼 모든 관계의 단절을 말한다. 곧 질병이란 하나님과 자기 자신 및 이웃, 사회, 정치, 경제, 문화, 자연환경 등과의 부조화로 온전치 못한 상태를 의미한다.[5] 이에 질병의 발생통로는 다양하여, 영적 통로, 심리적 통로, 육체적 통로, 전환경적 통로 등 다각적 통로를 통하여 질병이 침투하게 되는 것이다. 1982년 인도의 뉴델리에서 열린 세계기독의사회(World Christian Medical Society)에서는 "건강이란 신체적, 정신적, 영적, 그리고 사회적으로 정상인 상태"라고 정의했다.[6] 세계보

---

[4] W. Meredith Long, Health, *Healing and God's Kingdom: New Pathway to Christian Health MInistry in Africa* (Irvine: Regume Books International, 2000), 15. 아프리카의 신학은 영의 구원뿐만 아니라, 몸의 구원을 강조하는 경향을 갖는다. 특히 자연과의 관계, 곧 환경과의 관계 속에서의 몸의 건강함과 몸의 구원의 의미를 하나님의 구원과 연결하여 사고하는 것이 아프리카 신학의 특징이다. 위의 책은 이런 단면을 잘 보여주는 책으로, 그러한 자연환경과 인간의 건강 및 구원의 의미를 미국신학의 시각에서 잘 고찰한 책이, 하워드 클라인벨(Howard Clinebell)의 『생태요법』, 오성춘, 김의식 역 (서울: 한국장로교출판사, 1998)이라고 할 수 있다.

[5] 박형렬, 『통전적 치유목회학』, 117.

[6] 김형석, "전인 치유를 통해 본 치유 선교에 관한 연구", 『미간행 석사학위논문』(서울: 장로회신학대학교 대학원, 1994), 37.

건기구는 건강을 다음과 같이 정의한다. "건강은 육체적, 정신적, 사회적 복리의 온전한 상태로 단지 질병이 없거나 또는 허약(infirmity)한 상태에 있는 것만을 의미하지 않는다."[7]

위에서 우리는 치유의 개념이 포괄적이며 통전적인 것임을 파악할 수 있었다. 이에 통전적 치유 선교(holistic healing ministry)는 통전적 돌봄(holistic care)을 목적으로 하는 것으로, 육체적 돌봄에 집중하는 의학적인 돌봄(medical care), 영적인 돌봄(spiritual care), 심리적인 돌봄(psychological care), 사회적인 돌봄(social care), 환경적인 돌봄(environmental care)을 포함한다.[8] 시편 103장 3절은 이 같은 치유 선교의 성격을 잘 표현하는 말씀이다. "저(하나님)가 네 모든 죄악을 사하시며 네 모든 병을 고치시며." 이 본문은 죄 용서로서의 영적인 치유와 병을 고치는 것으로서의 육체적 치유 양면을 동시에 강조한다. 영과 육의 치유가 목회의 목적이다. 이러한 통전적 치유는 인간의 영과 지정의체 및 생태적 치유의 모든 부분들을 포함하고 있다.[9] 교회의 목회적 차원에서 진행되는 치유 선교는 그러므로 단편적인 차원에서 진행되어서는 안 된다. 우리는 한 인간을 새롭게 하고 강건하게 만드는 문제를 영적인 문제만으로 단순화시킬 수 없다. 우리는 목회를 통해 한 인간의 영적인 건강을 돌볼 뿐 아니라, 그의 모든 면에서의 복리(wellbeing)를 책임지게 되는 것이다. '구원'을 의미하는 헬라어는 소조(σώζω)로서, '구원한다'라

---

7 John B. Wong, *Christian Wholism*, 110.
8 박형렬, 『통전적 치유목회학』 (서울: 도서출판자유, 1994), 51.
9 몸과 혼의 관계에 대한 책으로 John W. Cooper의 *Body, Soul and Life Everlating: Biblical Anthropology and the Monism-Dualism Debate* (Grand Rapids: Eerdmans, 1989)를 추천하고자 한다. 이 몸과 마음의 관계에 대한 신구약 성경과 신학자 및 철학자들의 연구결과들을 분석하면서, 그의 책 결론부에서 통전적 이원론(holistic dualism)이란 입장을 제시한다. 몸(body)과 혼(soul)은 구별되나 분리되어서는 안 된다는 것이 그의 견해이다.

는 의미로 사용됨과 동시(마 1:21, 요 3:17, 롬 5:9), 야고보서 5장 15절에 선 동일한 단어가 "병든 자를 구원하리라"는 의미로 해석되고 있다.[10]

3. 기독교 구원과 선교의 치유적 성격

인간은 자신의 생명과 건강에 대한 청지기적 책임을 갖는 것으로, 이에 교회와 사회도 이런 인간들의 생명과 건강을 돌볼 동일한 책임을 갖게 된다. 그러나 오늘의 신학과 목회에선 이 같은 건강과 치유에 대한 강조가 약화되어 있다. 이러한 치유 선교의 후퇴 상황에서, 우리의 교회는 이전의 치유 선교의 순수함을 되살리고, 그 안에 있는 다이내믹을 다시 회복하여 보다 온전한 목회의 내용을 되찾아야 할 것으로 생각한다. 20세기 말 한국의 성장한 교회 중, 치유 사역을 강조한 교회가 적지 않다. 순복음교회, 명성교회, 주안장로교회 등은 성령의 치유 사역의 강조를 통해 교회 초기의 성장을 이루어나간 교회들이다. 예수 그리스도의 선교 사역엔 언제나 치병의 능력이 행사되었는바, 오늘의 교회에서도 이러한 신유의 은사가 선교에 긍정적인 영향을 주고 있는 것이다. 물론 신유의 은사가 교회 성장을 위해 수단화하는 것은 올바른 것이라 볼 수 없다. 그리고 교회의 성장을 목적으로 하여 억지로 없는 치유의 은사를 행사하려는 것도 문제이다. 그러나 교회의 몸의 치유에 대한 관심은 기독교의 구원의 의미에서나 선교의 의미에서 아주 중요한 것임을 간과해서는 안 된다. 교회는 언제나 믿는 자의 구원과 그들의 몸의 치유를 위

---

10 위의 명사형 σωτηρία는 '구원'이란 뜻 가짐

해 기도하여야 하며, 하나님의 치유의 능력에 대한 기대를 하여야 한다. 그리고 주님께서 우리의 병을 치유하셨음에 대한 신앙 또한 우리에게 귀중한 것이다.

성경은 이러한 기독교의 치유로서의 구원과 선교의 의미를 강조한다.[11] 출애굽기 15장 26절의 말씀은 여호와 하나님을 치료하시는 하나님으로 강조한다. 에스겔 48장 35절은 우리의 질병의 자리 바로 거기에 계신 '여호와 삼마'로서의 하나님을 말한다. 하나님은 우리가 치유받기를 원하시는 분이다. 사사기 6장 24절은 '샬롬'의 하나님을 말하며 우리에게 그 하나님은 통전적 구원을 가져다주시는 분으로 표현하고 있다. 마지막으로 출애굽기 15장 26절의 말씀은 치유자 하나님으로서의 '여호와 라파'의 하나님을 언급한다. 히브리어 '라파'는 치유한다(왕하 20:5)는 뜻 이외에 회복한다(대하 7:14), 수선한다(왕상 18:30), 온전하게 하다(왕하 2:21-22), 용서하다(시 41:4)라는 의미도 갖고 있다.[12] 이런 '라파'의 여러 의미들 중, 필자가 주목하고자 하는 의미는 온전하게 하다라는 것이다. '라파'의 하나님은 우리를 모든 면에서 온전하시는 주님으로서, 영적, 정신적, 육체적, 환경적인 모든 면에서 우리를 원래의 상태대로 회복하시는 분이시다. 하나님은 우리의 죄악을 사하시는 분이심과 동시에 우리의 모든 병을 고치시며, 우리의 생명을 파멸에서 구속하시는 분이다(시 103:3-4). 하나님의 우리에 대한 구원은 삼차원적인 양상을 하고 있다. 죄악의 용서, 질병의 치유, 그리고 생명 구원 곧 영혼 구원으로서의 세 가지 차원이다. 두 번째로 성경은 기독론에서의 치유의 초점을 강

---

11 주광석, 이준남, 『21세기 전인 치유 사역』(서울: 침례문화사, 2001), 55-69.
12 Michael. L. Brown, *Israel's Divine Healer* (Grand Rapids: Zondervan Publishing House, 1995), 29-30.

조한다. 예수 그리스도께서는 십자가를 지심으로, 우리를 죄에서 구원하실 뿐 아니라, 우리의 질병과 약함을 대신 져주셨다(벧전 2:24). 우리의 치유에 대한 값은 이미 지불되었다는 것이다. 우리의 질병 치유와 죄의 용서는 서로 연관된다(약 5:15). 마태복음 8장 16-17절은 예수 그리스도께서 귀신들을 쫓아내고 병든 자들을 다 고치셨음을 말한다. 이사야는 메시아를 예언하며 그리스도께서는 우리의 질고를 지고 우리 때문에 슬픔을 당하셨음을 언급하고 있다(사 53:4). 그리스도는 치료하시는 주로서, 우리의 질병과 약함을 담당하신 분이셨다. 셋째로 성경은 하나님의 말씀에 순종하며 그를 의지하고 믿는 자들에게 건강함이 주어짐을 언급한다. 출애굽기 15장 26절의 말씀은 하나님의 말씀을 청종하는 자는 질병에서 해방됨을 언급한다. 넷째로 마가복음 16장 15-18절은 믿는 사람들의 기도를 통하여 치병의 역사가 나타날 것임을 말한다. 끈질기게 치유를 위해 기도하는 것이 필요하다(눅 11:8-9).[13] 다섯 번째로 성경은 우리에게 치병의 선교적 사명이 있음을 강조한다. 누가복음 9장 1-2절에서 예수께서는 제자들을 복음 전도의 사역을 위해 파송하시며, 치유와 축사의 은사를 부여하셨다(마 9:35). 치유는 효과적인 복음 전파의 방편이 되는 것으로, 치유의 사역과 복음 전도의 일을 서로 분리되어질 수 없다. 이와 같이 성경은 치유의 내용을 교리의 모든 측면에서 강조하고 있다. 질병 치유의 은사와 그에 대한 실천은 기독교의 구원과 선교의 내용의 핵심인 것이다. 물론 선교의 일로 파송된 모든 사람들에게 치유의 은사가 주어진 것은 아니겠으나, 선교의 일에 치유의 사역이 중요한 것은 분명하다. 치유는 선교의 일을 위한 효과적인 방편이 되기도 한

---

13 레지널드 체리, 『현직 의학 박사가 쓴 기도 치유』, 한재남 역 (서울: 아가페, 2001), 141-166.

다. 그 치유의 은사는 제자들에게 주어진 것일 뿐 아니라, 오늘 우리에게도 약속된 것이다(막 16:18). 선교사들의 전기 중에는, 그들의 선교 초기 치유의 역사가 복음 전파에 상당히 긍정적인 영향을 미쳤음을 보고하는 내용들이 많다.[14] 멜리데섬의 바울도 하나님의 복음을 전파하는 데에, 치병의 은사가 좋은 영향을 가져왔음을 보고하고 있다(행 28:7-9).

목회적 돌봄을 나타내는 영어 단어는 'pastoral care'인바, 이에 있어 'care'라는 단어는 라틴어 'cura'(치료, 영어로 cure)에서 유래하는 것으로, 목회적 돌봄의 일이란 치료하는 일과 밀접하게 연관되어 있음을 나타내준다. 기독교의 구원이란 병들고 파괴된 부분을 다시 복원하는 것을 의미한다. 우리가 하나님과의 관계가 파괴됨으로 인간과 자연 만물을 비정상적인 상태에서 신음하게 되었는바, 그리스도의 십자가의 능력을 통해 이러한 파괴된 우리의 모습을 복원하고 치료할 수 있게 되는 것이다. 한국 선교 초기, 선교사들은 교회를 세움과 동시 병원과 학교를 세움으로 주님의 복음이 더 잘 전파될 수 있도록 하였다. 오늘의 우리 교회는 이런 전통을 상기하며, 지역에 사는 사람들의 영의 문제뿐 아니라 육체의 건강을 배려하기 위한 노력을 하여야 할 것이라 생각한다. 병을 치료하는 일이란 일종의 기술이기에 앞서, 생명을 다루는 거룩한 일이다. 최근 일부 교회들이 국내외에 가난한 사람들을 위한 병원을 세우는 일에 관심을 보이기 시작하였다. 우리 교회의 미래를 위해 좋은 일이라 생각한다. 병원을 짓고 운영하는 일은 국내 선교 뿐 아니라 해외 선교를 위해서도 귀중한 일이 될 것이다.

---

14 Ed. by Jonathan L. Graf, *Healing: The Three Great Classics on Divine Healing* (Camp Hill: Christian Publications, 1992), 194ff. 이 책에는 하나님의 치유에 대한 머레이(Andrew Murray), 고든(A. J. Gordon), 심슨(A. B. Simpson)의 글이 실려 있다.

4. 목회에서의 몸의 치유의 중요성과 그에 대한 강조의 약화 이유

마태복음 9장 35절은 목회적 과제를 다음과 같이 설명한다. "예수께서 모든 성과 촌에 두루 다니사 저희 회당에서 가르치시며 천국 복음을 전파하시며 모든 병과 모든 약한 것을 고치시니라." 이 본문은 목회의 과제를 교육과 선포와 질병 치유의 세 가지로 언급하고 있다. 또한 에스겔 34장 4절에선 목회자의 정체성을 언급하는 중, "너희가 약한 자를 강하게 아니하며, 병든 자를 고치지 아니하며, 상한 자를 싸매어 주지 아니하며……."라고 언급한다. 이 본문은 병들고 약한 자를 치료하는 것이 목회의 중요한 한 요소임을 강조한다. 오늘의 시대에 의학의 발전으로 병을 치료하는 일이 종교적인 분야와 독립하게 되었지만, 원시시대에 있어 병을 치료하는 것은 제의를 담당하는 종교인들의 몫이었다. 주술과 치료의 일이 원시시대엔 하나로 묶여져 있던 일로, 그 시대엔 종교의 일에 종사하던 사제 계급들이 병의 치료의 일을 담당하였던 것이다. 구약의 율법서에는 종교적인 계율뿐 아니라, 위생과 의학적 문제에 대한 언급들이 많이 나타나는바, 그 시대엔 제사를 담당하던 레위인들이 병의 치료하는 일과 치료 결과를 판정하는 일에 많이 관여하였던 것 같다. 신약 시대에 예수 그리스도께서는 그의 복음 전파의 사역을 감당하시며 많은 병자들을 고치셨던 것을 볼 수 있다. 예수 그리스도에겐 몸의 치유가 인간 구원의 중요한 요소 중의 하나였다.

이와 같이 성경 중엔 몸의 치유가 구원의 주요한 요소임을 말하는 말씀들이 많음에도 불구하고, 이러한 몸의 치유가 교회의 목회 사역에 뒷전으로 몰리게 된 데에는 여러 가지의 이유가 있다. 먼저는 영지주의(gnosticism)의 영향이다. 영지주의란 희랍의 이원론(dualism)적인 철학에 근거하는 것으로, 정신을 중시하고 물질을 약하고 열등한 것으로 생각하는 사상이다. 정신이 중요함으로 영적인 것은 중시하며 물질적인 인간의 몸을 귀한 가치가 없음을 영지주의는 강조하였다. 이와 같은 몸과 물질의 문제를 소홀히 하는 기독교의 영성주의(spiritualism)는 잘못된 영성으로, 참다운 기독교의 영성은 몸과 물질의 중요성을 놓치지 않는 것이다. 기독교는 하늘뿐 아니라 이 땅의 중요성을 강조한다. 영적인 양식과 함께 우리에게 주어지는 일용할 양식의 의미를 기독교는 함께 강조하는 것이다. 기독교는 또한 타계주의적 종교가 아니며 저세상과 동시 이 세상에서의 복리를 중요하게 생각하는 종교이다. 몸으로 형체화(embodiment)되지 않는 정신만의 세계의 강조는 인간을 유령화 하는 것이며, 예수 그리스도의 성육신의 의미를 부정하려는 잘못된 생각임을 우리는 성경의 말씀들을 통해 알게 된다.

둘째로는 의학의 발달에 의해 종교에서 의학이 분리된 때문이다. 육의 건강의 문제는 의학이란 과학이 담당하게 되어, 종교적 구원에서 육의 구원 개념이 소원하게 되었다. 의학과 종교의 분리가 오늘과 같은 현상을 야기하게 된 것이다. 앞에서도 언급한 바와 같이 이전에는 종교의 일을 담당하는 자들이 인간의 육적의 병의 치료의 문제도 담당하였으나, 이젠 육적 정신적 병들을 담당하는 전문적인 의료인들이 등장하게 되어, 사제 계급이 몸의 치유를 담당하는 일을 멀리하게 된 것이다. 이제 종교인들은 영적이며 종교적인 일만을 담당하게 되었으며, 나머지의 몸의 치유에 관한 일들은 의사들이 담당하게 되었다. 이러한 몸의 문제와 영의 문제 사이의 균열은 인간을 통전적인 온전한 존재로 보게 하기보다는 단편적 이해를 통해 인간의 질병의 문제를 접근하려는 우를 범하게 했다. 종교는 이제 사적인 분야를 담당하게 되었으며 의학이 인간 질병치료의 과학적인 부분을 담당하게 되어, 종교의 영역은 공적인 과학의 영역에서 물러나게 된 것이다. 근대 인간의 이 같은 과학주의(scientism)적인 사고는 점점 종교를 사적이며 영적인 문제를 다루는 영역으로만 축소하였으며, 나머지의 과학적인 분야는 과학자나 의학자들의 손에 넘기게 하는 결과를 산출하였다.[15]

그럼에도 우리는 기독교의 치유 사역을 반과학적인 것으로 매도할 수는 없다. 1) 많은 의사와 간호사들이 기독교의 치유 사역을 믿고 실제 그러한 사역에 동참하고 있음이 이를 반증한다. 2) 우리는 또한 실험실에서 증명될 수 없다는 이유만으로 그것이 잘못된 것이라고 말할 수 없다. 오늘날의 과학적인 토대는 이 같은 실증주의적인 경향에 의심을 갖고 있다. 3) 치유를 위해 기도가 미치는 영향에 대한 과학적인 실험의 많은 증거들이 제시된 바 있기 때문이다.[16]

세 번째로 교회의 치유 사역이 이전과 달리 퇴각하게 된 중요한 원인 중의 하나는 치유 사역의 미신화에 있다. 초대 교회의 치유 사역을 건전하게 출발하였으나, 이후 치유 사역의 미신화 되고 주술적인 적으로 전락하게 되었다. 이전 교회엔 병자에게 기름을 바르고 치유를 원하며 하는 기도가 있었으나, 이러한 병자에 대한 도유 기도에 있어 기름을 바르

---

15 우리는 과학을 종교 및 신앙으로부터 분리 독립시키려 하였던 근대 초기의 전통적인 과학관에 대하여 알고 있다. 과학을 이성에 의해 객관적으로 입증할 수 있는 자연과 실재들을 다루는 것으로, 주관적인 신념과 가치로서의 신앙과 분리하였던 것이다. 이러한 이분화는 데카르트나 토마스 아퀴나스의 철학과 신학에 영향을 입은 바, 데카르트는 정신과 물질을 이분화 하였고, 토마스는 자연과 은총을 이분화 하였다. 자연과 은총이 이분화 됨으로 이성과 계시가 나뉘었으며, 세속의 영역과 종교적 영역이 구분되었고, 이에 과학과 신앙이 갈리게 되었던 것이다. 신앙은 주관적인 것이고, 과학은 객관적인 것으로 양자가 양립되었다. 그리하여 학문은 공적인 것임에 비해, 신앙은 사적인 영역에서만 다루어질 수 있는 것으로 전락되었다. 이런 경향은 신앙의 개인화를 유도하였으며, 교회가 사회 문제나 공공의 일에 무관심하게 된 원인이 되었다. 곧 신앙과 학문이 분리되는 결과를 가져온 것이다.
16 마크 A. 피어슨, 『치유의 은사를 베푸시는 하나님』, 윤수인 역 (서울: 도서출판 은성, 1996), 63-65

는 것이 일종의 영험이 있는 것으로 오해되어 주술화 하였으므로, 교회의 도유의 의식을 죽은 자들에만 하도록 제한하게 되었던 것이다. 이러한 신유의 은사의 왜곡과 타락은 한국교회 역사에도 종종 발견되곤 한다. 건저하게 행사되어온 신유의 은사가 무당화하여 하나의 주술적인 내용으로 전락하게 될 경우가 많았으며, 또한 신유의 은사의 결과에 대해 금품을 요구하는 사례가 생기면서, 이러한 교회의 치유 사역이 타락하게 되었던 것이다. 이러한 신유와 교회의 치유 사역의 미신화와 왜곡화 때문에 교회는 치유의 사역과 은사를 점점 멀리 하게 되었으며, 그로 인해 목회에서 치유의 사역이 떨어져 나가는 결과를 낳게 되었던 것이다.

교회의 이 같은 치유 사역에 악영향을 미친 네 번째의 원인은 세대주의(dispensationalism)의 등장이다. 세대주의의 입장에선 사람들은 기독교의 신유의 은사가 초대 교회 때에만 있었던 현상으로, 정경화 종료 이후의 시대엔 그러한 신유의 은사가 마쳐졌다는 중지주의(cessationalism)적 입장을 강조하였다. 오늘의 시대는 정경화 시대와 같은 그런 성령의 역사가 있는 시대가 아니라는 것이다.

다섯 번째는 고행적 금욕주의가 치유의 사역에 걸림돌이 되기도 한다. 이런 고행적 금욕주의 입장에 있는 사람들은 병을 낫기를 기도하는 것이 일종의 기복적이며 이기적인 것으로 생각하는 경향이 있다. 육체적인 치유의 추구는 마치 자기 자신만을 위하는 안일 위주의 행위로 간주되었던 것이다.[17]

마지막으로 치유 선교를 약화시킨 중요한 원인 중의 하나가 크리스

---

17 마크 A. 피어슨, 『치유의 은사를 베푸시는 하나님』, 윤수인 역 (서울: 도서출판 은성, 1996), 38-39.

천 사이언스(Christian Science) 운동이다. 크리스천 사이언스 운동은 일종의 영적인 문제를 과학적인 내용으로 풀어보려는 입장을 취하고 있다. 이것은 또 다른 의미의 과학주의적 사고방식이다. 그러한 과학주의적 사고방식은 기독교의 영적인 비밀을 인정하지 않고 그러한 내용이 모두 과학적인 입장에서 규명되는 것임을 강조한다. 성령의 능력에 의한 질병의 치유가 하나의 과학적으로 해석된 인간의 수단으로 이해하려 하였던 것이다. 이러한 크리스천 사이언스 운동은 종교적인 힘으로 몸의 치유의 문제를 추구하려 한 것이긴 하지만, 성령의 능력에 의해 질병의 치유로서의 은사의 사역을 하나의 주술적인 모습으로 전락하게 하는 위험요소를 가지고 있다. 그리하여 이러한 위험성들에 대한 인식으로 교회에서의 치유 사역이 이전보다 더욱 후퇴하게 되는 결과를 가져오게 하였던 것이다.[18]

5. 치유 선교 및 병원 의료 선교의 교리사적 전거[19]

하지만 신약성경은 예수 그리스도 및 그 제자들에 의한 왕성한 치유 역사를 언급한다. 그리스도께서는 하나님의 말씀을 선포하시고 가르치심과 동시, 다양한 병자들을 치유하셨으며, 또한 죽은 자들을 다시 살리시기도 하셨다. 고대 교회 시대에 있어 순교자 저스틴(Justin)은 치유 은

---

[18] Ronald L. Numbers and Darrel W. Amundsen, *Caring and Curing: Health and Medicine in the Western Religious Traditions* (New York: Macmillian Publishing Co., 1986), 421ff.
[19] 주광석, 이준남,『21세기 전인 치유 사역』, 70ff.
　Ronald L. Numbers and Darrel W. Amundsen, *Caring and Curing: Health and Medicine in the Western Religious Traditions*를 전체적으로 참조할 수 있다.

사가 성경 시대에 한정된 것이 아니라고 하면서, 당시에도 치유의 은사에 의한 사역이 가능함을 말하였다. 오늘의 있어서도 성령을 통한 치유의 은사를 부정하면서 그러한 사역은 성경의 시대에만 한정된 일이라고 말하는 사람들이 있는바, 그러한 주장은 합당한 것이라 볼 수 없다. 동방 교회의 바질(Basil)은 치유 사역을 위해 최초로 교회가 공공 병원을 운영하게 한 자이다. 그 치유 사역은 은사에 의한 사역에만 한정되는 것이 아니며, 교회가 세운 병원을 통한 세속적 치유 사역 또한 중요한 것임을 그는 강조하였다. 그레고리(Gregory of Nazianzus)는 목회가 의사가 하는 일과 관련 있음을 말하면서 치유 선교를 강조하였었다.

중세 교회에 이르러, 아리스토텔레스 철학의 영향에 의해 육적인 치유보다 영적 치유가 우선되어야 함이 강조되었는바, 그리하여 육적인 치유로서의 치유 사역이 약화되었다. 당시 중세에는 미신적인 치유가 성행하게 되었는데, 이에 많은 사람들이 치유 선교에 회의를 느끼게 되었다. 이러한 치유 선교에 대한 부정적인 입장은 토마스 아퀴나스에게 있어서도 마찬가지이다. 이전의 교회는 병자들을 치료하기 위해 기름을 바르고 기도하는 등의 의식이 있었으나, 이러한 치유 사역의 변질과 함께, 그러한 기름을 바르는 것으로서의 도유 의식은 죽은 자를 위한 종부성사 시의 도유로 전환되었던 것이다. 치유 선교가 약화된 중세의 이러한 경향에 반해, 성 프란시스는 자연과 육체의 소중함을 말하며 치유 선교가 교회의 사역에 있어 중심됨을 언급하였다.

종교 개혁 시대에 들어, 마르틴 루터(Martin Luther)는 치유 사역을 부인하였으나, 그 자신 치유의 이적을 경험하기도 하였다. 존 칼뱅(John Calvin)은 성경 시대와 같은 기적의 시대는 지나갔다고 생각하였다. 그는 이러한 은사에 의한 사역은 부정하면서, 오히려 병원을 세움으로 치유 선교의 일을 감당하고자 하였다. 병자를 치료하지는 않고 하나님의 기적만 바라는 것은 미신적인 행위라는 것이다. 오히려 하나님은 우리가 의학의 기술을 가지고 노력할 때, 우리는 도우시는 분이라고 칼뱅은 생각하였다. 이후 진젠도르프(Zinzendorf), 구세군을 세운 조지 폭스(George Fox), 감리교의 존 웨슬리(John Wesley) 등은 교회의 치유 사역을 강조하기도 하였다. 현대 간호의 시작은 19세기 나이팅게일(Florence Nightingale)에 의해 시작되었다. 그녀는 하나님의 섭리에 따라 간호의 일을 수행하고자 노력한 자였다.[20]

현대 교회에 이르러 미국의 성공회에서 일어난 '임마누엘 운동'(Emmanuel Movement)은 기독교와 과학이 연합하는 본보기가 되었다. 기독교의 신앙과 의학의 기술이 연합하는 운동으로서의, 이 운동은 크리스천인 정신과 의사들에 의해 주도된 운동인바, 일종의 총체적 치유 사역의 모습을 보여주고 있다. 1930년대의 '성 누가 수도회'(Order of St. Luke)는 평신도에 의한 치유 은사 운동으로 치유 캠프의 형태를 보여주었다. 심리학자 프로이드와 융 등에 의해 심리치료(psychotherapy)와 내적 치유(inner healing)의 문제가 체계화되기 시작하였다. 이들은 육체적 질병의 원인으로서의 심리적 원인에 대해서도 많은 설명을 하였는바, 그러한 분야가 생리심리학의 차원으로 발전하였다. 그들은 특히 우리의 몸이 마음과 긴밀한 연관이 있음을 설명하였다. 이후 로저스(Karl Rogers)는 정신 분석 상담으로서의 내담자 중심의 상담을 발전시켰으며, 신학자인 클라인벨(Howard Clinebell)은 전인 치유(holistic healing)로서의 광범위한 치유 선교의 문제를 거론하였다.

---

20 이미라, 『영적간호개론』 (서울: 현문사, 1998), 32.

19, 20세기 초에는 초자연적 치유 은사가 외면당하는 경향이 있었다. 워필드(Benjamin Warfield) 등의 신학자들은 치유와 기적은 정경화의 종료와 동시 사라졌다고 말했다. 독일의 신학자 불트만(Rudolf Bultmann) 또한 성경 말씀을 비신화화 함으로써, 성경 내의 기적에 관한 내용들을 회의케 하였다. 그러나 20세기 초 오순절 운동이 이러한 경향을 역전시켰다. 이 오순절 운동은, 그 후 1960년대의 은사 운동(the charismatic movement)으로 연결되게 된다. 이러한 오순절 계통의 치유 사역은 오늘 우리 한국교회에서도 나름의 역할을 하게 되는바, 순복음 교회 및 초기의 명성교회 등이 이러한 치유 선교를 통해 성장을 이루게 되었던 것이다.

우리는 이 같은 교리사를 통한 치유 선교의 모습들을 다음과 같이 정리하여 요약할 수 있다. 먼저 치유 은사는 정경화의 종료와 함께 끝난 것은 아니라는 것이다. 하나님의 치유역사를 이전의 신약성경 시대에만 한정하는 것은, 성령의 자유로운 사역을 제한하는 것이다. 우리는 하나님의 역사가 오늘의 이 시대에도 기적적으로 일어날 수 있음을 믿어야 한다. 이미 우리는 그러한 치유역사의 실재적 예들을 오늘에서 많이 경험한 바 있다. 다음으로 중요한 것은 의사와 목사의 협력적 관계이다. 성령의 은사에 의한 교회 내에서의 치유도 중요하지만, 의학에 의한 병자의 치유 또한 소홀히 해서는 안 된다는 것이다. 의술과 약을 통한 치유도 하나님께서 주신 것으로 우리는 그러한 의학적인 노력을 무시할 수 없다. 다음으로 우리는 교회가 병원을 세우는 문제를 신중히 고려할 필요가 있다. 교회의 치유 사역은 병원과 함께 노력할 때 더 효과적인 것이 된다. 이에 필자는 오늘의 시대에 있어 교회들이 병원을 세우고 경영하는 문제를 요청하고 싶다. 한국교회 선교 초기 외국의 선교사들은 우리나라에 병원을 세움으로써 많은 선교적 효과를 볼 수 있었다.

이러한 교회가 세운 병원들을 통한 선교의 가능성은 그때에만 있는 것이 아니며 오늘에 있어서도 유효한 것이라 생각한다. 교회가 세운 병원들은 세속 병원에 대해 대안적이며 보충적인 역할을 할 수 있다. 이러한 비영리적 병원들이 교회 및 자선단체들에 의해 많이 세워지게 될 때, 우리의 민간 차원의 병원들도 자신의 역할들을 더욱 잘 할 수 있으리라 본다. 기독교는 영적인 구원만의 종교는 아니다. 기독교는 영의 구원과 함께 육의 구원도 강조하는 것으로, 이러한 전인적 치유 사역을 위해 교회를 활성화할 필요가 있다.[21]

6. 병원 의료 선교와 생명살리기로서의 마을목회

위에서 존 칼뱅(John Calvin)은 병원을 세움으로 치유 선교의 일을 하는 것이 효과적인 것으로 주장하였음을 말하였다. 치유 선교와 치유목회의 일은 교회의 필수적이 사역인바, 교회는 이런 일들의 감당을 위해 의료 기관의 설립과 후원 및 협력 관계를 확대해 나갈 필요가 있다. 교회는 이런 병원 설립을 통한 의료 선교에 의해, 직접적이고 개인적인 선교를 확산할 수 있게 된다. 병원에는 환자와 그의 가족들을 포함한 많은 사람들이 왕래하는 바, 이러한 만남은 생명을 살리는 것으로서의 복음 전파에 중요한 계기가 된다. 의료 선교는 다양한 방법들에 의해 수행된다. 병원의 설립, 환자 및 병원에 오는 사람들에 대한 직접적인 복음 전도, 환자들에 대한 상담, 국내 의료 선교, 해외 장단기 의료 선교, 호스피

---

21 박형렬,『통전적 치유목회학』, 235-261.

스 사역, 전인 건강 사역, 교회와 연계하여 펼지는 목회 간호 운동,[22] 병원윤리위원회에 대한 자문, 치매자를 위한 시설, 중증장애인 복지 시설, 대체의학연구소, 식생활연구소, 의료상담실, 운동시설, 전인 건강에 대한 연구, 그리고 직원들에 대한 신앙 및 기독교 세계관 훈련과 기독교 생명윤리에 대한 교육 등이다. 여기서 필자는 교회의 병원 의료 선교에 있어 주요 이슈가 되고 있는, 교회의 직접적인 병원의 설립과 운영, 호스피스 사역, 그리고 마지막으로 기독교 병원에서의 원목실의 운영에 대한 검토를 하고자 한다.

1) 직접적으로 의료 기관을 교회가 설립하는 일

우리나라엔 직간접적으로 교회에 의해서 설립된 많은 의료 기관들이 있다. 처음에는 기독교적인 정신에 의해서 세워졌지만, 세월이 지나 세속적 병원들과 다름이 없는 병원으로 변화된 곳들이 많다. 기독교 의료 기관들의 정체성 상실에는 여러 이유들이 있다. 이 같은 이전에 세워진 기독교 병원들의 정체성 상실은 새로운 기독교 병원 설립의 의욕을 꺾고 있는 것이다. 그러면 과연 오늘날에 있어서의 기독교 병원들의 설립은 무의미한 일인가? 필자는 그렇게 생각하지 않는다. 오늘의 우리의 병원들의 운영과 의료 체계에는 많은 문제들이 있다. 이러한 여러 문제들은 세속적인 논리만을 가지고는 해결될 수 없는 것으로, 이에 이러한

---

22 영적 간호[혹은 목회 간호]는 기독교적 신앙에 기초하여 모든 간호대상자가 하나님과 개인적이고 역동적인 관계를 갖도록 돕는 일련의 간호 행위를 말하며, 이는 간호대상자의 안녕과 온전함을 유지시키는 데 목적이 있고 기독 의료인과 간호대상자와의 상호관계 속에서 인격적 만남으로 이루어지는 특성을 갖는다.[Ruth H. Folta, 『영적 간호』, 정정숙 편역 (서울: 현문사, 1995), 13.] 영적 간호는 목회 간호라고 불리기도 한다.

논리들을 극복하는 기관으로서의 기독교 병원이 요청된다. 교회의 병원운영을 통해, 우리의 문제 많은 의료현실이 도전받을 것이라 생각하며, 또한 우리의 질병이 육체적인 진단과 치료의 기술만으론 충분히 다루어질 수 없음이 강조될 수 있을 것이라 본다. 2018년 현재 전국 의료기관의 총수는 9만여 개로 집계되어 있다. 이 중 대한기독병원협회에 가입된 병원의 수는 불과 20여 개 병원에 불과하다.[23] 이와 같이 상대적으로 빈약한 기독교 병원의 수를 늘려나가는 것이, 교회의 선교와 사회를 위한 봉사 활동을 위해 필요할 것이라 생각하는 것이다.

2) 병원 의료 선교로서의 호스피스 사역[24]

호스피스 및 완화 치료를 위해서는 별로 의학적인 처방이 필요하지 않기 때문에, 병원 측면에서 경제적 이득이 별로 되지 않는다. 그러므로 병원들은 호스피스 병동들을 만들려고 하지 않을 뿐 아니라, 이 분야의 의학 발전에 소홀히 하는 경향이 있다. 당장에 병을 치료하여 사람들을 사회에 복귀시키는 일들도 시급한데, 죽을 수밖에 없는 사람들에 의료진이 매달리고 있는 것은 생산적이지 못하다는 생각이다. 이에 이윤의

---

23 김성환, "병원전도의 현황과 문제점," 『의료와 선교』 (1994 가을), 30.
24 '호스피스'란 단어는 중세 예루살렘으로 성지 순례를 가는 사람들이 쉬어 가는 숙소를 지칭하는 말이었다. 그런데 19세기에 이르러 수녀들이 임종자들을 돌보아주는 집이 '호스피스'라고 불리기 시작되었다. 그러나 작금에는 호스피스보다 완화 의학이란 말이 더 선호되는데, 호스피스라는 용어가 부정적 수동적 의미를 지니고 있기 때문이다. 호스피스는 죽음이 예견되는 환자를 돌보는, 말기 치료와 함께 환자의 죽음과 가족의 사별의 고통을 돌보는 치료인 반면, 완화 치료는 호스피스에 더하여 생명 연장 치료까지도 그 안에 포함한다. 그런 의미에서 완화 의학이 호스피스보다 더 넓은 개념이라고 할 수 있다. 완화 의학은 환자와 가족을 한 단위로 묶어 하는 치료로서, 육체적, 심리적, 사회적, 경제적, 영적 분야들을 포괄하는 전인치료의 개념을 표방한다. 현대적 개념의 완화 치료는 1967년 영국 런던에 있는 '성 크리스토퍼 병원'에서 출발하였는데, 우리나라엔 1988년 강남성모병원에 호스피스 병동이 처음으로 개설된 바 있다.

극대화를 추구하는 병원의 입장에서는 완화 치료에 대한 무관심할 수밖에 없다. 그러므로 외국에서도 완화 치료에 많은 사회사업 기관들이 참여하는 실정이다.

우리는 인간의 가치를 그가 가지고 있는 능력이나 활동력에 의해 차등화하지 않는다. 누구나 다 나름의 가치를 지니는 것으로, 우리는 죽음을 앞두고 있는 사람이라 할지도 그를 소홀히 해서는 안 된다. 이에 교회는 이런 죽어가는 자들을 돌보는 기관을 세울 뿐 아니라, 이런 기관들을 위한 재정적 협조에 관심을 두어야 할 것이라고 생각한다. 오늘과 같이 남자나 여자 모두가 활동을 하여야 가정 경제를 유지할 수 있는 시대에, 가족 중의 한 사람이 병으로 눕게 되었을 때의 고초란 이루 말할 수 없다. 이에 교회는 그러한 가족들과 고통을 함께 나누는 심정에서, 집중적 위로와 간호를 필요로 하는 말기 환자들을 위한 간호 시설을 세우는 것이 긴요할 것이라 여긴다. 그들의 행복한 인생 정리를 위해 신자들이 도와주고, 고통 중에서라도 그들이 죽음을 의미 있게 맞을 수 있도록, 교회는 이들을 위한 봉사에 정성을 다 하여야 할 것이라고 생각한다. 교회의 이러한 호스피스 사역은 하나님의 복음 전파를 위해 유용할 것이다.

3) 기독교 병원에서의 원목실을 통한 선교

한국원목협회의 1994년 집계에 의하면 현재 우리나라 전체 603개 병원 중, 137개 병원(기독병원 24개, 국공립병원 37개, 일반병원 76개)에서 원목이 활동하고 있는 것으로 되어 있다.[25] 그러나 이 중 원목들이 본격적

---

25 김성환, "병원전도의 현황과 문제점," 30.

으로 활동하는 병원은 24개소에 불과하다. 예수 그리스도께서는 그의 공생애 동안 병자들을 치유하시고 돌보는 일에 많은 노력을 하셨다. 이에 교회는 환자들을 돌보고 그들을 위로하는 일을 위해 노력하여야 한다. 병원은 기독교 선교를 위한 보고로서, 우리는 병원에서의 원목들의 활동을 강화하여야 할 필요가 있다. 이러한 원목들의 활동의 장을 넓히는 것과 함께, 원목들의 활동의 내용과 방향을 교회가 연구하고 지원하는 노력이 병행되어야 할 것이다. 복음 전파는 예수 그리스도의 대위임이며, 치유 활동은 이웃을 사랑하라는 예수님의 명령에 대한 실천으로, 양자 모두 기독교인으로서 소홀히 할 수 없는 일들이다.

오늘의 병원에서의 원목들의 활동을 위한 신학적인 기초와 그 활동의 구체적인 방안 및 그것을 통한 복음 전파의 활성화에 대한 연구와 노력이 미흡한 상황이다. 이에 그 지역의 교회들이 각 종합병원마다, 부목사의 신분으로 병원 원목들을 파송하여, 의료 선교의 장을 확산하여 가는 것이, 우리의 선교의 장래를 위해 중요할 것이라 생각한다. 아울러 종합병원 내에 있는 상담실과 병원윤리위원회 등에서의 원목의 역할을 더욱 선명히 하는 일이 앞으로 더욱 요청되어진다고 할 수 있다. 이를 위해 병원 원목들을 위한 상담 학교 및 기독교 생명윤리 학교의 개설도 필요할 것이라 생각한다.

4) 병원을 통한 치유 선교와 마을목회

요즈음 코로나19로 온 나라가 힘들어 하고 있는 중에 필자는 이 원고를 쓰고 있다. 오전 3시 한밤에 우리 인류가 왜 이렇게 고통의 길로 가고 있는가를 조용히 묵상해보는 중이다. 이런 어려움 중에 교회가 할 일은 과연 무엇인가도 생각해본다. 하나님의 진정한 사랑으로 지역 사회를 품고 지구 생명 공동체를 살리는 교회로서의 마을목회가 이런 난국을 헤치고 나갈 수 있는 길이 될 것이라 생각한다. 지구 생명체를 살리는 일은 세상을 치유하는 일이며, 그 일은 의료의 기능과도 깊이 연관되어 있다.

이에 예수 그리스도께서는 생전에 많은 병자들을 치유하시면서 하나님의 사랑을 우리에게 나타내셨다. 우리들은 그런 예수 그리스도와 같이 기적적인 방법으로 병자들을 일으킬 수는 없지만, 우리의 작은 사랑을 가지고 그들의 아픔에 동참할 수 있는 있을 것이라 생각한다. 주님의 복음을 전파하며 교회를 세우고, 병원을 세우며, 학교를 세워 이 세상 사람들의 짐을 조금이라도 덜어 줄 수 있다면 그것은 우리 신자들의 큰 보람이 될 것이다.

이와 같이 마을목회는 크게 삼각구도를 가지고 있다. 교회와 병원과 학교이다. 필자는 이런 삼박자 구원에 대해 앞의 장들을 통해 언급하였으며, 세 가지 선교의 내용에 대해 설명하였다. 물론 마을목회의 일들이 이 세 가지로 모두 포괄될 수는 없겠지만, 이 세 가지의 구조가 마을목회의 큰 기둥을 이루고 있다는 것을 잊어서는 안 될 것이다.

어제 하루 TV 앞에 앉아 코로나19로 힘들어하는 병자들과 의료진들의 모습을 보고 있었다. 병자들의 모든 병을 다 고칠 수 없지만, 병자들과 끝까지 함께 하는 일, 고통당하는 사람의 옆에 있어 주는 것을 통해, 고통을 당하는 병자들의 작은 위로가 될 수 있는 교회가 되었으면 하는 바람이다.

마을목회 전략 기획 방법

1. 마을목회 전략 기획의 틀거리

이 장의 내용은 이전 총회한국교회연구원에서 출간한 책, 『마을목회 매뉴얼』, 제11장에서 가져온 것이다. 이런 전략 기획의 방법은 그 책에 더 자세히 설명되어 있으므로 이를 참조하면 좋을 것이다. 마을목회는 일종의 과학적인 방법론을 사용하는 목회이론으로, 그것의 시행을 위해 전략 기획 방법론을 채용하고 있다.

이 책의 제2부는 '더멋진세상'이란 온누리교회 세운 NGO가 펼친 사역들을 서술하고 있는데, 그 서술 방식이 이 장의 전략 기획의 틀에 의거한 것임을 밝혀둔다. 전략 기획의 방법에 따라 기획을 한 다음, 실천을 하고, 그에 대한 평가와 피드백을 한 것이 제2부의 내용이다. 우리 한국교회는 계획을 세움이 없이 먼저 행동을 해보는 때가 많은데, 이 전략 기획의 방법론은 우리에게 계획을 세우는 일의 중요성을 잘 설명해

준다.

특히 이 같은 전략 기획의 방법은 구청이나 시에서 하는 마을 만들기 응모를 위한 제안서를 쓰는 데 참고가 될 것이라 생각한다. 마을목회는 네트워크를 강조하는 것으로, 관청이나 주변의 교회들이나 학교, 기업체와의 협력을 통한 사역을 중시하는바, 이런 네트워크를 위해선 이 방법론을 먼저 숙지해두는 것이 필요할 것이다.

[마을목회 전략 기획 틀거리]

전략 기획의 과정	설명	마을목회 전략 기획 과정
1. 마을목회와 그 기획의 필요성에 대해 강의	마을목회를 왜 하여야 하는지 설명	마을목회의 필요성에 대한 설교 및 강좌를 교인들에게 한다. 『마을목회 매뉴얼』이란 책을 읽히면 좋을 것이다.
2. 마을목회를 위한 **전략 기획팀 선발**	마을목회에 적극 참여를 원하는 교인들로 구성한다.	10인 이내의 인원으로 하며, 목회자가 포함되어야 할 것이다.
3. 전략 기획팀 회의	먼저 전략 기획팀(strategic planning team, task force team)으로 하여금 마을목회에 대해 공부하도록 한다.	1주일에 한 번 5회 정도 전략 기획팀이 모여 앞으로의 사역을 어떤 기획을 통해 할 것인지 논의한다.
4. 교회가 속한 마을의 교회들과 **교동협의회 발족**	먼저 지역의 교회들이 초교파적으로 모임을 갖는다. 처음에는 친교를 하며 마을목회에 대해 논의해나간다. 이후 동 주민센터와 구청 등과 조우한다. 교회가 독자적인 마을목회를 하는 것도 가능한 것으로, 상황에 따라 이 과정은 생략될 수 있다.	후암동 교동협의회의 정관[1]이 참고가 될 것이다. 지역의 교회들이 서로 도우며 할 수 있는 일들을 생각해본다. 아울러 연합 사업 등에 대해 기획한다. 이러한 한 지역 사회의 교회들과 동주민센터가 연합하여 구성한 교동협의회의 발족이 마을목회를 수행하는 데에 있어 중요한 일이 될 것이다.

---

1 후암동 교동협의회 정관

〈제1장 총 칙〉
제1조(명칭) 본회는 후암동 교동협의회라 칭한다(이하 교동협의회).

제2조(사무소) 본회 사무소는 회원교회의 소재지로 하되 잠정적으로 회장이 시무하는 교회로 한다.
제3조(목적) 본회는 후암동에 소재한 교회들이 서로 협력과 연합을 통하여 다 같이 발전 하고, 지역의 복음화와 이웃을 섬기는 일을 함께 도모함으로써 빛과 소금의 역할을 감당하게 하는 것이다.

〈제2장 조 직〉
제4조(회원) 본회의 회원은 후암동에 소재한 교회의 담임목사와 행정관서의 책임자(동장)로 한다.

〈제3장 임 원〉
제5조(임원) 본회의 임원은 회장1명, 총무(서기)1명, 회계1명으로 하고 사업의 효과적인 수행을 위하여 필요한 부서와 책임자를 둔다.
제6조 (직무) 임원의 직무는 다음과 같다.
 1. 회장: 본회를 대표하며 회무일체를 총괄한다.
 2. 총무(서기): 회장 지시에 따른 일반사무와 문서 및 통신 사무를 관리한다.
 3. 회계: 본회 재정과 금전출납을 관리한다.
 4. 각 부서장; 각 부서에 해당하는 사업을 관리한다.
제7조 (임원 선출과 임기)
 1. 임원의 선출은 매년 정기총회(11월중)에서 하고 그 임기는 1년으로 한다(연임할 수도 있다).
 2. 보선된 임원은 전임자의 잔여기간으로 한다.

〈제4장 부서 및 사업〉
제8조(부서) 본회 목적 사업을 효과적으로 수행하기 위하여 다음과 같은 부서를 둔다.
 1. 기획부: 각 교회 수석 부교역자들로 한다.
 2. 예배부: 각 교회 찬양 부서의 대표자로 한다.
 3. 교육부: 각 교회 청장년 대표자로 한다.
 4. 봉사부: 각 교회 여선교(전도)회 대표자로 구성하되 회장 교회에서 대표를 맡는다.
 5. 선교부: 각 교회 선교담당자(장로)로 한다.
 6. 청년부: 각 교회 청년부 연합 조직을 하고 회장 교회 담당 교역자가 지도한다.
제9조(사업) 각 부서에서는 다음과 같은 사업을 관장한다.
 1. 기획부: 본회에서 결정되는 사업을 효과적으로 수행하기 위하여 실무적인 일들을 협력 조정하며 목회적인 차원의 정보 교류와 정책 개발을 하게된다.
 2. 예배부: 연합예배, 찬양 발표회, 세계 여성기도일 등 예배적 사역을 주 임무로 한다.
 3. 교육부: 아버지 학교를 비롯하여 평신도간 협력과 교육을 위한 임무를 맡는다.
 4. 봉사부: 사랑 나눔을 위한 바자회 등 이웃을 섬기는 일을 맡는다.
 5. 선교부: 해외 선교사를 파송하고 지원하는 사업을 주 임무로 한다.

〈제5장 회 의〉
제10조(회의) 본회는 아래와 같은 회의를 가진다.
 1. 정기총회: 매년1차(11월중) 회장이 소집하며 사업과 재정보고, 임원선출, 사업 계획 수립 등의 업무를 수행한다.
 2. 임시총회: 특별한 사정이 발생했을 때 임원회의 결의로 회장이 소집한다.
 3. 월 례 회: 매월(혹 수시)아침에 지정된 장소에서 모이며 회원 간 친교와 필요한 사안들 을 의결한다.
 4. 임 원 회: 필요에 따라 수시로 회집한다.

〈제6장 재 정〉
제11조(재정) 본회 재정은 각 회원교회의 부담금, 헌금, 보조금, 특별의연금, 기타 수익금으로 한다.

5. 기획 과정 계획 (planning plan process)	발전 계획 수립을 위한 작업계획표(worksheet)를 마련한다. 전산화를 통한 솔루션을 만든다.	교회 자체 내에 기획팀을 둘 수도 있으며, 교동협의회 자체가 기획팀이 될 수도 있다. 때에 따라서는 그 지역의 평신도 중에 몇 명을 선발하여 교동협의회의 목회자 등과 같이 기획을 해나갈 수 있을 것이다.
6. 의견수렴 과정 (consensus process)	무슨 사업을 무슨 목적으로 할 것인지 등에 대해 논의하는 회의이다.	기획팀이 모여 앞으로의 할 일들을 논의하는데, 최소 6번 이상의 회의를 하는 것이 좋을 것이다.
7. 핵심가치 (core value) 설정	사명과 비전은 교회가 '무엇'(what)을 해야 하는지를 설명하는 것이라면, 가치는 그것을 '왜'(why) 해야 하는지를 설명하며, 전략을 그것을 어떻게 하여야 하는지를 말한다.	교회와 마을목회의 핵심가치를 회의를 통해 정한다. 중요한 것은 마을과 협력하여 목적한 일을 왜 하여야 하는지를 이 핵심가치가 설명해주어야 하는 것이다.
8. 사명 (mission)에 대한 진술	교회의 사명 선언문(mission statement)의 작성이 필요하다.	교회와 목회의 변치 않는 목적에 대한 설명이다.
9. 목적 (purpose)	사명을 이루기 위한 세부 목적을 세운다.	위의 목적에 따른 세부 목적을 5가지 정도로 정할 수 있을 것이다.
10. 환경 분석 (상황 분석, environmental analysis)	외부 환경 분석과 내부 환경 분석으로 구분된다. SWOT 분석이 포함된다. - 지금 우리는 어디에 있는가? 환경에 대한 분석은 다층적으로 다양한 영역에서 수행되는 것이 좋다. 교회에 대한 사람들의 요구(need)들을 조사한다.	오늘 이 마을이 처해 있는 상황에 대해 분석하고, 그 마을 주민들의 필요가 무엇인지 알아본다. 동시 교회 내의 환경을 분석하는 과정도 필요하다.

〈부 칙〉
제12조(규칙개정)
 1. 본 규칙의 개정은 총회에서 출석회원 2/3의 동의로 개정할 수 있다.
 2. 본 규칙에 명시되지 않은 사안은 통상 관례에 따른다.
 3. 본 규칙은 통과일로부터 발효한다.

2007. 12. 1.

11. **비전**(vision) 수립	비전은 일정 기간 동안의 발전 계획의 전반적인 방향을 말한다. 비전선언문(vision statement)의 작성. 비전선언문은 일면 감정에 호소하는 내용이어야 한다. - 우리는 어디에 있기를 원하는가? (상황에 대한 이해를 포함한다.)	수행하고자 하는 마을목회의 전반적 내용들을 포괄하는 비전을 세운다. 비전을 세울 때는 기간의 설정이 필요하다. 우리가 세우려 하는 바람직한 마을의 모습, 하나님 나라의 모습을 상정하고 그에 따른 진술을 하는 것이 바람직하다.
12. **발전 목표**(objective) 설정	현실과 비전 사이의 간격을 확인한다. 비전의 내용에서 발전 목표를 간추린다. 우선순위(priority)의 문제를 정한다. - 우리는 무엇을 할 수 있는가?	비전과 현실 사이의 갭을 파악하여 오늘의 현실을 비전의 단계로 올릴 수 있는 목표들을 설정한다. 지역의 교회와 지역 관청, 학교 등과 의논하여 할 일이 무엇인지를 정한다.
13. **발전 전략**(strategy)	발전 전략은 발전 목표를 단계적으로 접근하는 것이다. - 어떻게 그것을 해야 하는가? (단계적 전략) - 언제 그것을 할 것인가? (시간의 문제) - 누가 할 것인가? (인적 자원과 물적 자원)	발전 목표를 달성할 수 있는 구체적인 전략에 대해 서술한다. 발전 목표를 이루기 위한 삼사 단계 정도의 과정을 설정하는 것이 좋을 것이다.
14. **세부 발전 전략**	세부 '사업 과제'라고도 한다.	위의 전략의 내용을 세부적으로 기술한다.
15. **상세한 사업 계획** (action plan): **실행 계획** (executive plan, tactical plan)이라고도 한다.	자원(resource) 투여에 대한 사항이 포함되어야 한다. 재정적 자원(financial resource)과 인적 자원(human resource) 투여 계획 사업 과제별로 아래의 사항들에 대해 해당 부서별로 구체 계획을 세우도록 한다. 오늘의 상황/ 목표 설정/ 시행 기간과 단계 별 접근/ 예상되는 결과/ 예산과 담당부서/ 유의점	이 부분은 사업안을 작성하는 과정이다. 상세한 사업 계획에 대한 기획 서식을 미리 정하여 하나하나 서술하는 것이 좋다.
16. **재정 소요 분석과 재정 확보 계획**	재정이 뒷받침되지 않는 계획은 공허한 계획이 된다.	교회 재정, 독지가의 후원, 관청의 지원 등을 수입으로 한다.

17. 발전 계획 달성 후의 **미래상**	발전지표에 대한 설명. 평가를 정량화하는 주요 발전지표들을 제시하면 좋을 것이다.	마을목회 후의 교회와 마을의 모습들을 바라보며, 그에 따른 주요 평가지표들을 마련한다.
18. **돌발사태들에 대한 대비** (contingency plan)	위험요인 분석(risk analysis). 새로운 위기가 예상될 경우, 전략 및 실행 계획 등을 유연하게 수정 보완한다.	이행을 하는 과정에서 최소한 2번 이상 계획을 변경하는 것이 좋을 것이다.
19. **이행** (implemen-tation)	계획에 대한 실천	발전기획에 따라 실천에 옮긴다. 우선순위가 정해진 것이 있으면, 그에 따라 순차적으로 이행한다.
20. **평가** (evaluation)	평가는 실천이 다른 사람에 미친 결과와, 그것의 실천에 참여한 사람들이 배운 점을 포괄한다. - 우리는 잘 하였는가? - 하나님을 기쁘게 해드렸는가? - 마을 주민들에 대한 실제적 유익은 무엇인가?	발전지표 등을 고려하여 달성한 내용들을 분석 평가한다. 그러한 마을목회를 통해 교회가 어떻게 발전하였고, 동네가 어떻게 변화하였으며, 그에 참여한 사람들이 어떤 보람을 느꼈는지를 서술한다.
21. **차기 기획에 사용**(improve planning process)	다음번의 계획을 위해 자료들을 정리하여 사용한다.	위의 내용들을 검토하여 피드백한 후 차기 기획에 그 내용들을 적용시킨다.

2. 위의 전략 기획 방법에 대한 기술

위의 전략 기획 방법을 잘 이해하기 위해 한 예를 들어 설명하려 한다. 많은 교회들이 마을목회의 경험을 가지고 있다. 그 교회들이 추진하였던 마을목회의 사례들이 여기저기에서 소개된 바 있는데, 그 중 가장 인상이 남는 것이 교회 학교 중고등학생들의 자원봉사를 교회가 중재하여 실시한 것이다. 교회가 지역의 사회봉사를 할 만한 기관들을 조사하여, 그 각 곳에 교회의 청소년들을 보내 보람된 자원봉사를 하게 하였는데, 이런 기획력 있는 노력이 그 마을을 행복하게 하는데 많은 공헌이 되었다고 생각한다. 아울러 지역의 이런 자원봉사 기관이나 복지 기관의 리스트를 가지고 있으면, 어려운 교인들과 주민들을 효율적으로 그 기관들과 연결하는 데에 크게 유용하리라고 생각한다. 필자는 마을목회의 방식을 위의 전략 기획의 순서에 따라 서술해보려 한다.

1) 마을목회는 과연 필요한가?

마을목회를 실천하기 전에 목회자는 교회가 마을을 위한 봉사의 일을 하는 것이 필요한가에 대한 성서적이고 신학적인 설교나 강의를 할 필요가 있다. 교회는 복음만 전하면 되지 그런 일까지 할 필요가 없지 않느냐는 질문에 대한 목회자 나름의 신학적 정돈이 있어야 한다. 또한 마을목회에 대한 신학적 이해를 위해 신학대 교수들을 초청하여 강연할 수도 있을 것이라 생각한다.

실제 한국교회는 많은 사회봉사의 일을 하는 교회로 새삼 이 문제가 질문될 필요는 없으나, 그러나 다시 한 번 이 문제를 곤고히 하는 입장에서 목회자가 설교를 통해 잘 설명하는 것이 필요하다고 생각한다.

이런 마을목회 등의 교회의 일들을 할 때 가장 중요한 점은 교육이라 생각한다. 교인이 이런 일을 왜 하여야 하며 어떻게 하여야 하는지에 대한 확신이 없다면 일이 바로 진척되지 않을 것이다. 그러므로 교역자와 교회의 중직자들은 이런 교육의 필요성을 깨닫고 마을목회를 진행하는 중에 지속적으로 교육 프로그램을 시행하는 것이 좋다. 교회가 새로운 의미 있는 일들을 성공적으로 수행하기 위해서는 그 일에 대한 신학적이며 기술적인 교육이 요청되는 것으로, 이를 위해 목회자들의 꾸준한 연구가 필요하다.

2) 마을목회를 위한 전략 기획팀의 선발

한 교회가 마을목회를 하기 위해 그것의 기획을 담당하는 전략 기획팀의 선발을 먼저 해야 한다. 이 팀은 마을목회의 신학에 대한 이해가 있어야 하며, 아울러 교회가 마을목회를 수행하는 데에 있어 고려하여야 할 점들을 미리 파악하고 있어야 할 것이다.

3) 전략 기획팀 회의

전략 기획팀을 선발하여 먼저 할 일은 회의이다. 이런 회의 시 목회자는 마을목회의 당위성과 필요성에 더 자세히 설명할 시간을 가질 수 있다. 5-6번의 회의를 소집하여 우리 지역과 교회가 하고자 하는 마을목회의 대강의 틀을 한 번 그려보는 기회를 가지면 좋을 것이다. 회의 시 팀장과 서기를 먼저 정하여 서기는 의논한 내용들을 상세히 기록하여

두는 것이 중요하다. 인터넷이나 밴드 등에 논의한 내용을 공유할 수도 있을 것이라 생각한다. 서기는 회의 할 때마다 회의 장면을 사진으로 남겨두어야 한다.

4) 교동협의회의 발족

교동협의회가 관청과 교회가 협력하여 할 일을 찾기까지는 어느 정도의 시간이 필요하다. 그리고 이 교동협의회가 본격 가동되기까지도 많은 시간이 있어야 할 것이다. 먼저 지역 내의 목회자들이 연대하여 정례적인 친교와 회의를 갖는 것이며, 이를 통해 지역 내에서 교회들이 힘을 합쳐 할 일을 찾는 것이 중요하다. 먼저 지역 교회들이 연대한 연후 동이나 관이 합세하는 것이 좋다. 어떤 구체적 결정을 하지 않더라도 지역의 교회와 관청이 함께 모여 이야기를 한다는 것은 매우 큰 진전인 것이다.

오늘 우리는 너무 개교회 중심적인 목회를 하고 있다. 한 지역 내의 다른 교회들은 무엇을 하고 있는지 모른 체, 자기 교회가 할 일만을 계속 밀어붙이는 상황이다. 이런 파편화되고 불행한 목회를 극복하기 위해 한 지역의 목회자들이 모여 그 지역을 복음화하고 행복하게 하기 위한 길에 대해 함께 생각해본다는 것은 많은 의미를 갖는다고 생각한다. 너무 성급히 서두르지 말고 먼저 교제와 소통을 늘려나가는 것이 전제되어야 할 것이다.

한 교회 내의 전략 기획팀과 지역 교회들이 연합한 교동협의회의 일이 중복될 수 있으나, 상호 일을 잘 분담하면 교통정리가 잘 될 것이라 생각한다. 먼저 큰 틀을 교동협의회가 정하고, 각 교회의 전략 기획팀이 실천 부분을 나누어 맡으면 좋을 것이다. 이 같은 원활한 실천을 위해 교동협의회에 목회자만 참석할 것이 아니라, 각 교회에서 목회자와 평신도가 1인씩 2명이 참석하면 좋을 것이다. 필요하면 지역의 모든 교회들의 전략 기획팀들이 함께 모여 회의하는 때도 있으면 한다.

중요한 것은 지역의 교회와 관청이 서로 유대적 관계를 강화해나가는 것이다. 이런 친근한 관계를 위해 동 내의 여러 교회들이 성가합창제도 같이 하고, 부활절 새벽 예배도 동 단위로 같이 드리며, 사경회도 지역의 체육관을 빌려 같이 하는 등 공동의 행사를 한다면 서로에게 격려가 되고 힘이 될 것이다. 지역 내의 교회들이 하나 되어 서로 도우면서 살면 그 지역의 목회가 더욱 건강해질 것이라 생각한다. 다른 지역의 교회들을 돕는 것도 좋지만, 같은 지역 내의 교회들도 도우면서 목회하는 것은 더 아름다운 모습이 될 것 같다.

5) 기획 과정 계획

기획 과정 계획은 지금 우리가 하는 목회 매뉴얼의 순서를 잘 이해하여 그 순서 각각에 필요한 일들을 먼저 생각해보는 일이다. 마을목회 계획을 세우는 전체적인 틀거리를 점검하는 과정이다. 마을목회는 개교회가 독립적으로 할 수도 있으며, 교동협의회가 힘을 합쳐 할 수도 있다. 개교회가 독립적으로 할 때에는 교회 내에 구성한 전략 기획팀의 활동이 중요해질 것이며, 교회가 연합하여 할 경우에는 교동협의회의 역할이 중요할 것이다. 그러나 교동협의회가 전체적인 추진을 한다고 하여도 각 교회 내의 전략 기획팀이 함께 가동되어 협력하여야 일이 더 잘 진행되어질 것이다.

6) 의견수렴 과정

교동협의회와 함께 각 교회의 기획팀이 모여 마을목회를 위해 할 수 있는 일들이 무엇인지 의견을 들어보는 시간을 갖는 것이 요청된다. 청소년들의 자원봉사 기관을 리서치 하기 위해 적절하다고 생각되는 기관들을 방문해보는 것도 필요할 것이다. 동이나 구청에 이런 봉사를 할 수 있는 어떤 기관들이 있는지 물어보면서 의견을 나누는 시간들이 있으면 좋겠다. 아울러 마을의 어려운 사람들을 돕는 관청의 복지적 장치들에 어떤 것들이 있는지 함께 살피는 것도 유용하리라 생각한다.

7) 핵심가치 정하기

의견수렴 과정 중 포함하여야 할 한 가지는 핵심가치를 정하는 것이다. 기독교인의 삶을 결정하는 핵심 되는 가치가 무엇인지 생각해보게 된다. 이런 핵심가치에 대한 질문은 우리가 왜 세상에서 살아야 하며, 어떤 일을 하며 살아야 하는지에 대한 답변과 연결된다.

기독교인은 그 핵심가치를 성경으로부터 발견하게 되는데, 성경은 크게 두 가지를 삶의 핵심가치로 언급한다. 하나님 사랑과 이웃 사랑이다. 우리가 기독교 교육이나 목회를 통해 구현하고자 하는 것은 다른 것이 아닌 이 두 가지의 핵심 사항이다. 우리는 이 지역에 살며 이웃을 사랑하는 일은 무엇인지, 그리고 하나님께 참된 영광을 돌리는 일은 무엇인지를 마을목회를 하며 줄곧 물어야 한다.

교회의 사역 가운데에서 성경이 말하는 핵심적 가치들을 계속 상기하여야 하며, 그 내용의 요약이 하나님 사랑과 이웃 사랑이라는 것을 시작부터 끝까지 마음에 두어야 할 것이다. 우리는 이웃을 진정 사랑하고 있는지, 그리고 우리가 하는 이 일이 진정 이웃을 사랑하는 일인지를 서로에게 질문하며 마을목회를 진행하여야 할 것이다.

8) 사명에 대한 진술

왜 지역 사회를 위한 목회를 하여야 하는지에 대한 분명한 사명 진술이 있어야 이런 일이 바르게 추진될 수 있다. 우리는 기독교의 구원의 내용을 크게 두 가지로 간추릴 수 있다. 복음 전도를 통한 영혼의 구원과 하나님의 나라를 이 땅에 구현하는 것이다. 이 두 가지의 내용은 장로회신학대학교의 교육목적에도 언급된 내용으로서 지상의 교회가 잊지 않고 수행하여야 할 과업인 것이다.

우리는 성경의 말씀을 이 세상 사람들에게 선포함을 통해 그것을 믿음으로 주님의 구원을 받아들이게 하며, 아울러 믿음의 사람들을 훈련하여 이 세상을 아름답게 변하게 하는 일에 최선을 다하여야 한다. 교회는 그런 선교의 기관으로, 말씀을 선포하며, 주님께 온전한 예배를 드리는 것과, 아울러 성도가 교제하고 교육함을 통해 그들의 주님의 뜻을 바로 이해하게 하여야 하며, 이 세상을 위한 봉사의 일에 헌신하여야 한다. 이런 교회의 세상을 향한 봉사의 일은 구호적인 일만으로 끝나서는 안 되는 것으로, 마을을 변화시키고 정책을 새롭게 하여 보다 행복한 마을을 만드는 일에 교회가 일조하게 하는 것이 필요한바, 이런 인간의 영혼과 사회를 향한 말씀선포와 봉사의 일을 하는 것에 교회의 가치가 존재하는 것이다.

9) 목적 세우기

교회의 사명을 이루기 위한 여러 목적을 세울 수 있다. 복음 전파와 하나님 나라의 구현을 위해 교회가 세울 수 있는 목적은 다음 5가지 정도가 될 수 있을 것이라 생각한다.

- 주님의 복음을 온 세상에 전하자.
- 진리 되는 성경의 말씀을 교육하는 데에 힘쓰는 교회가 되자.
- 교회의 성도들이 서로 사랑하여 하나 되는 친교 공동체를 만들자.
- 하나님께 진정되고 영적인 예배를 드리는 교회가 되자.
- 마을목회를 통해 세상의 빛과 소금이 되는 교회가 되자.

교회의 목적은 교회마다 조금씩 다를 수는 있겠으나, 대체적으로 위의 내용들이 포함되리라 생각한다. 우리가 마을을 위하는 목회를 한다고 하여, 주님을 향한 사랑과 예배를 소홀히 여기는 교회가 되어서는 안 된다. 마을을 향한 봉사도 중요하지만, 교인들을 주님의 말씀으로 양육하고 교육하는 것도 소홀히 할 수 없는 것이다.

10) 환경 분석

다음으로 마을목회에서 필요한 과정은 환경 분석이다. 만약 교회가 청소년들의 자원봉사 프로그램을 하려면, 먼저 교회 내 청년들의 이에 대한 의견들을 수렴할 필요가 있다. 봉사를 위한 교회의 준비 정도를 파악하는 것이다. 현재 청소년들이 하고 있는 자원봉사들에게 어떤 것들이 있는지, 그것의 문제는 무엇인지 등에 사전 조사하는 것이 필요할 것이다. 만약 그런 프로그램을 하였을 때, 참여할 수 있는 학생들은 어느 정도인지 등의 구체적인 상황에 대한 조사가 요청되는 것이다.

더 나아가 우리 마을의 인구분포는 어떤지, 마을에서의 신자의 비율에 대한 조사, 지역의 재정 상황과 위치에 대한 이해 등에 대한 보다 기초적인 조사 연구들이 선행될 필요가 있을 것이다.

11) 비전의 수립

비전은 사명과 달리 일정 기간 중 교회가 진력하여야 할 사역에 대한 내용을 진술하도록 되어있다. 이 비전을 통해 교인들을 그 사역의 중요성을 깨닫고 함께 일하여야겠다는 결심을 할 수 있으면 좋겠다. 지역 내 청소년들이 안전하고 보람되게 자원봉사를 할 수 있도록 지원하는 체계를 만들어 운영하는 마을목회에 대한 교회의 비전을 진술하면 다음과 같이 될 것 같다. 물론 교회는 전체적 교회 사역에 대한 비전을 따로 가지고 있어야 할 것이다. 아래 비전의 예는 청소년들의 사회봉사를 통한 마을목회에 대한 비전이다.

〈비전 진술문의 예〉

　우리는 주님께서 생명의 주인이심을 믿는다. 그는 포도나무의 줄기요 우리는 가지로 그 안에서 하나 될 때 우리는 풍성한 열매를 맺게 된다. 하나님께서는 참 생명을 주시기 위해 그의 독생자를 우리를 위해 보내셨다. 우리는 주님을 모르는 자에게 주님 안에 있는 이 생명과 주님의 참 사랑을 전할 의무가 있다.

　교회 밖의 많은 사람들이 이 사랑을 깨달을 수 있도록 우리는 사랑을 실천하는 자들이 되어야 한다. 그들의 영혼을 사랑할 뿐 아니라, 그들의 이 세상에서의 삶이 행복할 수 있도록 노력하는 교인들이 되어야겠다.

　오늘 우리 교회가 이 지역 사회를 위해 가장 효율적으로 전할 수 있는 주님의 사랑은 청소년들로 하여금 지역 사회를 봉사하는 길을 가르치는 것이다. 젊은 이들이 지역의 일에 관심을 갖고 지역을 위해 보람 있게 일할 수 있도록 안내하는 일은 이 지역에 생명을 풍성하게 하는 지름길이라 생각한다.

　이에 향후 5년간 우리 교회는 이 일을 위해 최선을 다하려 한다. 지역의 기관들과 주민들 모두 힘을 합하여 우리 교회가 이 일을 할 때 생명이 되시는 하나님께서 기뻐하시리라 생각한다. 지역의 주민들에 마음의 고향이 되고 안식처가 되는 교회가 되도록 열심히 노력하는 ○○교회가 되어야 할 것이다.

12) 발전 목표의 설정

발전 목표란 위의 목적을 보다 구체적으로 세분한 것이다.

〈발전 목표의 예〉
- 사랑을 실천하는 교인이 되도록 훈련하자.
- 지역을 위한 봉사의 실천을 위해 지역의 교회 및 기관들과 연대하는 교회가 되자.
- 지역에서 청소년들이 봉사할 수 있는 기관들을 물색하고 그곳에서 청소년들이 봉사할 수 있도록 한다.
- 교회 밖의 청소년들도 참여하게 하여 그들이 주님의 뜻을 배우도록 한다.
- 이런 지역을 위한 봉사의 활동이 지역 밖으로 확산될 수 있도록 함께 노력하자.

13) 발전 전략

발전 전략은 발전 목표를 구체적이며 단계적으로 이룰 수 있는 기획을 말한다. 우리는 우리가 세운 구체적 마을목회에 대한 발전 전략을 다음과 같이 구상할 수 있을 것이다.

〈발전 전략의 예〉
- 마을목회에 대한 교재를 만들어 교육한다.
- 봉사할 수 있는 기관들의 리스트를 만든다.
- 이러한 기획에 대해 교회 안팎으로 홍보한다.

- 봉사할 청소년들을 효율적으로 배치할 수 있는 길을 찾는다.
- 이들이 자신의 봉사에 대해 피드백하는 방식에 대해 가르치고, 기관과 봉사자 양측으로부터 평가서를 받는다.

14) 세부 발전 전략

위의 발전 전략에 대한 세부계획서를 말한다.

- 마을목회에 대한 교재를 만들어 교육한다: 신학적 교재, 마을목회에 대한 교재, 자원봉사 방법에 대한 교재
- 봉사할 수 있는 기관들의 리스트를 만든다: 병원, 복지 기관, 구청, 동주민센터, 시민단체, NGO, 요양원 등으로 세분하여 리스트를 만든다.
- 이러한 기획에 대한 교회 안팎으로 홍보한다: 주보, 지역신문, 구청 홍보물, 학교 등을 통해 홍보한다.
- 봉사할 청소년들을 효율적으로 배치할 수 있는 길을 찾는다: 자원봉사 지원서 양식을 받고, 후보자들에게 자원봉사 시 유의사항, 자원봉사에 대해 설명하는 책자 등을 주어 자원봉사가 효율적인 것이 될 수 있도록 한다.
- 이들이 자신의 봉사에 대해 피드백 하는 방식에 대해 가르치고, 기관과 봉사자 양측으로부터 평가서를 받는다: 피드백 양식, 평가 방법 안내 책자 등을 마련한다.

위의 이런 자료들은 개교회가 만들기 어려우면 교동협의회가 용역을 주어 만들 수 있을 것이다. 곧 교동협의회가 이런 전략 기획에 대한 내용을 정리하여 개교회들이 바로 쓸 수 있도록 구체 매뉴얼을 만들면 좋

을 것이라 생각한다. 교회가 할 수 있는 마을목회의 과제들을 다양할 것 인바, 각 사업들에 대해 교동협의회가 세부적 매뉴얼을 만들 수 있다.

15) 상세한 사업 계획

교회는 위의 목표들을 달성하기 위해 할 일들을 세부과제별로 나누어 분담시키며, 이를 위한 아래와 같은 상세 사업 과제에 대한 기획안을 만들어 보게 할 수 있다. 예를 들어 청소년 자원봉사를 안내하는 일의 과제들을 우리는 다음과 같은 세부과제들로 나눌 수 있을 것이다. 교육의 일, 자원봉사 대상 기관들에 대한 조사와 리스트를 만드는 일, 네트워킹 사역, 자원봉사자 모집, 자원봉사 방법에 대한 안내 책자 만들기, 자원봉사 결과보고서 양식을 만들기, 실제 자원봉사팀을 안내하고 가서 함께 봉사의 일을 하게 하는 지도위원들을 양육하고 배치하기, 자원봉사자 모집을 위해 홍보하기, 자원봉사의 일에 드는 재정을 마련하기, 이런 일을 지역의 교회들과 연대하기, 이러나 자원봉사의 일을 통해 주님의 사랑을 배우게 하기 등의 과제들이 있을 수 있으며 이러한 세부과제 기획을 위해 아래와 같은 표를 사용할 수도 있다. 아래의 표는 세부과제의 일을 담당한 사역자들로 하여금 기술하도록 한다.

〈사업 과제별 실행 계획표〉

과제명과 담당자(팀)				
해당 목표				
해당 세부 목표				
단계적 추진 전략	단계	추진 기간	추진 내용	
	1단계			
	2단계			
	3단계			
중요도 표시	A	B	C	D

과 제 분 석	
1. 현황 분석	
2. 추진 목표 설정	
3. 소요되는 재정과 소요 인력에 대한 보고	
4. 기대 효과 (본 과제가 교회와 지역 발전 및 하나님의 구원 사역에 미치는 영향 분석)	

16) 재정 소요와 재정 확보 계획

위의 사업 계획서를 수합하여 재정 소요, 인력소요에 대한 파악을 한 연후에 그에 대한 전체 계획을 세운다.

17) 발전 계획 달성 후의 미래상

예를 들어 지역의 자살률을 줄이는 것을 마을목회의 주요 사업으로 정하였다고 할 때, 먼저 기획팀은 이런 자살률 줄이는 일이 교회가 왜 해야 할 일인지를 신학적으로 설명할 필요가 있을 것이다. 다음으로 이를 위한 구체적인 사업들을 계획한다. 자살 위험군에 있는 사람들에 대한 상시 상담, 긴급 상담 및 조처, 자살 예방 교육, 주변에 자살 위험이 많은 사람들을 찾아내어 그들을 좋은 길로 안내하는 일 등 여러 가지 방안들이 나올 것이라 생각한다. 특히 광주광역시에서 이런 운동을 하여 자살률을 크게 낮춘 경험이 있는바, 그런 전례들을 잘 살피면 많은 방안들을 찾아낼 수 있을 것이다.

그런 기획을 한 연구, 이 사업 종료 시 우리는 어떤 미래상을 만들어낼 수 있는 지 그려볼 수 있다. 이 과제에 있어 생각해낼 수 있는 미래의 변화는 물론 자살률을 몇 %로 낮추겠다는 내용이다. 그리고 그런 노력의 부대효과들로서 우리는 다른 몇 가지의 변화들을 간추려낼 수 있을 것이다. 이런 미래상을 그리는 것은 그 과제 수행을 보다 구체적으로 하게하며, 동시 과제를 마치고 수행의 결과를 평가하는 데에 있어 용이함을 줄 수 있을 것이라 생각한다.

18) 돌발 사태에 대한 대비

모든 기획을 진행하다 보면 처음 기획대로 되는 일은 없다. 어떤 때는 돌발적인 장애로 인해 그 기획대로 밀고 나가는 것에 어려움을 느끼게 된다. 이럴 때 우리는 우리의 계획안을 수정할 수밖에 없다. 함께 모여 현재 있는 장애 요인들을 확인하고, 기획을 수정하는 유연성을 갖는 것이 필요할 것이다.

19) 이행

이행의 과정은 기획한 내용을 실천에 옮기는 것을 말한다. 우리는 정치가로서, 마을의 행정가로서, 자선 사업가로서 이 일을 수행하는 것은 아니다. 우리는 하나님의 백성과 자녀로서 이 일을 수행하는 것으로 일을 진행하며 이런 사랑의 정신과 봉사의 의미를 항상 염두에 두어야 할 것이다. 우리의 최종 목표는 이들을 천국으로 인도하는 것이며, 이 세상에서 하나님의 나라를 맛보게 하는 것이다.

20) 평가와 그 결과를 차기 기획에 사용하는 일

우리나라 사람들이 가장 약한 부분이 평가다. 우리들은 일을 하며 평가나 피드백과 같은 작업을 수행해본 적이 거의 없다. 필자는 앞에서 성경 느헤미야서의 예를 들어 얼마나 평가의 작업이 중요한지를 언급했다. 평가란 과거의 우리의 한 일이 잘 되었는지 못되었는지를 살피는 것임과 동시, 우리가 미래의 그와 같은 일을 다시 할 때 시행착오를 줄여

주며 더 잘 할 수 있는 길을 찾아주는 역할을 한다.

　평가는 크게 세 가지로 구분될 수 있을 것 같다. 그 일을 통해 지역 주민이 얻은 유익은 무엇인가? 교회는 그 일을 통해 어떤 변화를 가져오게 되었는가? 그 일에 참석한 교인들과 주민들에겐 어떤 유익이 있었으며, 어떤 배움이 되었는가 하는 것들이다.

　이런 평가를 하기 위해선, 먼저 평가의 방향을 정하고, 다음으로 평가 기간을 산정하며, 구체적인 평가의 내용을 만드는 것이 필요하다. 가능한대로 정량적으로 평가할 수 있도록 측정 지표 곧 평가 지표를 미리 만들어 보는 것도 중요한 일이라 생각한다. 그런 정량적 평가가 어려울 시는 정성적인 평가 방법을 도입해야 할 것이다.

3. 마치는 글

　필자는 실제 마을목회를 할 때 가장 중요한 점이 네트워킹하는 것이라고 말했다. 지역의 교회들이 네트워킹하고 또한 지역의 교회와 관청, 학교, 병원, 기업 등이 네트워킹하는 것이 이 사업의 핵심 전략임을 언급한 것이다.

　이 같은 마을목회의 매뉴얼을 만들며 우리는 전략 기획의 방법을 채용하였으며, 그 과정은 대개 다음의 내용으로 간추릴 수 있다. 크게 보면 계획과 이행과 평가라는 것이다. 우리는 기획력과 평가하는 점에 있어 취약점이 있다는 것도 언급했다. 아무 계획도 없이 선 듯 실천부터 하는 것이 우리에게 습관같이 되어있다.

　우리는 이러한 우리의 약점을 극복할 필요가 있으며, 먼저 철저한 계획부터 할 것을 주문코자 한다. 기획을 위해 전략 기획팀을 구성하며 교동협의회를 설립하는 것의 중요성에 대해서도 말했다. 먼저 이런 기획팀을 가동하여 기획 회의를 하고, 사업안을 작성하며, 이에 따라 실천에 옮긴 다음, 마지막으로 평가를 수행하는 이런 전 과정을 항상 기도하는 마음으로 진행해 나간다면 주님께서 큰 힘을 더하시리라 믿는다.

제2부

마을목회와 온누리교회의 더멋진마을 만들기 선교

글/ 온누리교회 NGO '더멋진세상'

'더멋진세상' 선교의 토대

1. 태동

지난 2010년, 온누리교회의 창립 25주년 감사 예배가 서울 상암 월드컵 경기장에서 "더멋진세상(A Better World)"이라는 표어로 진행되었다. 6만여 명이 넘는 회중들은 온누리교회에 허락하신 하나님의 은혜를 감사하며 하나님이 만드신 세상을 더멋진세상으로 만들어가기 위한 비전을 나누었다.

지구촌 곳곳에 무너진 세상, 가난하고 병들고 소외된 지구촌 이웃들에게 교회가 앞장서서 이들을 품고 위로하고 격려하며 용기와 희망을 주어야 하고, 굶주리고 학대받는 사람들을 위해 힘을 모아 아름다운 세상을 꿈꾸며 작은 변화를 가져오는데 온누리교회가 헌신해야 한다고 도전하였다. 이는 예수께서 제자들과 교회에 주신 대계명(마 22:36~40, 요 13:34-35)을 기초로 한 '총체적 선교 명령(온전한 복음)'이다. 이 총체적 선교 명령에 순종하기 위해, 온누리교회는 2010년 12월, NGO단체인 '더멋진세상'을 만들었다.

하나님의 뜻에 따라, 전 세계의 어려운 이웃을 돕고 하나님의 은혜와 사랑을 나누어 주기 위해, 그 해 12월 29일 외교통상부에 NGO '더멋진세상'을 등록함으로써 더멋진세상을 향한 사역은 시작되었다.

온누리 NGO로서 발족한 '더멋진세상'은 초기 사역을 위해 기도하며 하나님의 인도하심을 구했다. 그 과정에서 2011년 3월 일본에서 쓰나미가 발생했고, 더멋진세상은 하나님의 인도하심을 따라 일본에 긴급 구호팀 파송을 결정했다. 온누리교회의 청년들과 긴급 구호팀을 구성함으로써 교회와 NGO 단체가 연합하여 사역하는 협력의 기회와 앞으로의 사역 틀을 마련할 수 있었다.

또한 2012년 7월에 진행된 'Blessing SAHARA'를 준비하면서 방문하게 된 세네갈의 본나바 마을과 기니비사우의 '블룸 마을'은 더멋진세상이 본격적으로 지역 개발사업을 체계적으로 추진할 수 있는 밑바탕이 되었다.

열악한 한 마을을 총체적으로 다시 세워 깨끗한 마을(Clean Village), 건강한 마을(Healthy Village), 부요한 마을(Wealthy Village)이 되게 하는 더멋진마을 조성 사업 정신은 온누리교회가 펼쳐가고자 하는, 온전한 복음의 모습이다. 즉 한 마을이 발전되어가는 과정을 통해 그곳에 하나님의 사랑이 흘러가고 생명이 살아나며 주민들이 하나님 나라의 소망을 품게 되는 진정한 더멋진마을을 만들어가는 것이다.

2. 비전

"Making a Better World"

인종과 이념, 종교의 장벽을 넘어 가난과 질병, 재난 등으로 고통 받고있는 지구촌 이웃들에게 전문적이고 체계적인 섬김과 나눔을 통해 '더멋진세상'을 구현한다.

하나님이 창조하시고 보시기에 좋았던 그 아름다운 창조의 원형을, 다시 회복시키자는 소망을 품고, 이 시대 하나님께서 허락하신 사명에 순종함으로써 하나님께서 만들어 가시는 '더멋진세상'을 보는 것이다. 우리의 생각과 전략으로 하나님의 일하심을 제한하지 않고, 오직 말씀에 순종함으로 이 땅을 치유하는 '더멋진세상'이 지구촌 구석구석까지 계속 확산되기를 희망이렇게 변화될 아름다운 세상을 꿈꾸며, 이 꿈을 더 많은 사람들과 함께 나누고, 함께 무너진 세상을 치유해 가는 것이 '더멋진세상'의 꿈이요 비전이다.

'더멋진세상'은 2017년 유엔 경제사회이사회(UN ECOSOC)의 특별협의지위를 가진 International NGO로서, 인도주의 원칙(인간성, 공정성, 독립성, 중립성)을 준수하며, 국제사회에서 활동의 영역을 확장시켜 가고 있다.

3. 핵심가치

'더멋진세상'의 사람들은 미가 2:13의 말씀의 '길을 여는 사람'(One who breaks open the way)으로서, 선한 사마리아인의 영성으로 '더멋진세상'을 만들어가는 사람들이며, 세 가지 핵심가치 "사랑(LOVE), 섬김(Serve), 희망(Hope)"을 실현을 통해 '더멋진세상'을 구현하고자 한다.

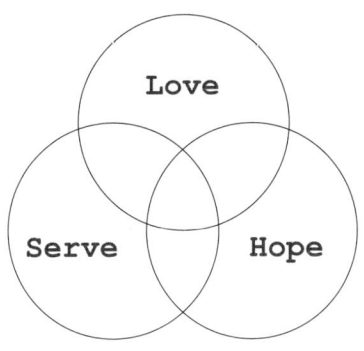

1) 사랑

"네 이웃을 네 몸과 같이 사랑하라"(마 22:39, 요 13:34-35) 하신 주님의 명령은 '더멋진세상'의 모든 사역과 사업의 핵심 동기이다. 하나님의 사랑은 우리들을 긍휼과 자비와 자기희생으로 이끌고 다음 핵심가치인 섬김으로 행동하게 한다.

2) 섬김

"그를 보고 불쌍히 여겨 …… 자기 짐승에 태워 주막으로 데리고 가서"(눅 10:33-34) 돌보아주었던 선한 사마리아인의 영성은 대가를 바라거나 기대하지 않는 무조건적 헌신과 섬김에 있다. '더멋진세상'의 조건 없는 섬김은 우리를 보내신 하나님께 영광을 돌리게 하며, 하나님께서 그들에게 주시려는 궁극적인 희망을 나누는 것이다.

3) 희망

"너희 속에 있는 소망에 관한 이유를 묻는 자에게는 대답할 것을 항상 준비하되 온유와 두려움으로 하라"(벧전 3:15)는 말씀은 '더멋진세상' 사람들이 보내어진 곳에서 땀을 흘리고 삶을 나누는 자세이다. 그들에게 삶의 희망을 넘어 하나님 나라가 그곳에 임하는 궁극적인 희망을 갖게 하는 것이다. "보라 하나님의 장막이 사람들과 함께 있으매 하나님이 저희와 함께 거하시리니 저희는 하나님의 백성이 되고 하나님은 친히 저희와 함께 계셔서 모든 눈물을 그 눈에서 씻기시매 다시 사망이 없고 애통하는 것이나 곡하는 것이나 아픈 것이 다시 있지 아니하리니."(계 21:3-4)

제2장

'더멋진세상' 영성 및 기본 전략

1. '더멋진세상'의 선교 영성

　'더멋진세상'은 온누리교회의 기초[1]인 주님의 대사명(마 28:18-20)에 뿌리를 두고 있다. 한국 로잔 대표이자 온누리교회의 제2대 담임 목사인 이재훈 목사는 창립 32주년 기념 메시지를 전하면서 온누리교회가 이 시대, 세계 속의 선한 사마리아인의 영성을 가지고 선한 선교적 교회로 거듭나야 한다고 도전하였다.

　지구촌 곳곳에서 들려오는 난민들 소식, 재해 재난의 소식을 들으면서 서기관과 바리새인들과 같이 자기만을 생각하는 자의 자리를 박차고

---

[1] 온누리교회는 창립 당시 교회의 존재 목적을 선교에 두고 태동하게 되었는데, 주님의 대사명을 따라 성령의 인도하심과 제자들의 순종을 통해 열방에 복음이 전해지고 교회가 든든히 세워져 갔던 사도행전의 영성을 그대로 이어가는 것을 비전으로 삼고, Vision2000/10000(1994년, 선교사 2000명과 선교 사역자 1만 명 파송 비전)과 Acts29 비전(2003년, 교회가 교회를 낳고 교회의 역량을 선교에 집중하는 비전)을 선포하였다.

나아가 우리가 할 수 있는 한 모든 사람에게 선을 행하라는 것이다.

'더멋진세상'의 사명은, 예수께서 제자들에게 명하신 "대계명(마 22:36-40)과 대위임령(마 28:19-20절)"의 균형을 이루어, 보냄받은 거룩한 선한 사마리아인의 영성으로, 복음의 촉매제가 되어 빛과 소금의 역할을 다하는 것이다.

선교 신학적인 관점에서 '더멋진세상'은, 아직 미완성으로 남아있는 세계복음화 과업을 향한 지속적인 도전과 함께 그리스도인의 사회적인 책임을 강조한 로잔언약(The Lausanne Covenant, 1974년)[2]의 정신[3]을 따른다.

2. 기본 전략

'더멋진세상'은 NGO단체로 총체적 선교 명령, 온전한 복음을 완성하기 위해 지구촌 곳곳에서 일해 왔다. NGO 사역은 그 특성상 지역 사회 리더십들과 관계를 맺고 이미 기존에 형성되어 있는 공동체적 네트워크를 통해 사역하게 된다. NGO사역은 이들을 통해 사회적 네트워크를

---

[2] 로잔언약(The Lausanne Covenant)은 1974년 7월 16일부터 25일까지 스위스 로잔에서 모였던 "제1차 세계복음화국제대회(The First International Congress on World Evangelization)"에서 150여 개 국가로부터 온 3,700여 명의 선교지도자들이 합의하고 서명한 것이다. 이 언약의 초안은 세계적인 복음주의자 존 스토트가 작성하였다

[3] 로잔언약의 6번째 "그리스도인의 사회적 책임" 부분에서, 전도와 사회적 참여에 관해 다음과 같이 선언한다. "이 두 가지(전도와 사회적 참여)는 다 같이 하나님과 인간에 대한 우리의 교리, 이웃을 위한 우리의 사랑, 그리고 예수 그리스도에 대한 우리의 순종의 필수적 표현들"이며, "구원의 메시지는 모든 종류의 소외와 압박과 차별에 대한 심판의 메시지를 내포한다." 따라서 우리는 "불의한 세상 속에서도 그 나라와 의를 나타낼 뿐 아니라 전파하기에 힘써야 한다. 우리가 주장하는 구원은 우리의 개인적 그리고 사회적 책임을 총체적으로 수행하도록 우리를 변화시키는 것이어야 한다. 행함이 없는 믿음은 죽은 것이다"

만드는 것이다. 즉 기존 지역 사회의 네트워크를 통해 그들이 인식하지 못하는 사이 하나님 나라의 가교가 되게 하는 것이다.

구체적으로 보이는 사역은, 가난하고 소외된 지역에 그들의 더멋진 마을을 만들어주고, 고통받는 어린이들의 생명을 살리기 위해 달려가고, 한시가 급한 긴급 구호 및 난민지원 사업을 펼쳐가고, 인도적인 대북 지원 사업을 하는 등의 일이다. 하지만 그것은 빙산의 일각처럼 겉으로 보이는 10%에 불과하다. 물속에 잠겨 쉽게 보이지 않지만 가장 중요한 '더멋진세상'의 나머지 90% 진짜 목적은 사랑과 섬김과 희망을 통해 하나님의 영광으로 충만한 하나님 나라를 만들어가는 것이다.

'더멋진세상'의 사역지는 대부분 복음의 불모지로, 복음을 강하게 적대적으로 핍박하거나 거부하는 지역들이다. 하지만 '더멋진세상'은 NGO 사역을 통해 섬기고, 아무런 대가 없이 섬기는 그 모습을 통해 마음의 문을 열어간다. 우리는 그 가운데 하나님의 놀라운 기적들을 보았다. 불모지 같았던 곳에 예배가 생기기도 했고, 폐허의 땅에 교회가 지어지고 세례자가 생겼으며, 단 한 사람의 크리스천도 없을 것 같았던 곳에 이미 예비하신 하나님의 사람을 만나게 하셨고, 그 사람을 통해 가정교회가 시작되게 하셨다. 이 모든 사역은 성령을 통한 하나님의 사역이다.

> 나는 심었고 아볼로는 물을 주었으되 오직 하나님께서 자라나게 하셨나니 그런즉 심는 이나 물주는 이는 아무 것도 아니로되 오직 자라게 하시는 이는 하나님 뿐이니라. (고전 3:6~7)

'더멋진세상'은 생존을 위해 필요한 기본적인 BHN(Basic Human Needs)이 요구되는 지역들을 대상으로 지속가능한 사업(SDGs-

Sustainable Development Goals)을 펼쳐 나가고 있다. 우물을 파고 보건소와 학교를 건축하는 등의 NGO 고유의 사역을 통해 기본적인 관계를 형성하면서, 그들 스스로 자신들이 처한 사회적, 영적 환경을 발견하고 돌아볼 수 있도록 인도하여 복음의 통로를 만들어가는 것이 '더멋진세상'의 기본 사업 방향이다.

'더멋진세상'의 사업의 최종 지향점은 성경적 가치로 변화된 사람들과 공동체를 남기는 것이다. 개척된 땅의 사람들과 함께 그들의 삶의 문제를 하나둘씩 해결해 가는 동안 전인적 사회개발 프로그램인 CHE+(Community Health Education & Environment)[4]를 통해 그들이 속한 지역 공동체를 사랑으로 섬길 수 있는 리더십을 양성하는 것이다.

이를 위해 '더멋진세상'은 세 가지 전략으로 접근한다.

첫째, '더멋진마을 조성 사업'(Making Better Village Project)

복음의 불모지역이나 미전도 종족 지역 등 복음의 수용성이 크게 떨어지는 지역들 중 한 마을을 선정하여 건강(Healthy)하고 깨끗한 (Clean), 풍요로운(Wealthy) 마을로 변화시키는 사업이다. 이 사업을 통해 주민들이 주인의식을 갖고 서로 섬기며, 소망이 넘치는 마을이 되도

---

4 CHE+는 기본 CHE를 더멋진세상의 접근전략에 맞도록 변형시킨 모델로, Community Health Evangelism(CHE)을 Community Health Education & Environment로 확장시킨 모델이다. CHE(Community Health Evangelism)는 지역 사회 주민 전체의 전인적 변화(영적, 신체적, 사회적, 정서적)를 목표로 하는 선교 전략이다. 이 전략은 지역 사회 구성원 스스로 지역 사회가 당면한 문제를 발견하고, 자신들이 가진 자원을 활용하여 문제를 해결해 나가도록 돕는다. 진행 방법은 외부의 훈련자(선교사 또는 선교 사역자)가 지역 사회 주민들 스스로 리더십들을 선발, 위원회가 구성되도록 돕고, 이들을 CHEs(지역 사회개발요원)으로 훈련시켜, 이들을 통해 지역 주민들이 훈련받도록 한다. CHE는 이 과정에서 자연스럽게 믿음의 공동체가 형성되고 성장하여 교회가 개척되도록 하며, 나아가 이웃 지역 사회로 확산되도록 하는 것이다.

록 하는 것이다. 현재 더멋진마을이 조성되고 있는 지역은 17개국 19개 마을로, 세네갈, 르완다, 기니비사우, 스리랑카, 네팔, 인도네시아, 파키스탄, 필리핀, 몽골, 모리타니와 멕시코 등이다.

〈더멋진마을 조성 사업 현황〉
- 아프리카 -
세네갈(본나바), 르완다(웅호망과), 기니비사우(블롬), 모리타니(엘부라트), 우간다(부드리), 말라위(포스트마쭐라니)
- 아시아 -
필리핀(아뗌타바), 네팔(고레다라), 인도네시아(바뚜바닥), 스리랑카(아길, 라투갈러), 몽골(바잉동)
- 중남미 -
멕시코(푸엔테스)

둘째, 어린이 생명살리기(Children Rescue Program) 및 차세대 희망심기 사업(Planting Hope to Next Generation Project)

가난과 질병으로 고통 받고 있는 소외된 어린이들과 부녀들을 섬기기 위해 말라리아 퇴치 운동 등과 함께 태아와 산모의 건강을 위한 모자보건 사업을 진행하고 있다. 종교적, 사회적, 정치적인 이유로 피폐된 삶을 살고 있는 여성들을 회복시키는 일은 매우 중요하다. 어머니의 건강은 곧 아이들과 가족의 건강을 의미하며, 차세대가 건강하게 성장할 수 있는 토대를 마련하기 때문이다.

'더멋진세상'은 폐쇄된 지역의 차세대들에게 꿈과 희망을 주기 위해 교육 환경이 열악한 지역에 학교 및 기숙사 건축 등을 통해 환경을 조성하고, 장학후원 등을 통해 이들이 지역 사회의 리더십으로 자라갈 수 있도록 돕는다. 특별히 기숙사 시설은 더 나은 숙식과 교육 환경만을 제공하는 것이 아니라 아동기 또는 청소년기의 학생들이 기독교적 가치관의 공동체에서 어린 시절부터 자라도록 하여 하나님의 비전을 가지고 성장하게 하는 요람의 역할을 감당하게 된다.

태초에 하나님의 형상을 닮도록 창조된 차세대들이기에, 이들에게 자신과 가정, 공동체를 향한 성경적 가치를 전달함으로 보다 나은 삶이 무엇이며, 어떤 형태로 그들이 속한 지역 공동체가 발전되어야 하는지 스스로 묻고 발견해 갈 수 있도록 하는 것이다.

현재 교육 환경 개선을 통한 차세대 양육에 집중하고 있는 지역은 세네갈, 르완다, 모리타니, 멕시코, 인도네시아, 네팔, 필리핀 등으로 학교 건축 또는 학교 환경 개선, 그리고 영, 유아 아동발달 교육(ECD)이 진행 중이다.

난민 발생 지역으로 차세대 교육 사역이 진행되고 있는 지역으로는 시리아 난민 지역으로 레바논과 요르단, 남수단 난민 지역으로 우간다가 있다.

셋째, 긴급 구호 및 난민지원 사업

지진, 홍수 등으로 폐허가 된 지역에서 긴급 구호 및 복구를 하고, 지속적인 개발 사역으로 이어지도록 한다. 현재, 긴급 구호와 복구가 지속적인 개발 사역으로 이루어져 무너진 삶이 회복되고 있는 지역은 네팔과 필리핀이다.

만일 한 지체가 고통을 받으면 모든 지체가 함께 고통을 받고 한 지체가 영광을 얻으면 모든 지체가 함께 즐거워하느니라. 너희는 그리스도의 몸이요 지체의 각 부분이라. (고전 12:26-27)

제3장

더 멋진 선교의 열매: 더멋진마을

현재 온누리교회 해외 선교를 위한 NGO인 '더멋진세상'은 세계 여러 곳에서 '더멋진마을 조성 사업'을 진행하고 있다. 아프리카의 세네갈(본나바), 르완다(응호망과), 기니비사우(블롬), 모리타니(엘부라트), 우간다(부드리), 말라위(포스트마쑬라니), 아시아의 필리핀(아쩸타바), 네팔(고레다라), 인도네시아(바뚜바닥), 스리랑카(아길, 라투갈러), 몽골(바잉동), 중남미의 멕시코(푸엔테스) 등 세계 12곳에서 마을을 개발하는 사업을 진행하는 것이다. 이 책에선 이러한 여러 사역 전체를 소개하기보다는 두 가지의 케이스를 대표적으로 소개하려 하는데, 먼저는 르완다의 응호망과(Nkomangwa) 마을 조성 사업이며 다른 하나는 네팔의 고레다라(Gore dara) 마을 조성 사업이다. 마을목회의 전략 기획(strategic planning) 방법론을 틀로 해서 이 두 사업을 기술하는 것이 앞으로의 글의 목적인 것이다. 우리는 이러한 두 사업의 전개 과정을 통해 세계 선교에 있어서의 효율적인 방법을 다시 확인할 수 있을 것이라 생각한다.

1. 르완다 응호망과(Nkomangwa) 마을 조성 사업의 전략 기획 과정

1) 수립 과정

아프리카 최빈국 중 하나인 르완다의 한 마을을 돕고, 그 마을을 지역 개발사업의 한 사례로 발전시켜서 르완다 전체적으로 확산 가능한 모델을 만들기 위해 출발하였다. 이를 위해 지난 2012년 본부 리서치를 실시했고, 지방정부의 추천으로 응호망과 마을을 방문하게 되었다.

마을 방문 당시 주민들은 일일 소득 2달러 미만의 가난한 생활을 하고 있었고, 하루 1끼 정도 밖에 먹지 못하는 주민들이 많았다. 식수가 없어서 언덕 아래 2km를 내려가 호수에서 물을 길러 마시는 등 위생 상태가 심각한 수준으로 드러났다. 보건 시설도 없어서 간단한 응급처치도 못하고 병을 키우는 환자도 많았다. 주거 환경도 흙으로 만든 컴컴한 집의 흙바닥에서 생활하다 보니 제때 씻지도 못해서 피부병 환자가 많았다. 실외 설치된 재래식 화장실은 말라리아모기의 서식처가 되어 아이들이 말라리아로 고통을 받고 있었지만 제대로 된 대응도 하지 못하는 상황이었다. 생계 수단도 바나나와 옥수수, 콩 재배 등 농업에 의존하고 있었는데, 농업 기술 교육을 받은 경험 없이 전통적 방법으로 농사를 짓고 있어서 생산성도 현저히 낮은 수준이었다.

'더멋진세상'은 르완다에 '더멋진마을 조성 사업'을 시작하기 위한 계획을 세우고, 우선 2012년 10월 '어린이 생명살리기' 프로그램의 일환으로 한국국제보건 의료재단(KOFIH)과 협력하여 이동진료 사업을 전개하기 위한 리서치를 실시하였다. 현지 사업 파트너는 르완다에서 가장 신뢰할 수 있는 군 병원과 MOU를 체결하여 진행하였다. 그리고 다음 해 2013년 5월, 르완다 수도 키갈리에서 동쪽으로 80km 떨어진 르와마가나시에 르완다 현지 '더멋진세상' 지부를 설립하고 동년 7월, 정부에 INGO(International NGO) 등록을 마치고 이동 진료 사업(Mobile Clinic)을 시작하였다.

2) 기획 과정 계획(planning plan process)

르완다의 르와마가나시 변두리 지역 중에 가장 개발이 미흡한 지역 중 하나인 웅호망과라는 '리'(Cell) 단위 정도의 지역을 선정하고 5개 마을, 4천여 명의 주민들을 대상으로 하나님께서 원하시는 '더멋진마을'을 만들어가기 위해 구체적인 기획에 들어갔다. 더멋진마을 조성 사업은 초기 과정에서 본부 리더십과 스텝이 함께 참여하여 사업의 가능성과 경영에 관한 부분을 고민하며 기획하였다. 당시 초기 사업을 시작하는 단체의 입장에서 규모가 큰 지역 개발사업을 전개하기보다는, 그 마을의 필요를 파악하고 주민들의 요구사항 중에서 우선순위를 매겨 급한 문제를 먼저 착수하는 방법을 사용하였다. 르완다 현지 지부의 인력 구성도 국제 NGO 경험이 있는 전문가를 지부장으로 세워서 사업 기획과 리서치를 실시하였고, 현지 변호사와 현지 NGO 경험자를 스텝으로 고용하여 르완다 정부와 관계된 법적 절차도 원만하게 해결할 수 있었다. 또한 사업 착수를 위해 필요한 재원 마련 문제에서도, 한국국제보건의료재단(KOFIH)과의 협력으로 1:1 매칭 사업을 전개함으로써 어려움 없이 착수할 수 있었다.

3) 의견수렴 과정(consensus process)

사업 기획단계에서 일방적인 지원이 아닌 마을 주민들의 필요를 고려한 사업의 전개를 위해서 우선적으로 마을의 리더십과 정부 관계자를 통한 미팅을 시작하였고, 마을(Cell)의 리더들과 동장이 중심이 되어 마을의 필요사항을 조사하였으며, '더멋진세상' 르완다 지부 진행요원들도 마을의 상황을 함께 리서치하며 사업 기획과 타당성을 조사하였다. 이 과정에서 마을 주민들과 '더멋진세상'이 서로 알아가는 시간도 갖게 되었고, '더멋진세상'이 가진 발전 계획과 마을 주민들이 기대하는 지원에 대한 생각들을 서로 나누며 앞으로 전개해갈 사업의 방향을 공유하는 기회를 가졌다. 특히 마을 주민들이 사업의 전개 과정에서 주인의식을 갖고 적극적으로 참여하도록 유도함으로써 일방적 시혜가 아닌 마을 주민들이 주인의식을 갖고 주체적으로 참여하고 발전시켜가는 사업을 전개할 수 있었다. 따라서 '더멋진세상'은 이들이 자발적 사업을 전개함에 있어서 꼭 필요한 자원의 지원을 간접적으로 진행함으로써 초기 지원이 마중물의 역할을 감당하는 선에서 지속가능성을 확보하기 위한 노력을 기울였다.

4) 핵심가치(core value) 설정

'더멋진세상'은 사랑(Love), 섬김(Serve), 희망(Hope) 세 가지 핵심 가치를 가지고 있다. 우리가 받은 하나님의 사랑(Love)을 어려운 이웃들에게 나누어주고, 이 땅에 찾아오신 예수님의 성육신을 본받아 낮은 곳으로 나아가 그들을 섬기며(Serve), 어려움과 절망 가운데 있는 이웃들에게 삶의 기반을 마련해주고 차세대를 교육함으로써 미래를 향한 희망(Hope)을 심어주기 위한 사역을 전개하고 있다.

따라서 응호망과 마을의 주민들에게 사랑의 마음으로 다가가 보건과 식수, 교육 환경, 농업 등의 사업을 전개하며 낮은 자세로 그들을 섬기고, 안정된 삶의 기반을 제공하고 미래를 꿈꿀 수 있도록 아이들을 지원함으로써 이들이 미래에 대한 소망을 품고 살아가도록 돕는다.

5) 사명(mission)에 대한 진술

가난과 질병, 재난으로 고통당하는 지구촌 이웃들을 찾아가 인종과 이념, 정치, 종교, 지역의 장벽을 넘어 전문적이고 체계적인 도움을 제공하고, 나눔과 섬김의 실천을 통해 지역 사회에 정의와 화해를 이루어 더멋진세상을 만들어간다. 이러한 사명에 따라 '더멋진세상'은 응호망과 마을에서 더멋진마을 조성 사업을 전개하며 마을 주민들이 인종 학살[1]의 아픈 상처를 회복하고 서로 화해와 용서를 통해 마을의 발전을 도모해나가도록 돕는다.

6) 목적(purpose)

응호망과 마을의 보건 문제와 식수 문제를 해결하여 마을 주민들이 우선적으로 건강한 삶을 영위할 수 있도록 돕고, 가난의 굴레를 벗어나

---

[1] 1994년 4월부터 7월까지 3개월 동안 르완다의 다수족 '후투'(Hutus)가 소수족 '투치'(Tutsis)를 학살하면서 인구의 10%가 넘는 100만 명의 사람들이 학살되었고, 200만 명 이상이 난민이 발생 되었다.

지속 가능한 발전을 이룰 수 있도록 농업 교육과 양계 교육을 실시하여 소득 창출의 기반을 마련하며, 차세대의 교육을 지원함으로써 지역 사회를 발전시켜가기 위한 현지 리더십을 양성한다.

7) 환경 분석(상황 분석, environmental analysis)

(1) 내부 환경

① 주민 4천 2백여 명을 위한 지역 내 보건 및 의료 시설이 전무 하였고, 공공 수도시설이 마을 초입 부분에만 설치되어 있어 주민 대부분은 근처 무하지 호수 또는 샘에서 물을 길러 식수로 사용하고 있다. ('더멋진세상'이 의료 시설 및 식수 시설을 설치하기 전 상황)

② 지역 내 유치원에서 초, 중, 고등학교에 이르는 교육 시설이 미비하고, 과거 간헐적으로 일하는 부모들을 위해 셀 오피스의 일부분을 제공받아 미취학 아동을 위한 교육(ECD)이 이루어졌다고 한다.

③ 주민 대부분이 낮은 식량 생산 및 소득 수준으로 인해 만성적인 영양실조에 시달리며 의료 시설 미비 및 지역의료보험 미가입으로 인해 기본적인 의료 혜택을 받지 못하는 주민들이 대부분이다.

④ 낮은 문해율과 인종학살로 인한 트라우마의 후유증으로 생긴 주민 간의 불신과 의욕 상실로 인해 기본적인 삶의 필요와 현실 문제를 직시하고 그것을 해결해 나가고자 하는 의욕을 저하하고 있다.

(2) 외부 환경

① 외진 곳에 위치한 마을의 취약한 접근성 때문에 사회적 기반시설인 전기, 상수도, 학교, 보건소 등 기본적인 인프라가 갖추어지지 못했다.
② 정부의 강한 행정력을 기반으로 마을 주민들의 조합 결성과 단체 토의 문화는 발달되어 있어서 마을 발전을 위한 토의의 장이 잘 형성되는 장점이 있다.
③ 언덕 위에 형성된 마을을 둘러싸고 호수가 있어서, 전기만 공급된다면 농업 용수를 확보할 수 있는 유리한 조건을 가지고 있다.

응호망과 SWOT 분석		내부 환경	
		강점 (strengths)	약점 (weaknesses)
외부 환경	기회 (opportunities)	- 정부 주도로 주민들의 집단 토의 문화 발달 주민 자치위원회 결성 및 위원회별 마을 발전 토의 활발히 전개 - 기후가 살기에 쾌적하다	- 농사지을 땅이 있지만 고부가가치 작물이 없다. 농업 기술도 없다 - 마을 주변 호수를 가지고 있어서 농수 확보가 가능하다 - 상수도 라인이 매설되어 있어서 안정적 물 공급만 확보되면 식수 문제 해결 가능
	위협 (threats)	- 학교 시설은 미비하나 교육에 대한 열의가 있다. - 외부와 자전거를 이용하여 이동하지만, 농산물 같은 물품 이동을 위한 교통 수단이 없다 - 진입도로가 비포장이다	- 토양은 산성이 강하고 점질이 강해 유기물이 거의 살지 않아 농사짓기에 불리하다 - 식수, 보건, 전기, 주거 환경 열악 - 교육 시설 없고 교육수준 낮다 - 농업 교육을 받지 못했다

(3) 대상 마을 현황

① 위치: 수도 키갈리에서 동쪽으로 45km 떨어져 있으며, 인접 타운인 카랑가라 (Karangara)에서 5km 정도 떨어져 있음
② 인구

총인구: 4,182명(915가구) (2014년), 아동 인구 (5세미만)

지역	Kabuye	Karubisha	Nyagahanga	Ryamirenge	Bakannyi
인구 (2014년)	764	1,039	675	912	792
가구 수	143	235	153	200	184
아동 인구	82	178	137	137	131

③ 종교: 제칠일 안식교 30%, 가톨릭 49%, 기독교(오순절교회-ADEPR) 20%, 기타(무슬림, 구원파) 1%
④ 주거 형태

환기 여부: 창문이 나무로 되어있어 차양, 환기에 도움이 되지 못함

세면 시설: 세면, 욕실 없음, 가까운 냇가나 강가로 가야 함

화장실 변기 유무 상태와 청결 상태: 실내 화장실이 있는 집은 없으며, 실외에 화장실을 소유하고 있는 집들도 대부분 무방비 상태여서 위생, 냄새 등으로 말라리아 모기의 서식처가 됨.

(4) 식수

WASAC Ltd (Water and Sanitation Corporation Limited, 르완다 수도국)에서 연결된 급수탱크가 있지만 우기에는 주 4회, 건기에는 2주에 3회 정도밖에 오지 않아 대부분의 주민들이 용천수(spring water)에서 물을 길어다 먹음.

8) 기본 목표(goal)

(1) 의료 보건 사업

1994년 두 종족간의 내전으로 인한 100만 명 이상의 대학살 사건 이후 기존에 있던 상당한 의료 보건 시설과 인적 자원들이 상실되었다. 내전 이후 르완다 정부는 보건 체계를 재건하고 인적 자원을 충원하는데 노력하였으나 이는 대부분 도시들을 중심으로 이루어져 왔다. 대부분의 빈곤층이 거주하는 지방의 마을들은 의료 서비스에 접근하는 것이 매우 어려운 상황에 있다. 의료 인력 또한 부족하여 15,178명에 1명의 의사가 진료해야 하는 열악한 상황이다(2016년 르완다 보건부 자료).

① 보건지소 및 조산소 건립을 통해 의료 혜택을 받지 못하는 섹터네 12,000 주민에게 의료서비스를 제공한다.
② 임신수유부 및 영유아를 포함한 영양 취약층에게 적절한 영양을 공급하고 올바른 위생 습관과 건강 관리를 할 수 있도록 교육한다.
③ 지역 보건 관계자 및 주민 대상 보건/위생 교육, 임산수유부를 위한 산전/산후 교육, 취약 계층을 위한 치료비 및 의료비 보험

료를 지원한다.

④ 지역 리더십 대상 CHE 훈련을 통해 지역 주민이 주체가 되어 지역 사회를 총체적으로 변화시킬 수 있도록 돕는다.

(2) 교육 사역: 영유아 발달 교육 (Early Childhood Development, ECD) 프로그램

더멋진세상은 여성과 영유아 및 정규 교육 과정에서 소외된 사회적 취약 계층에게 (재)교육의 기회를 제공하므로 역량 강화에 힘쓰고 있다.

2015년 7월부터 웅호망과 마을의 저소득층 자녀(미취학 아동)를 대상으로 전인적 성장 발달에 요구되는 교육을 통해 올바른 가치관을 수립하고 차세대의 리더로 성장하도록 연령과 발달에 맞게 상급학교 진학을 위한 학습 준비도 향상 및 신체 및 정서 발달 교육, 영양지원 등의 통합적 교육프로그램을 제공하고 있다. 또한 교사 및 학부모 교육을 통해 주민 역량 강화 및 자립기반 마련에도 힘쓰고 있다.

이 같은 영육아 발달을 도모하는 교육을 통해 우리 '더멋진세상'은 다음과 같은 결과와 파급효과를 갖게 되었다. ECD 교육은 통합적 접근(Holistic Approach) 방법으로 실시되는 영유아 발달 교육프로그램으로 단순히 아동의 학업 성취도 향상만을 목표로 두는 것이 아니라 아동의 건강, 영양, 사회 정서적 발달까지를 고려하여 교육하므로 본 사업의 수혜 아동들에게 각 발달 단계에서 필요한 적절한 자극들을 제공하므로 아동이 신체적, 정신적, 인지적, 정서적인 모든 영역에서 건강하게 성장하도록 돕게 된다.

아울러 본 사업을 위해 건축된 ECD 센터는 아동의 교육, 안전 및 위생을 고려하여 설계되었을 뿐만 아니라 학부모 및 주민 교육을 위한 공간, 영양을 지원하기 위한 공간 등을 갖추어 지역 사회에 개방하므로 지역 주민들이 언제든 필요에 따라 활용할 수 있도록 지역 주민 역량 강화에 기여하게 된다.

(3) 농업 사업: Better Farmer School(농부학교) - 자연 농업/자연 양계 훈련 및 보급

전체 인구의 90%가 농업에 종사하고 있지만 열악한 인프라와 농업 기술에 대한 지식 부족으로 영농 규모가 영세하여 지역 주민의 40% 이상이 빈곤선 이하의 삶을 살고 있어 지역 사회가 주도하는 일관성 있고 체계적이며 지속 가능한 농촌 종합 개발 사업이 절실한 상황이다.

'더멋진세상'은 2015년부터 지역 주민들에게 농업 기술 훈련을 통한 농업 생산성 증대, 수확 후 곡물 관리, 역량 강화 및 설비 구축, 협동조합 조직을 통한 전문성 및 역량 극대화를 구축하는 것을 목표로 농업 사업을 진행해 오고 있다.

① 농업 훈련: 농업 전문성 확보를 통한 농가소득 증대 및 주민

역량 개발 강화를 위해 매년 5개 마을에서 각각 25~30명을 선발하여 작물 재배기술, 토양 및 비료 관리, 병충해 관리 등을 교육하고 있으며 농업 기술 교육 과정 중 우수 교육 이수자를 발굴하여 차기 농업 교육 지도자(Trainer)로 육성하고 있다.

② 자연 농법 적용: 자연 농법 방식의 퇴비 및 토착 미생물 활용 방법을 익히므로 토양 및 작물 개선에 이바지하며, 화학비료의 사용을 줄이므로 환경을 보존하고 기후 변화에 대응할 수 있도록 환경친화적인 농법 기술에 대한 지식과 실천 관행이 정착되도록 돕고 있다.

③ 육축 복합농업: 자연 농업을 활용한 양계사를 운영하며 여기서 나오는 분뇨를 활용하여 가축과 농업에 필요한 양질의 퇴비를 생산하도록 한다.

④ 시범 농장 운영: 농사법 및 인식제고 교육을 통해 본 사업의 수혜자인 옹호망과 지역의 농민들이 사업 지역의 주 경작물인 옥수수와 콩 외에 감자, 고구마 야채 등을 경작할 수 있는 기회를 제공하므로 소득 증대에 기여한다.

⑤ 협동조합: 본 사업은 자생적으로 구성된 자조 그룹 및 협동조합과 그 구성원들의 필요에 부합하고 르완다 정부 정책과 일치하는 목표와 활동들을 진행함으로써 사업 대상의 주인의식(Ownership)과 정부 정책과의 일치성(Alignment)을 확립하여 본 기관의 사업 종료 이후에도 조합과 정부가 지속적으로 사업을 진행, 관리해 갈 수 있는 기반을 마련하였다. 협동조합을 통해 더불어 살아가는 공동체의 삶을 경험해 나가도록 한다.

⑥ 주민 역량 강화: 본 사업은 추후 옥수수 건조장 및 곡물 창고,

소규모 관개시설 등의 농업 인프라 시설을 갖추어 지역 사회에 개방하므로 지역 주민들이 언제든 필요에 따라 공동으로 활용할 수 있도록 하므로 지역 주민 역량 강화에 기여하게 됨.

⑦ 농업 기반 영양 중재를 통한 지역 내 아동 및 임산수유부의 영양상태 개선: 만성 영양실조(stunting, 연령대비 저신장 아동)의 비율이 38%로 르완다가 MDG에서 유일하게 달성하지 못한 지표임을 감안할 때 만성 영양실조의 근본적인 원인인 영양 관련 인식 부재 및 적은 경작지 (50%의 인구가 0.5ha 이하)로 인한 낮은 농업 생산량과 높은 빈곤율은 농업 기반의 중재 사업을 통해 만성 영양실조 개선에 도움을 줄 수 있다.

(4) 교회 사역

① 마을에 있는 교회 중 매우 열악한 교회를 선택하여 교회를 건축할 수 있도록 교회 운영위원회에 요청
② 교인 스스로 교회 건축에 함께 할 수 있도록 유도
③ 교회 리더십들을 대상으로 CHE 교육 실시
④ 주일 학교 교사 훈련을 통하여 차세대 양육

9) 상세한 사업 계획(action plan): 실행 계획(executive plan, tactical plan)

분야 \ 년	1년 차 (2013)	2년 차 (2014)	3년 차 (2015)	4년 차 (2016)	5년 차 (2017)	6년 차 (2018)	7년 차 (2019)	8년 차 (2020)
보건	보건국과 MOU 체결	보건지소 건립 이동 클리닉	조산소 건립 이동클리닉 현지의료진 초청 연수	보건 교육 마마키트	위생교육 보건 인력 산모교육 마마키트 보급 지역의료 보험지원	보건지소 건립 지역 보건요원 교육 PD Hearth (영양개선프로그램) 아동질병통합관리 교육 Family Planning 마마키트 보급	보건소 건립	지역 보건요원 교육 PD Hearth (영양개선 프로그램) 아동질병 통합관리 교육 Family Planning 마마키트 보급
취약 계층/ 어린이 생명살리기 (Children Rescue Program)	극빈자 치료비 지원		극빈자 아동 영양지원 의료보험 지원	극빈자가정 청소년 장학금지원	저소득층 치료비 지원 영양지원	저소득층 치료비 지원 영양지원	저소득층 치료비 지원 영양지원	저소득층 치료비 지원 영양지원
식수		13개 식수탑 설치		우물 1개 설치	기존 우물 솔라펌프 및 식수탑보강	우물설치 식수탑 설치	우물설치 식수탑 설치	
교육			CLC 센터 운영, 성인 문해교육	ECD 센터 운영 CHE	ECD 센터 건립 CHE	ECD 센터운영 ECD 교사교육 CHE 교육 확대	ECD 센터 운영 ECD 교사 교육 확대 (르와마가나시 ECD 교사 대상)	가훈도 ECD 센터 오픈
농축산		양계장 건립	농업 학교 운영	농수시설, 시범재배	조합구성	시범 농장 설립 양계 훈련 농업 인프라: 옥수수 건조장, 곡물 창고 건립 조합원 교육 농업전문가 초청연수 Small-scale irrigation	자연 농업 교육 확대	자연 농업 교육 확대 주민 대상 양계사 및 소규모 농업 용수 저장시설 지원
주택 개량				모델 하우스 1동 건축		주택 개량 화장실 리모델링 사업	주택 개량 사업 확대	
기타							제노사이드 피해 가구 대상 워크샵 및 주택 개량 지원 교회 건축	

10) 기대 효과

(1) 보건 영역

보건지소/조산소 설립, 보건소 승격 지원 검토, 취약 계층(산모, 아동) 지원을 통한 건강 향상

(2) 교육 영역

영유아 발달 교육(ECD) 사역 모델화하여 르완다 타 지역 및 타 국가 영, 유아 교육 확산

(3) 환경 영역

환경 개선(주택/화장실)을 통한 삶의 질 향상 주택 개량을 통한 삶의 질 향상

(4) 농축업 영역

자연 농업 및 양계 교육을 통한 소득 증대 지원, 시범 농장 및 시범양계 구축으로 자립의식 고취와 소득 향상

(5) 복음 영역

① 아델페교회 건축과 교회 중심 사역을 통한 마을 복음화
② 아델페교회 주일 학교 교육 지원으로 차세대에게 비전 고취
③ 지속적인 아웃리치팀 방문으로 복음 전파
④ 성경 교육을 통한 영적 성장

⑤ 르완다 장로 교단 및 아델페 교단과의 양해각서 체결을 통해 지역 교회들을 통한 지역 개발 및 교회 리더십 훈련 등 지속적 협력

(6) 의식 변화 및 삶의 질 및 가치관 변화

① CHE를 통한 마을 공동체 의식 변화
② SDGs와 교육적 개발(교육, 보건, 환경, 농업)을 통한 의식 변화 유도
③ ECD를 통한 아이들과 학부모 기독교 가치관 교육
④ 환경 개선 (주택/화장실)을 통한 삶의 질 향상
⑤ 농업 학교와 시범 농장을 통한 자립의식 고취 및 소득 향상

11) 추진 활동(이행)

(1) 교육 사업

① 지역 사회 학습센터(Community Learning Center, CLC)
 - 사업 목적: 정규 교육 과정에서 소외된 사회적 취약 계층에게 제2의 교육기회 제공을 목적으로 2015년 7월 33명의 지역 아동 (3~6세) 대상으로 Early Childhood Development (ECD) Center 교육 시작
 - 활동 현황
  • 2015년 7월 미취학 아동 대상 ECD 프로그램 실시 (35명)

- 2015년 11월부터 학부모를 위한 보건 교육 및 지역 청소년 대상 태권도 교실 시작
- 2016년 8월 추가 교실 1동 신축, 9월 신입생 입학으로 65명 수업
- 가정방문(Home Visiting): 마을에서 선출한 5명의 care-giver들이 주 1회 각 마을의 가정방문 지원자(home visiting volunteer) 가정을 방문하여 (각, 그룹당 10~15명) 보건, 위생, 부모 교육 등 그 외 다양한 학습 활동들을 수행 (2018년 1월부터 실시 예정)

② 지역 주민 교육: 학부모 대상 보건 및 주민 인식 교육 실시
③ 영양 지원: 영양 결핍 아동 영양 키트(Kits) 지원
④ 장학 사업: 저소득층 가정 아동 학비 지원
⑤ 해외 연수 프로그램: 전주비전대학교 국제협력기술학과(아동복지학) 전문학사 과정 1명 수학 중 (2015.2~2018.2 - 메디아, 여)
⑥ 지역사회건강 전도(CHE) 교육
  - 르완다지부 스텝 대상 ToT 훈련실시: 2017년 11월
  - 가훈도마을 리더십 대상 CHE 세미나 실시: 2017년 12월
  - 르완다장로교단 목회장 대상 ToT 훈련실시: 2017년 12월
  - ECD 운영위원회 및 감독위원회 대상 CHE 세미나 실시: 2017년 12월
  - 무니기냐 섹터 리더십 대상 CHE 세미나 실시 예정: 2018년 1월

(2) 보건 사업

① 보건지소 & 조산소

- 무니기냐 보건지소 건축 (2014), 조산소 건축 (2015), 추가 입원 및 연구 병동 건축 (2019)를 통해 보건지소가 보건소로 승격이 되어 보다 많은 사람들에게 그리고 경제적, 지리적으로 의료서비스에서 소외 된 취약 계층에게 시 단위의 의료 서비스 제공
- 모자보건 환경 개선을 통한 여성 및 영유아의 건강 및 삶의 질 향상
- 보건소가 없는 섹터 내 5천여 명의 주민들에게 의료 혜택 제공
- 임신 및 출산으로 인한 사망률을 낮추고 지속적인 모자보건 사업 강화

② 보건 교육
 - 주민 대상 교육: 말라리아 예방 및 퇴치 교육
 - 지역 보건요원 역량 강화 교육: 지역 보건요원 및 지역 주민 대상 위생 교육 및 대안 생리대 만들기 세미나
 - 모자보건 교육: 임산부 및 영. 유아 건강과 영양 관리 교육

③ 환우치료지원
 재정적인 어려움으로 치료를 받지 못해 치료시기를 놓친 환우들을 선정하여 필요한 의료 조치 및 완치될 때까지 지속적인 치료를 받도록 후원(7명)

④ 의료보험지원(SFA-Sante for all) 사업
 가족 중 1명이라도 보험료를 내지 못하면 가족 전체가 의료 혜택을 받지 못하는 상황이기에 경제적 취약 계층에 속한 주민들에게 의료 서비스를 제공 받을 수 있도록 지역 의료보험료 지원
 - 1차 지원: 2015년 8월, 100명
 - 2차 지원: 2015년 11월, 205명

- 3차 지원: 2016년 8월, 500명
* 마을의 SFA를 받아야 할 경제적 취약 계층은 약 1,000여 명으로 추산

⑤ 해외의료연수 프로그램(International Medical Fellowship Program)

사업 목표: 우리나라의 선진 의료기술 공유를 통한 수원국의 보건 의료 부문 발전 모색과 한국의 보건 의료 분야의 발전 과정에서 축적된 경험과 기술을 전수함으로써 수원국 전문 의료 인력 역량 강화

- 1차 파견: 2015. 5.4~5.24 르와마가나 시립병원장, 간호사 1명, 르혼다 보건소장(총 3명, 서울아산병원)
- 2차 파견: 2015. 8.16~10.4 Rwanda Military Hospital 치과 의사 1명(서울아산병원)
- 3차 파견: 2016년 10월-12월 / 2명 아산병원, 샘병원(르완다시립병원, 장로 교단 추천)

⑥ 기타
- 모바일 클리닉(이동 진료) 실시: Mobile Clinic Outreach: 2013-2015
  • Partnership with Rwanda Military Hospital: 2013년-2014년까지 4회에 걸쳐 8,300여 명 진료
  • Partnership with Rwamagana District Hospital: 2015년 8월 17일-19일까지 1,471여 명 진료
- CMN 의료 아웃리치 (2014, 2015)

(3) 농축업 사업

농업 기술 보급을 통한 농업 생산성 향상으로 주민 역량 개발 및 생산 기반 마련을 통해 소득 증대를 목표로 사업추진

① 시범 양계: 2014년 8월 양계장 건립

사업 목표: 자연 농업 활용한 양계 기술 전수로 주민조합 주도 하에 수익 사업으로 확대하고 양계 사업을 통해 발생한 수익은 취약 계층의 보건 및 교육 사업에 활용함

현황
- 2014년 11월 병아리 200두 구입
- 2015년 4월 계란 생산 시작, 5월 계란 판매 시작, 7월 병아리 300두 추가 구입
- 2016년 8월 현재 150두 사육, 월평균 5,600개 판매
- 2017년 8월 자연 양계 훈련 시작 (1기)

② 농업 학교 (BFS: Better Farmer School)

- 사업 목표: 전통적 농업 방식과 현대적 기술을 접목하여 농가소득 증대를 위해 농업 지도자 육성
- 현황: 농업 교육 지도자 육성
  - 2015년 9월 BFS 1기 수업 시작, 2016년 1월 1기 수료식 (26명, 콩)
  - BFS 2기 (26명, 옥수수)
  - BFS 3기 (120명, 옥수수/콩)
  - BFS 4기 (125명, 옥수수)
  - 협동조합 조직

(4) 식수 사업

① 사업 목표
- 극심한 물 부족에 시달리는 마을 주민들에게 식수 및 생활용수 공급
- 깨끗하고 안전한 물에 대한 접근성 확보를 통해 지역 주민의 질병 예방 및 건강 증진 확대

② 현황
- 13개 워터포인트(Water Point) 급수탑 설치
- 우물 1기 완료
  * 2015년 9월 르와마가나 시로부터 우물 사업 승인
  * 11월 우물 운영을 위한 커뮤니티 모임
  * 11월 13일-15일 시추작업
  * 12월 18일-2016년 1월 6일까지 우물보호 시설 및 위생 시설 확충

12) 재정 소요 분석: 2017년 총 사업비 예산 $430,934

(1) 식수: $2,000 (기존 우물 및 워터 포인트 유지 보수)

(2) 보건: $21,108
  ① 보건소 $2,000 (유지 보수, 약품/ 기자재)
  ② 질병 예방 (지역 보건) $13,100 (위생 교육, 병충해 퇴치 사업, 구간 보건증진)

역량 강화 (인식 개선) $$6,008 (보건 인력, 위생&보건 자조 그룹, 캠페인 등)

(3) 취약 계층 지원: $12,140

아동 $4,600 (저소득층 의료비 지원)/ 산모 $7,540 (임산부 산모지원, 마마 키트, 영양지원)

(4) 농축업: $82,060

① 농업 $70,260 (농업 학교-BFS, 시범 농장 구축비)
② 양계 $11,800 (양계장 운영, 자연양계 훈련)

(5) 환경(건축): $72,000

① 모델하우스 $27,000 (BFS, 시범 농장 구축비)/ 교회 건축 $40,000
② 화장실 개량 $5,000

(6) 교육: $24,020

① ECD $17,180 (운영비)/ 성인 문해교실 $648
② 차세대 교육 $6,192 (태권도 교실, 청소년 축구 교실, 장학사업)

(7) CHE: $1,800

(8) 해외사업 연구비: $14,400 (마을리서치 등)

(9) 지부 운영비: $69,252 (인건비, 사무실 운영비, 숙소 임대료 등)

(10) 개발 사업비(ECD 교육 사업): $132,154 (ECD 센터 건축)

13) 평가(evaluation)

'더멋진세상'은 르완다 웅호망과 마을에 첫 사업으로 2013년 국제의료보건재단(KOFIH)과 파트너십을 이루어 이동 진료 사업을 전개했다. 무의촌 지역이었던 웅호망과 주민들은 그동안 아파도 참고 묵혀 두었던 질환들을 치료받는 기쁨을 누렸다. 다음 해에는 마을에 보건지소를 건축했고, 2015년에는 조산원을 개원하여 기본적인 의료 지원과 함께 더 이상 비포장 산길을 오토바이로 달려가서 출산해야 하는 어려움을 벗어나게 하였다.

이를 통해 주민들에게 보건 위생 교육, 산모 교육, 마마 키트 보급, 취약 계층 치료비 지원 및 의료보험료 지원, 지역 보건 요원 역량 강화 교육 등을 실시했다. 이 같은 노력의 결과로, 말라리아로 죽는 유아 사망률이나 임산부의 무지로 인해 유산되는 유아 사망률이 10% 이상 줄어드는 등 생명을 살리는 성과를 거두었다.

마을 보건 요원들에게 질병의 근본적인 원인을 창조, 타락, 구원(회복), 완성이라는 개념으로 설명하여 전인적 치료에까지 나아갈 수 있도록 CHE 훈련을 실시했다. 실제 보건 요원들이 주민들을 만나 활동할 때 복음의 개념을 기반으로 치유 활동을 전개하면서 조그마한 마을에 변화의 출발점이 되고 있다는 긍정적인 성과를 거두고 있다.

마을의 미취학 아동들의 전인적 발달을 위한 기독교 통합 교육의 하나로 시작된 ECD(Early Childhood Development) 프로그램은 마을의 아이들이 하나님 형상으로의 '회복'하도록 도왔다. 토기장이의 부드러운 진흙과도 같은 아이들은 처음 듣는 이야기나 가르침에 대해 의심치 않으며, 잘못을 쉽게 인정하고 사과하는 법을 어렵지 않게 배운다. 이러한 '부드러운' 마음 밭에 하나님의 말씀이 뿌려져 풍성한 성령의 열매가 맺히고, 르완다 땅의 회복의 통로가 될 것이다.

이제 불과 1년 반 남짓 지난 시점이지만, 아이들과 부모님들의 작은 변화들 속에서 이 회복의 소망을 엿볼 수 있다. 흙바닥 생활이 일상인 응호망과의 아이들이 ECD Center에 입학해 노란 유니폼을 입고 차례를 지켜 손을 씻고 신발을 챙겨 교실로 줄지어 가는 모습은 조용한 일상의 변화이다. 아이들은 매일 아침, 교실 한편에 옹기종기 모여 감사할 제목을 나누고 기도로 하루를 시작하면서 작은 것에 감사함을 배우고 있다.

책을 가져 본 일이 없는 아이들이 동화 이야기를 들으며 감성을 키우고, 색연필을 쥐어본 적 없던 아이들이 그림을 그리며 자신을 표현하고, 장난감을 가져본 일 없던 아이들이 함께 소꿉놀이도 하고 블록도 쌓으며 더불어 사는 법을 배워간다. 다양한 주제 학습을 통해 세상을 알아가고 발표, 표현하기를 통해 소통하는 법도 배운다. 예체능의 다양한 활동을 통해 몸과 마음을 자유로이 표현하는 것도 배워가고 있다.

이러한 배움을 통한 아이들의 변화를 가장 먼저 접하고 영향받는 것은 그들의 부모님과 형제자매들이다. 식사를 준비하는 엄마에게 건강한 음식에 대해 설명해드리거나, 가족들에게 손 씻기와 식사 예절을 강조하고, 초등학교에 다니는 형제자매에게 수리와 영어, 노래 등을 가르치기도 한다. 동시에, 아이들은 이제 가족과 친구들 사이에서 변화의 통로가 되어 가정과 커뮤니티에 작은 영향을 일으키고 있음을 본다.

예를 들어, 음식, 물건 모든 것이 귀한 이곳이지만, ECD Center 아이들은 친구들과 형제자매에게 '우리는 서로 사랑해야 하고, 그러니까 서로 나눠야 해'하며 나눔을 실천하기도 하고, 화를 잘 내던 아이가 "엄마, 난 지금 화가 나지만, 화내지 않고 말로 표현하고 있어요."라는 말로 엄마를 놀라게 하기도 하며, "저 아이가 저리 철든 것을 보니 그곳에서 하는 일은 '하나님의 일'이네요!"라며 전해오는 마을 주민의 이야기들은 보람을 넘어, 이곳의 작은 변화 하나하나가 오직 하나님의 일하심임을 깨달아 감사와 성실로 섬기는 마음을 새롭게 한다.

아이들의 이러한 변화들에도 불구하고, 아이들이 절대적인 시간을 보내는 곳은 바로 가정임을 생각할 때, 부모와 함께 가지 않는 아동 교육은 생각할 수 없다. 따라서 ECD 교육은 학부모 교육과 주민 역량 강화 프로그램을 함께 포함하고 있다. 우선 ECD센터 학부모님들은 매월 정기모임을 갖고, 삶으로 가르치는 부모야말로 가장 훌륭한 교사라는 인식을 바탕으로 정체성 찾기, 부부와 부모의 역할, 건강한 가정 세우기, 가정위기 극복 등의 부모 교육과 위생과 건강에 관한 교육을 병행하고 있다.

그 결과, 이곳 마을에 흔한 아버지의 가정 폭력이 선생님과의 상담으로 끊어지거나, 어머니를 때리는 아버지를 향해 아내를 때리는 것은 '죄'라고 외치는 ECD 자녀의 말이 부끄러운 아버지가 폭력을 그쳤다는 이야기, 교회를 떠났던 ECD 어머니가 부모 정기모임을 통해 말씀을 듣고 다시 교회에 다니게 되셨다는 소식, 혹은 동네 아이들끼리 놀 때 다툼이 일어날 때면 중재자의 역할을 한다는 ECD 아동들의 소문들은 이곳 교육 사역의 소망을 보게 하는 희망의 소식들이다.

교사들은 매주 드리는 예배와 말씀 나눔을 통해, 하나님의 아름다우신 성품을 배워 가고 있다. 그리고 교사를 하면서 얻게 된 배움으로 인해 삶의 질서가 잡히고 타인을 존중하고 사랑으로 협력하는 것을 배우게 되었다는 고백을 들을 때면, 이 배움이 교사들을 통해 지속적으로 흘러가 아이들과 그들의 가정이 사랑으로 회복되기를 간절히 기도하게 된다.

외형적인 척박함 외에 가정 폭력, 이혼, 별거, 미혼모, 성 문란 등의 응호망과 마을 현실을 알아 갈수록 아이들의 교육은 부모와 가정의 회복과 더불어 가야 함을 절감하게 한다. 이를 위해 현지에 꼭 필요한 응호망과 주민 대상 프로그램을 세워나가고 있는 중에 있다.

하루 한 끼도 겨우 해결하는 일일 소득 2달러 미만의 가난한 응호망과 주민들에게는 무엇보다 소득 증대가 절대적으로 필요하다. 농업 국가인 이곳에서 마을 주민들을 중심으로 Better Farmer School(농부학교)을 실시하여 자연 농업을 활용한 농사와 양계 및 협동조합 운영에 관한 교육을 실시하고 있다.

자연 농법이란 많은 소출을 위하여 인간이 개발하여 사용해온 여러 인위적인 요소들을 가미하지 않은 하나님의 창조 원리에 순응하여 자연의 법칙대로 하는 농업을 말한다. 그 지역의 토착 미생물이나 효소, 천혜 녹즙, 한방 영양제, 퇴비 등을 사용해서 토양의 이화학적 성질을 원래 자연의 상태로 회복해서 작물을 건강하게 키우는 농법이다.

가축도 이와 같은 자연의 방법으로 함께 길러서 양질의 가축과 농업에 필요한 양질의 퇴비를 생산하는 자연 농업을 사용함으로 르완다의 독특한 지형적 제약을 극복하고 전통적인 농법을 넘어 이전보다는 현저히 더 풍성한 삶을 살아갈 수 있도록 시범 농장 운영을 통해 격려하고 있다.

2. 네팔 고레다라(Gore dara) 마을 조성 사업의 전략 기획 과정

1) 수립 과정

2015년 4월 25일 리히터 규모 7.8의 강진이 네팔을 강타했다. 3주 후 규모 7.3의 2차 지진이 찾아왔고, 두 차례의 지진으로 9천여 명이 목숨을 잃었고 사망, 부상, 가옥 붕괴 등 피해를 본 인구가 800만 명에 이르렀다.

이에 2015년 5월 4일 Better World는 고르카 지역의 고레다라가 마을의 긴급 구호작업을 시행하였다. 그러던 중 고레다라가 마을의 피해가 매우 심하며, 또한 천민 지역이라 원래부터 환경이 낙후된 것을 알게 되었다. 마을은 326명의 주민으로 독립된 공동체를 구성하고 있어 더멋진마을로 선정하여 개발하기로 하였다.

2) 기획 과정 계획(planning plan process)

'더멋진세상'이 사업 예정지로 선정한 고르카 군의 산간마을 고레다라의 경우, 진원지로부터 20km 정도 근거리에 위치하고 있으며, 해발 1,300m의 산 정상에 위치한 마을로, 가옥의 구조가 목조 틀에 흙과 돌을 쌓아 벽을 설치한 연약한 형태이기 때문에 강진에 의해 완파나 반파

등 피해가 컸다.

또한 조그마한 흔들림에도 반파된 주택이 무너질 우려가 있기 때문에 주민들은 임시 가옥을 설치하여 거주하고 있다. 날씨가 점점 추워지면서 주민들은 집을 지을 경비가 없어 추위와 싸우고 있는 현실이다.

고레다라 마을의 위치가 해발 1,300m 고지이고, 가장 가까운 시장이 도보로 약 2시간 걸어 내려간 후, 버스로 2시간 이동해야 도달하는 거리에 위치하고 있어 지원과 복구가 어려운 실정이다.

피해지역 및 사업 수행 예정 지역인 고레다라의 이재민 수는 82가구 325명 (남자 157명, 여자 168명) 이며, 이중 아동은 150명, 취약 연령(노인과 혼자 사는 부녀자) 수도 13명이다.

지진이 발생한 2015년 5월 긴급 구호 활동을 할 당시, 고레다라 마을을 방문하여 식량과 담요 그리고 지붕을 세울 함석을 82가구 모두에게 지급하고 돌아왔다. 하지만 그 후 6개월여가 지난 2015년 11월 말, 고레다라 마을을 다시 방문하였을 때 살펴보니, 주민들은 정부로부터의 아무런 지원을 받지 못하고, 여전히 무너진 가옥의 처리나 조치가 없이 임시 가옥으로만 7개월을 생활하고 있었다. 그들은 더 이상 정부로부터의 지원은 기대도 하지 않고, 기대한다 하더라도 언제 지원될지 알 수 없는 상황이었다.

(1) 조사 방법

　① 1차 현지 방문 조사
　　- 일시: 2015년 8월 9일~ 8월 16일
　　- 조사 인원: 네팔 지부 단원 (주승환), 현지인 (사두람, 람 바하둘)

- 조사 도구 : 전수 조사 (가옥 붕괴 정도를 사진 찍고 주민과 인터뷰)

② 2차 인터뷰 조사 (한국 초청 교육을 통한 현재 상황 조사)

- 일시: 2015년 9월 21일 ~ 10월 2일
- 조사 인원 : 더멋진세상 농업전문가 (박대호, 현지인 2명)
- 조사 도구 : 마을 생활상 설문 조사 및 경제 상황 파악 등

③ 3차 현지 방문 조사

- 일시: 2015년 11월 24일 ~ 12월 2일
- 조사 인원: 박일구 건축 감독
- 조사 도구: 현지 직접 조사
- 조사 내용:
  - 건축 자재 수요 및 자재 수급 계획, 가격, 수급처, 가옥의 건축 방법, 설계
  - 관공서와의 협의 (군청/교육청)
  - 주민 동원 가능 여부

④ 4차 현지 방문 조사

- 일시: 2016년 2월 1일~2월 5일
- 조사 인원: 최진혁 PM
- 조사 도구: 현지 직접 조사
- 조사 내용:
  - 군청 DDRC(district disaster risk committee): 군재난구호위원회): LDO (지역 개발 담당관), DE (건축담당관) 미팅
  - 교육청 방문: 교육책임자 미팅 (Hari Ayal DEO, Gorkha/ 98414789 44)
  - 마을 리더십, 학교 리더십 미팅

(2) 조사 기간, 조사 도구

① 현지 조사는 2015년 8월 9일부터 16일까지 7일간 가가호호를 방문하여 조사함
② 인터뷰에 의한 조사는 2015년 9월 21일부터 10월 2일까지 현지 주민을 한국으로 초빙하여 안성농장(CHE 및 유기농 실습)에서 농업과 의식 교육을 실시하던 과정 중 설문 조사

(3) 조사 내용

① 가옥의 파손 상태
② 가구의 구성원과 남녀
③ 가구의 토지 보유 상태, 다른 곳의 땅 소유 여부
④ 작물 재배 현황 및 경제생활 상태
⑤ 주민 자치위원회의 구성과 역할
⑥ 교육 시설 및 자녀 교육
⑦ 보건 위생 현황
⑧ 건축 자재 수요 및 자재 수급 계획, 가격, 수급처, 가옥의 건축 방법, 설계
⑨ 관공서와의 협의(군청/ 교육청)
⑩ 주민 동원 및 협력 가능 여부

(4) 조사 결과 및 특이사항

① 경제 상황

가구의 경제생활에서 수입은 가게운영과 양계로 닭을 파는 일과 자급자족을 위한 옥수수 및 작물의 재배가 전부이다. 수입은 한 달에 $110 정도이다. 생활비는 음식과 아이들 교육, 약, 병원 치료, 휴대전화, 전기세, 옷, 수도요금, 의료 보험비 등으로, 한 달에 $300 정도이다. 따라서 수익에 비해 지출이 높아 항상 어려운 살림을 이어가며, 가족 중 학비나 의료비의 지출이 생기는 경우 대출을 받는다. 이곳의 이자는 25%의 고금리로, 채무가 증가하고 있다.

② 특이사항

고레다라 지역은 고르카의 다른 지역에 비해 심히 열악한 환경과 의식 수준을 가지고 있고 네팔의 신분 계급 중 낮은 계급에 속하는 주민들로 구성되어 있어 정부의 지원을 받기가 더욱 어렵다. 또한 외부와의 접근성이 떨어지기 때문에 지원과 복구에 대해서 체념한 상황이다. 이런 주민들에게 긴급 구호는 그들에게 희망을 주었고, '더멋진세상'을 통한 마을 개발의 가능성은 주민들 사이에 자립과 재활의 가능성에 대한 기대를 키워주었다. 특히 지난해 9월 한국을 방문한 마을 리더십 두 명은 마을 주민들에게 미래의 발전 가능성을 더욱 확실하게 각인시켜주는 효과가 있었다. 따라서 고레다라 마을은 주민들이 자발적으로 참여하여 황폐한 자신들의 마을을 스스로 복구하고, 더멋진 마을로 만들어 보겠다는 의지와 바람으로 가득한 상태다. 이러한 준비된 마을 주민들의 자세는 지난 5월과 11월 두 차례 방문한 결과 더욱 확실하게 알 수 있었다.

3) 의견수렴 과정(consensus process)

주택 공사 전, 후 3차례 사업설명회 및 기술 교육을 통하여 주택의 구조, 디자인, 자재 등을 설명하고 유지보수에 대한 교육을 실시하였다. 2016년은 조기 복구 단계의 사업이었고 2017은 좀 더 마을이 주인의식을 갖고 자체 사업을 선정, 이를 실천할 계획을 마을이 작성하여 추진하되 자신들이 할 수 없는 영역을 BW에 건의하면 이를 검토 후 지원하기로 2017년 2월 마을 리더십 모임에서 상의하였다.

주민 주택 건축과 내부도로&상수도 공사에 대한 설문지를 통해 30채 주민 전체 전수 조사를 실시하였으며 이를 바탕으로 고레다라 마을 중장기 계획 수립에 반영하였다.

4) 핵심가치(core value) 설정

'더멋진세상'은 사랑(Love), 섬김(Serve), 희망(Hope) 세 가지 핵심 가치를 가지고 있다. 우리가 받은 하나님의 사랑(Love)을 어려운 이웃들에게 나누어주고, 이 땅에 찾아오신 예수님의 성육신을 본받아 낮은 곳으로 나아가 그들을 섬기며(Serve), 어려움과 절망 가운데 있는 이웃들에게 삶의 기반을 마련해주고 차세대를 교육함으로써 미래를 향한 희망(Hope)을 심어주기 위한 사역을 전개하고 있다.

따라서 고레다라 마을의 주민들에게 사랑의 마음으로 다가가 1차로 조기 복구 사업(주택, 보건과 식수 교육 학교, 내부도로 및 상수도 개선)을 전개하며 점차 더멋진마을 사역으로 낮은 자세로 그들을 섬기고 농업 기술을 전수해, 안정된 삶의 기반을 제공하고 미래를 꿈꿀 수 있도록 아이들을 지원함으로써 이들이 미래에 대한 소망을 품고 살아가도록 돕는다.

5) 사명(mission)에 대한 진술

가난과 질병, 재난으로 고통당하는 지구촌 이웃들을 찾아가 인종과 이념, 정치, 종교, 지역의 장벽을 넘어 전문적이고 체계적인 도움을 제공하고, 나눔과 섬김의 실천을 통해 지역 사회에 정의와 화해를 이루어 더멋진세상을 만들어간다. 이러한 사명에 따라 '더멋진세상'은 고레다라 마을에서 더멋진마을 조성 사업을 전개하며 마을 주민들이 지진으로 받은 트라우마를 극복하고 마을발전위원회와 현지 교회를 통해 마을의 발전을 도모해나가도록 돕는다.

6) 목적(purpose)

(1) 목표(goal/overall objectives): 고레다라 마을의 주거 및 학교 복구, 마을 내부도로 개선을 통하여 주민들이 일상으로 조기 복귀하게 한다. 농업 기술과 소외된 여성 지원을 통해 자립할 수 있는 마을을 만들어간다.

(2) 목적(기대 효과) (purpose/ outcome)

① 지진으로 파손된 주거 복구를 통해 이재민들의 일상 복귀 지원
② 초등학교 재건하여 교육 정상화 도모

③ 마을 내부도로 개선으로 주민들의 접근성, 이동성 향상
④ CHE 교육을 통한 마을 공동체 의식 변화
⑤ 농업 교육을 통한 소득 수준 정상화
⑥ 여성 위생 교육을 통한 질병 예방
⑦ 교회 건축과 교회 중심 사역을 통한 마을 복음 전파
⑧ 지속적인 아웃리치팀 방문으로 '거룩한 충격'(Holy Impact) 야기 함
⑨ 고르카 목회자 대상 BEE 교육, 영적 성장과 연합

7) 환경 분석(상황 분석, environmental analysis)

(1) 내부 환경

① 주거 상황: 주민 325명의 82채 가옥은 전수 조사로 모두 붕괴되었음을 확인했고, 복구된 가옥은 한 채도 없다. 붕괴된 82채 중 잔재를 치워서 복구 중인 가옥도 없음. 가옥들이 1,300m 높이의 산 능선을 따라 지어져 있기 때문에 무너진 건물의 잔재를 옮길 곳이 마땅치 않는 점도 있고, 기존 주택이 있는 곳 외에는 다시 집을 세울 경비와 공간이 없기 때문에 어려움이 더 크다. 현재 주민들은 무너진 건물의 잔해를 치우고, 그 땅에 다시 집을 세우기 원하고 있다.

② 학교 현황: 기존 초등학교가 완파되어 학교로서의 기능이 마비되었다. 4개의 교실과 1개의 교무실을 가진 건물이었다. 현재 기존 건물 옆 공터에 함석으로 임시 학교를 만들어 운영 중이다.

③ 주민 의식: 고산 지대이고 경사가 심해 농사짓기도 어려운 곳이다 보니, 겨우 옥수수를 심어 자급자족하는 실정이다. 따라서 주민들의 의식도 뭔가를 새롭게 시도하고 성취하며 이루려 하기 보다는, 주어진 상황에서 자급자족하는 낙천적 성향을 가지고 있다. 따라서 추가 비용이 들어 가옥 건축은 엄두를 내지 못하고, 채무도 발생하기 때문에 피해를 입은 상태로 버티고 있다.

④ 소득 및 작물 현황: 고레다라 주민의 월평균 수입은 $110이지만 지출이 더 많아 채무가 있는 가구가 대부분을 차지하고 있다. 주요 수입원은 양계 및 염소 등 가축을 파는 것으로 인한 수입과 상점을 운영하는 사람들의 수입이 전부이다. 나머지는 옥수수 재배로 자급자족하는 가구들이 대부분이다. 따라서 젊은 이들은 마을을 떠나 인도나 다른 국가로 나가 돈을 벌어 오는 경우가 많다. 작물은 옥수수가 주요작물이고, 바나나를 심는 경우도 있으나 이는 자급자족을 위한 것이며 수익 작물을 재배하는 가구는 거의 없다.

(2) 외부 환경

① 접근성: 해발 1,300m의 산 정상에 위치하고, 접근 도로가 없어서 외부 왕래와 물자 운송에 어려움이 있음. 외부와 교류가 빈번하기보다는 꼭 필요한 교류만 이루어지는 형편임.

② 사회기반 시설: 대부분의 사회기반 시설이 마련되지 못한 상황임. 보건지소가 없어서 기초 의료 혜택을 받기에 어려움이 있

고, 상수도 시설이 마련되지 않아서 마을 공동 취수터에서 물을 길러야 함. 빨래와 화장실 이용에 어려움이 있음. 농사를 주업으로 살아가지만 농작물 보관 창고도 없고, 탈곡할 수 있는 정미소도 없기 때문에 재래식 방법을 유지한 채 효율성이 현저히 떨어지는 생활을 하고 있음. 전기가 공급되기 때문에 전등이 설치되어 있지만, 정전되는 때가 많기 때문에 사용이 불안정함. 통신은 신호가 미약하지만 가능함.

③ 용적 면적: 산능성을 따라 형성된 마을은 주택부지도 부족한 형편이기 때문에 마을 주민들이 함께 모여 이용할 수 있는 공간이 절대 부족한 상황.

④ 행정력 취약: 도로 인근 마을에 비해 행정력이 미치지 못하는 단점이 있음. 지난 2015년 지진 이후 긴급 구호 상황에서도 '더멋진세상'이 오기 전까지 구호의 손길이 이 마을에는 미치지 못했음.

(3) 대상 마을 현황

① 위치: 네팔 중부 고르카 District 스리나꼿 VDC 3리 고레다라 마을(카트만두 북서쪽 약 140km) Goredanda, Srinathkot, Gorkha district, Nepal

② 총인구: 총 325명(82가구)으로 남자 157명, 여자 168명, 아동 60여명 임

③ 소득, 직업 : 월평균 소득: $110. 지출 > 수입 의 구조로 채무가 있는 가정이 대부분임

④ 직업: 농업 80%, 외지 근무 20%, 소수 가게 운영

⑤ 생계 수단: 옥수수, 수수 피 재배 / 가축 판매

⑥ 땅 소유주: 주민 모두 개인 소유

⑦ 국가 종교: 힌두교(86%), 불교(8%), 이슬람교(4%), 기독교(2%)

⑧ 주거 형태: 해발 1300미터의 고산 지대로 지진 전 가정집은 돌과 흙으로 된 집, 부엌과 세면 시설은 모두 외부에 있으며, 화장실은 대부분 없음

⑨ 전기: 현재 가정용 전기가 들어오며 사용료를 지불하고 있으며 농업용 전기는 무료로 사용함

⑩ 식수, 생활용수: 마을 위 식수 탱크에서 각 파이프로 가정에 연결되어 있으나 청소 및 관리가 필요함

8) 기본 방향

① CHE 사역을 통해 주민발전위원회 역량 강화

② 현지 NGO와 협력하여 진행(네팔법)

③ 현지 교회와 협력하여 진행

④ 긴급 구호, 조기 복구 사업 후 더멋진마을 사역으로 발전

9) 상세한 사업 계획(action plan): 실행 계획(executive plan, tactical plan)

분야\년	1년 차(2016)	2년 차(2017)	3년 차(2018)	4년 차(2019)
건축	주택 69채 81가구 완공	정미소 1동 건축 예정	*연 2-3회 마을 운영위원회 미팅 및 모니터링	이양
	학교 2동 및 화장실 완공			
	교회 1동 및 화장실 완공	화장실 45채 건축		
	수도꼭지 30개 도로 600m 상수도 1100m			
보건		마을 주민 306명 대상 의료 사역 완료		
교육	건축기술 교육 완료	CHE 기본교육 7명 완료 여성 CHE(위생교육)		
영성개발	-	어린이 CAMP(아웃리치) 현지 목회자 BEE 교육 교회찬양팀 구성 (쁘렘콰이어)	아웃리치 주일 학교 건축	아웃리치

10) 기대 효과

① 교육 영역
 - 학교 재건으로 통한 교육 정상화
 - CHE 교육을 통한 마을 공동체 의식 변화
 - 농업 교육을 통한 소득 수준 정상화
 - 여성 위생 교육 및 재봉 훈련을 통한 질병 예방

② 환경 영역
 - 주택 재건을 통한 주민들의 일상생활 복귀
 - 화장실 건축을 통한 위생 문제 해결
 - 마을 내부도로, 상수도 공사를 통한 삶의 질 향상 (만족도 설문 조사 참조)
 - 정미소 건축으로 편리한 곡식 분쇄 및 먹거리 증가

③ 농축업 영역
 - 자연 농업 기술 전수를 통해 기존 작물(옥수수, 수수)을 탈피하여 마을에 가정 적합한 곡물을 선정하여 종자 대출(페이백, 마을 발전위원금으로 조성)을 통해 소득 증대 추진
 - 정미소 건축으로 편리한 곡식 분쇄 및 먹거리 생산
 - 시범 농장 구축으로 소득 증대

④ 복음 영역
 - 교회 건축과 교회 중심 사역을 통한 마을 복음화
 - 은혜교회 찬양팀(쁘렘콰이어) 결성으로 차세대 복음 증진
 - 지속적인 아웃리치팀 방문으로 '거룩한 충격'(Holy Impact)을 가져옴

- 2018 주일 학교 건축을 통한 차세대 영적 관리
- 고르카 목회자 대상 BEE 교육, 영적 성장과 연합

11) 추진 활동

(1) 긴급 구호

① 2015년 5월 긴급 구호팀 파견 1,276명 진료
② 2015년 6월 76가구와 학교 함석 제공
③ 2015년 9월 마을 리더 한국 초청 교육
④ 2015년 11월 붕괴교회 3곳 신축

(2) 1차 년도 (2016)

① 2016년 3월 사두람, 허리 목사 주택 건축
② 2016년 3월 25일 현지 어누그라 NGO 와 MOU 체결
③ 2016년 4월 사회복지공동모금회 조기 복구 사업 시작: 학교와 화장실/ 마을 내부도로와 상수도, 주택 81가구, 교회 등 건축

<조기 복구 사업: 사회복지공동모금회 지원 사업 사례>

	사업성과 요약			
	예상 결과	실제 결과	달성도	성취 여부에 대한 설명(예상 대비 실제 성취가 다른 이유 포함)
사업 목표 (goal)	고레다라 마을의 주거 및 학교 복구, 마을 내부도로 개선을 통하여 주민들이 일상으로 조기 복귀하게 한다.	네팔 고레다라 마을 주거 및 학교 복구, 마을 내부도로 개선 완료로 주민들 일상으로 조기복귀 시킴.	*예상대로 달성	주택 30채, 초등학교 1개소 2동과 화장실, 내부도로 & 상수도 건축 및 개선을 완료함
사업 목적 (outcome)	1. 지진으로 파손된 주거 복구를 통해 이재민들의 일상 복귀 지원 -재건된 주택 거주율 목표 100% 2. 초등학교 재건하여 교육 정상화 도모 -재건된 학교에서 수업받는 학생 수 목표 40명 3. 마을 내부도로 개선으로 주민들의 접근성, 이동성 향상 -안전점검 -완공시설에 대한 주민만족도 목표 80%	1. 주택 재건으로 이재민들 일상 복귀 완료 함. 2. 초등학교 2동 재건으로 교육 정상화 시킴 3. 마을 내부도로 개선 완료하여 접근성, 이동성 향상시킴	*예상대로 달성	1. 지진 이후 돌과 흙, 양철지붕으로 만든 임시 가옥에서 재건주택으로 거주하여 일상복귀를 하게 함: 재건된 주택 거주율 100% 2. 임시 양철 초등학교에서 새로 지은 학교로 들어와 교육 정상화를 이룸: 재건된 학교에서 수업받는 학생 수 41명(102%) 안전점검 실시 3. 도로 자체가 전혀 없는 마을에서 진입로 및 내부도로가 신설되어 주민들의 접근성, 이동성을 향상시킴 - 전체 완공시설 주민만족도 88% (만족 이상)
산출물 (output) 산출물1	1.1 파손된 마을 주택 30채 재건 및 주민 대상 건축 기술 교육 실시 -기술 교육 참가자: 목표 30명, 교육이해도 80%	30채 재건 완료, 주민 대상 건축기술 교육 3회 실시함.	*예상대로 달성	사업 전 사업설명회와 기술 교육(총 3회)을 통해 사업 이해와 유지보수 등을 할 수 있게 교육 함: 기술 교육 참가자 200명, 교육이해도 97% (보통이상)
산출물2	2.1 고레다라 마을 초등학교 1개소, 화장실 1동 재건	고레다라 마을 1개소 화장실 1동 재건함	*예상대로 달성	- 100% 건축 완료
산출물3	마을 내부도로 개선	마을 내부도로 개선함.	*예상대로 달성	* 초기계획 600m 이외에 도로 개선을 하였고 우기로 인한 도로 손실로 계속해서 여러 곳을 개선해야만 했다. 100% 개선 완료

세부 활동 (Activities)	1.1.1 주민 주택 30채 재건 (총 69채, 81가구) : 지원금 30채 + 자체사업 39채) *총 69채, 81가구 - 싱글 58채(58가구)/ 복합 11채 (23가구) 건축 1.1.2 주민 대상 주택 건축 기술 교육실시(3차) 1차 사업 초기 주민설명회 2차: 퍼티 및 페인트 작업 관련 교육 3차: 유지 보수 관련 교육	1. 주택 30채 재건 완료함 주민 건축기술 교육 3회 시행 완료함.		1. 네팔 정부의 건축승인이 4월 9일 남에 다라 사전 자재준비를 하고 4월부터 건축하여 10월에 건축을 완료함 바닥(측량/굴토)→기둥→지붕→벽체 순으로 단계별 건축 진행함
	2.1.1 학교건물 2동 재건 (교실 5칸/교무실 1칸) 2.1.2 학교 화장실 1동 재건 (상동)	2. 학교건물 2동 건축완료함. 화장실 1동 건축 완료함	*예상대로 달성	2. 학교는 교육청 허가가 3월 13일에 남으로 4월부터 건축하여 9월에 건축을 완료함
	3.1.1 마을 내부도로 개선 공사 *학교~보건소구간 600m -도로공사에 따른 상수도 공사 * 수도라인 1100m 개보수 - 50-400m (집수정~아스마야 집 근처 파이프가 나눠지는 곳까지) - 35-300m (런바둘 머주꾸띠 - 교회, 케사르 바셀 집 까지) - 20-400m (수도꼭지 설치라인) * 수도꼭지 30개 설치	3. 마을 내부도로 완공함. (600m/ 마을입구에서 집수정) * 자체자금으로 마을입구 진입로 도로와 마을입구에서 베이스 도로 완공함 상수도 라인 1,100m 개보수 완료함. * 수도꼭지 30개 설치 완료함.		3. 마을 내부도로는 3월-4월 완료하였고 트랙터 운행 시 땅이 패여 파이프가 노출되어 상수도 공사는 9월에 실시 완료함

(3) 2차 년도 (2017)

① 환경 개선: 화장실 신축 (71개), 정미소 1동 건축

② 보건: 마을주민 306명 대상 의료 진료

③ 교육: CHE 기본교육 7명 완료, 여성 CHE(위생교육, 재봉교실-속옷 만들기)

현지목회자 BEE 교육, 교회찬양팀 구성

12) 재정 소요 분석: 2016 조기 복구 사업의 예산 소요 분석

사회복지 공동모금회	사업비	인건비	22,500,000원 (4명*10개월)
		주택	123,000,000원 (30채)
		학교	32,682,500원
		학교 화장실	6,212,500원
		내부도로	7,230,000원
	관리운영비		8,375,000원
소계			200,000,000원
더멋진세상	주택 (39채)		단독-117,600,000 (28가구*420만원) 복합- 80,336,566 (11채 23가구)
	주택 30채 추가금		3,000,000원
	교회		20,000,000원
	초기구축비		46,369,230원 (베이스숙소, 항공비, 오토바이 등)
	Base 운영비		28,750,000원 (10개월) ($2,300*10개월/교통비, 생활비, 숙박비, 식비, 사두람 후원비 등)
	기타 비용 & 예비비		33,880,770원 (10개월) (땅구입비, 내부도로추가, 밀머신, 임시교회 보수, M&R, 기자재비 등)
소계			329,936,566 원
총계			526,936,566 원

13) 평가(evaluation)

복음화율 2%인 힌두교 국가인 네팔의 해발 1300미터에 위치한 산간 마을 고레다라는 진도 7.8 지진으로 마을 전체가 무너져 버렸다. 선교사 한 가정과 대학에서 건축을 전공하고 막 졸업한 한 형제가 그곳의 복구를 위해 들어갔고, 그들은 제일 먼저 무너진 교회부터 복구하고, 교회를 마을 복구를 위한 베이스캠프와 마을 리더십들이 모여 마을의 재건을 넘어 자립의 기초를 다지는 공간으로 활용하도록 했다.

약 1여 년 동안, 폐허였던 고레다라는 71채의 새집과 학교, 마을 내부 도로 및 상수도 개선 등 마을의 위생과 여성들의 삶의 질을 개선하기 위한 노력으로 마을 전체가 절망으로부터 희망이 가득한 공간으로 변해 갔다.

현재 '더멋진세상'은 다양한 작물 재배법에 대한 농업 교육, CHE를 통한 마을 공동체 의식 변화와 여성 위생 상태 개선 및 질병 예방을 위한 교육으로 여성들이 스스로 속옷과 생리대를 직접 제작 사용할 수 있도록 하는 한편, 제분소를 만들어 주민들이 스스로 관리 운영할 수 있도록 했다. 또한 방치된 아이들이 교회를 중심으로 복음을 들으며 교육을 받을 수 있도록 하였다.

복음화율 2%인 힌두교 국가인 네팔의 해발 1300미터에 위치한 산간 마을 고레다라는 진도 7.8 지진으로 마을 전체가 무너져 버렸다. 선교사 한 가정과 대학에서 건축을 전공하고 막 졸업한 한 형제가 그곳의 복구를 위해 들어갔고, 그들은 제일 먼저 무너진 교회부터 복구하고, 교회를 마을 복구를 위한 베이스캠프와 마을 리더들이 모여 마을의 재건을 넘어 자립의 기초를 다지는 공간으로 활용하도록 했다.

약 1여 년 동안 폐허였던 고레다라는 71채의 새집과 학교, 마을 내부 도로 및 상수도 개선 등 마을의 위생과 여성들의 삶의 질을 개선하기 위한 노력으로 마을 전체가 절망으로부터 희망이 가득한 공간으로 변해 갔다.

현재 '더멋진세상'은 다양한 작물 재배법에 대한 농업 교육, CHE를 통한 마을 공동체 의식 변화와 여성 위생 상태 개선 및 질병 예방을 위한 교육으로 여성들이 스스로 속옷과 생리대를 직접 제작 사용할 수 있도록 하는 한편, 제분소를 만들어 주민들이 스스로 관리 운영할 수 있도록 했다. 또한 방치된 아이들이 교회를 중심으로 복음을 들으며 교육을 받을 수 있도록 하였다.

그 결과 6명에 불과했던 성도는 현재 90여 명에 달하는 놀라운 역사가 일어났다. 이는 전체 주민 325명 중의 27%에 해당한다.

예수님의 이름으로 그 마을에 생긴 변화

고레다라 마을을 방문했을 때 네팔은 힌두교 축제 '다샤인' 기간이었다. 다샤인은 악으로부터 인간을 구원한 힌두교 여신 두르가를 숭배하고 찬양하는 축제다. 네팔 전역에서 15일 동안 잔치가 벌어진다. 고레다라 마을에서도 축제 분위기를 느낄 수 있었다. 소와 돼지를 잡고 풍성한 잔치를 벌이고, 아이들은 마을 어귀에 만든 커다란 그네를 타고 있었다. 수년 전까지만 해도 고레다라 마을 주민들은 이 축제 기간에 공물을 바치고, 힌두교식으로 제사를 지냈다. 그런데 올해부터는 그 제사를 지내지 않는다고 한다. 대신 축제 당일 아침에 고레다라 은혜교회에 모여 예배드리는 주민들을 볼 수 있었다. 어떻게 이런 일이 가능할까. 고레다라 은혜교회 람바둘 집사는 정말 놀라운 변화라고 간증했다.

"다샤인 축제 기간이면 15일 동안 마을 사람 모두가 술에 취하고, 노름하고, 서로 싸우느라 바빴습니다. 그런데 올해는 그런 모습을 좀처럼 찾아볼 수가 없어요. 마을이 눈에 띄게 변화되고 있어요."

람바둘 집사의 간증처럼 고레다라 마을이 조금씩 복음화되고 있다.

마을 주민들의 인사말에서도 그 흔적을 찾을 수 있다.

고레다라 마을에서 만난 주민들은 '저이머시'라고 인사를 건넸다. 보통 네팔의 인사말은 '나마스떼'이다. '저이머시'는 '나마스떼'와 큰 차이가 있다. 나마스떼는 "당신의 마음에 있는 신께 경배를 드립니다."라는 뜻이고, 저이머시는 네팔 기독교인들의 인사법이다. '저이'는 '승리,' '머시'는 '메시야'를 뜻한다. 즉 "예수님은 우리의 승리가 됩니다."라는 의미다.

람바둘 집사가 간증을 이어갔다.

"마을 주민들 모두가 하나님께 감사드리고 있습니다, 평생을 힌두교인으로 산 사람들이기 때문에 교회에 나오는 것이 쉽지 않은데 매주 한두 명씩 교회에 출석합니다. 5년 이내에는 마을 주민 90% 이상이 교회에 출석할 겁니다."

예배가 드려지는 토요일 아침, 고레다라 마을에 아름다운 찬양이 흘러넘쳤다. 새하얀 옷을 입은 아이들이 힘차게 북을 치면서 찬양을 시작했다. 손뼉 치며 찬양하는 아이들과 할아버지, 성경책 속에 넣어둔 헌금을 꺼내는 할머니의 모습을 보고 있는 것 자체가 은혜였다. 고레다라 마을이 이 땅에 임재 한 천국 같았다.

고레다라 마을은 10년 전까지만 해도 마을 주민 모두가 힌두교 신자였다. 현지인 허리 목사가 고레다라 마을에 복음을 전했고 마을 부녀자 3명이 기독교로 개종했다. 그것이 이 마을에서 맺힌 첫 번째 열매다. 허리 목사와 사두람 목사가 10년 동안 그들과 함께 예배를 드리고 섬겼다. 그러자 지진이 발생하기 전까지 12명의 마을 주민이 기독교로 개종했다.

대지진 이후 고레다라 마을에 기독교인이 급증하고 있다. 평생 예수나 복음에 대해 들어보지 못한 사람들이 하나님이 베푼 은혜를 체험하고 달라지기 시작한 것이다. 지금까지 약 90명의 주민들이 기독교로 개종했고, 매주 1-2명이 새롭게 교회에 출석하고 있다. 이웃 마을에 사는 카스트 제도의 최상위 '브라만' 계급 모자도 교회에 나온다. 수백 년간 쌓아온 제도가 교회를 통해 무너지고 있는 것이다. 새롭게 건축한 고레다라 은혜교회가 벌써 발 디딜 틈이 없다.

고레다라 은혜교회 성도 90명 중 40여 명이 부녀자인데 그녀들의 영향으로 일가족이 예수를 믿는 일들도 벌어지고 있다. 예배드릴 때마다 힘차게 북을 치는 너빈의 가족도 엄마를 따라 교회에 왔다. 너빈의 가족은 고레다라 마을에서 가장 모범적이고, 신실한 가족이다. 물론 처음부터 그랬던 것은 아니다. 너빈의 아빠는 알코올중독이었고, 엄마는 가출해서 딴 살림을 차렸었다. 너빈과 동생이 얼마나 힘든 시기를 보냈을지 상상조차 안 된다. 자녀들이 그리워 집을 나갔던 엄마가 돌아왔지만 가정불화는 여전했다. 그런데 너빈의 엄마가 교회에 나오기 시작하면서 기적이 일어났다. 너빈과 여동생은 찬양팀, 아빠는 집사로 변화된 것이다. 너빈의 꿈이 고레다라 마을의 미래를 보여주는 것 같다.

"교회에 다니기 전까지 우리 집이 이렇게 화목한 가족이 될 거라고는 생각지도 못했습니다. 하나님이 우리 가족에게 주신 사랑을 도저히 잊을 수가 없어요. 다른 사람들에게도 하나님의 사랑을 전하고 싶습니다. 열심히 공부해서 아이들을 가르치는 목사가 될 거예요."

NGO '더멋진세상'을 만나기 전까지 고레다라 마을 주민들은 지역 사람들에게 천대를 받았다. 그런데 지금은 위상이 달라졌다. 그 지역에서 가장 멋진 마을로 손꼽히고 있다. 어디 그뿐이랴. 네팔 전역에서 하나님의 살아계심을 증거하는 가장 생생한 마을이 되었다. 고레다라 은혜교회 십자가에 불이 켜지면 그 지역 어디서나 십자가를 볼 수 있다. 고레다라 마을은 지리적으로도 복음을 전하기에 안성맞춤이다. 고레다라 마을 주변 지역을 스리나곳 마운틴이라고 하는데 그 중심에 위치해 있기 때문이다. 대지진 이후 스리나곳 주민센터와 보건소가 고레다라 마을에 생겼다. 이웃 마을 주민들이 좋든 싫든 고레다라 마을을 방문할 수밖에 없게 되었다. 고레다라 마을에 온 이웃들이 놀라운 변화를 목격하고, 그 비결이 복음이라는 사실을 곧 알게 될 것이다.

마치는 글

1. 최종 평가

지난 7년 동안 '더멋진세상'은 보냄 받은 거룩한 선한 사마리아인의 영성으로, 복음의 촉매제가 되기 위해 선교사가 갈 수 없는 곳에 NGO라는 모자를 쓰고 달려가, 사회적으로 소외된 가난한 마을을 건강한 마을이 되게 하기 위해, 집을 짓고 우물을 파고 보건소와 학교를 지었다. 그들의 자립을 위해 양계장과 농장을 만들었고, 마을이 스스로 설 수 있도록 지도자들을 교육하고 청년들을 훈련시키셨다.

그런데 그 과정을 통해, 비록 입술로 복음을 선포할 기회가 적었음에도 불구하고, 그들과 함께 하는 삶을 통해 하나님께서는 그곳에 복음의 열매가 맺히게 하시고 교회를 세우시는 놀라운 역사를 이루셨다. 영적으로 침체되고 무너진 지역에서는 영적 돌파가 일어나 한 영혼이 구원을 받고 세례를 받는 일들도 일어났다. 이는 참으로 하나님께서 친히 하나님의 이름과 그 영광을 위해 일하셨다고 밖에는 달리 설명할 길이 없다.

이웃 사랑은 우리를 향한 하나님의 사랑과 하나님의 명령에 대해 우리가 반응하는 데서 나온다고 믿는다. 이것은 우리 이웃들에게 긍정적인 결과를 가져오는 사회적 행동으로 표출된다. 하나님께서는 우리가 이기심 없이 자신을 헌신하여 하나님의 사랑이 우리가 속한 세상 속에서 하나님의 영광으로 투영되어 나오기를 기대하셨고, 그 때문에 우리들을 이웃 사회의 빛과 소금으로 보내셨다고 믿는다.

분명 메마른 대지와 육신을 위해 우물을 파주는 것, 그 자체는 복음 전파는 아니다. 육신적, 사회적 건강을 도모하는 것이 곧 하나님의 구원을 의미하는 것이 아님은 분명하다. 그러나 성경은 의로운 삶을 사는 사람들은 고통받고, 가난한 사람들을 보호해야 할 책임이 있다고 말한다(잠 31:9). 더 나아가 성경은 먼저 구원받은 우리들에게 구원의 의미가 정확히 무엇을 내포하고 있는지, 우리가 전하는 복음과 함께 우리의 삶은 어떻게 표현되어야 하는지를 보여주고 있다(요일 3:16-18, 약 2:14-18, 마 25:31-46).

하나님께서는 우리들의 삶, 우리가 믿는 복음의 가치대로 사는 삶을 통해 복음의 능력이 나타나기를 바라셨다. 마을 단위 개발은 사업이 진행되는 동안 마을 주민들과 필연적으로 삶을 나누게 되고 우리 안에 있는 삶의 가치를 드러내게 된다. 이는 마을 주민들에게 만이 아닌 우리 자신들에게도 큰 도전이 아닐 수 없다.

가장 큰 계명과 지상 명령은 전 인류를 향한 하나님의 마음이며 성품이다. 우리가 예수님의 십자가에서 다시 하나님의 한 가족으로 회복되고 하나님과 연합하게 되었듯이, 우리가 밟는 모든 땅에 사는 사람들이 십자가 안에서 하나님과 연합되는 날들을 꿈꾸며 나아간다. '더멋진세상'은 이같이 복음의 진리가 우리의 삶을 통해 하나님의 의로우심과 영광 안에서 전달되도록 노력한다.

2. 배운 점

'더멋진세상'은 지난 9년 동안 맡겨진 큰 그림 중, 밑그림의 일부를 그렸을 뿐이라 생각한다. 물론 그 큰 그림을 '더멋진세상'이 모두 채워야 한다고 생각하지는 않지만, 적어도 맡겨진 부분을 충실하게 채워가기 위해서는 보다 정교한 작업들이 필요하다는 것을 배웠다.

하나님 나라와 세상 사이에서 영적 전쟁을 치루는 일이기에 지금보다 더 많은 기도 지원이 필요하다는 것을 배웠고, 각 사람들이 똑같은 어려운 환경에 처해 있다 하더라도 그들의 문화는 각각 다른 방법으로 접근해야 소통할 수 있다는 것을 배우는 시간이 있었다.

또한, 선교는 어느 경우이든 재생산이 가능한 구조로 남겨져야 하기에, NGO사역이 가지고 있는 한계를 극복하기 위한 전략들도 개발되어야 할 필요가 있다. 결국 그 땅에 남아야 하는 것은 하나님의 말씀과 하나님의 선교적 비전을 품은 거듭난 사람들이어야 하기 때문이다. 이를 위해, '더멋진세상'과 함께 할 준비되고 훈련된 사람들이 얼마나 절실히 필요한가를 배우는 시간이기도 했다.

예수께서 승천하실 때, 여전히 준비되지 못한 제자들을 보시면서 걱정하지 않으셨던 것은, 성령을 통해 하나님께서 이 일을 완성하실 것을 아셨기 때문이라 믿는다. 예수님도 그들만을 홀로 남겨두시지 않고 세상 끝날까지 함께 하시겠다고 약속하셨고, 그 약속은 지금 '더멋진세상'

에게도 주셨다. 우리가 끝없이 주님께 순종하려고만 한다면, 우리는 결국 주님의 열매들을 보게 될 것을 믿는다. 그것은 우리에게 고갈되지 않는 자원을 주셨기 때문이 아니라, 예수 그리스도를 통한 하나님 나라의 임재의 약속이 영원하기 때문이다.

　이상에서 우리는 온누리교회의 NGO '더멋진세상'이 전개한 선교가 '마을목회'(Maul Ministry)의 방법에 의거한 것임을 확인하게 된다. 그 같은 선교의 방식이 아니었더라면 그곳의 교회들이 오늘과 같이 성장하지 못하였을 것이다. 물론 우리의 사회봉사는 교인을 모으는 일을 목적으로 해서는 안 되지만, 그러한 봉사 사역이 교회를 발전시키는 데에 크게 공헌한다는 사실을 우리는 확인하게 되었던 것이다. 결국 복음의 전파는 하나님의 진정한 사랑을 전하는 것으로부터 동력을 얻는 것으로, 입으로만의 사랑을 가지고는 효과가 없음을 우리는 깨닫게 된다. 특히 '더멋진세상'의 선교는 마을목회의 전략 기획(strategic planning) 방법에 충실한 선교로서 한국교회 해외 선교의 중요한 모델이라고 말하지 않을 수 없다. 이에 우리는 이 선교 방안을 연구하고 발전시켜 한국교회의 새로운 선교 전략으로 정착시킬 필요가 있다. 피선교국 사람들의 영육 간의 구원을 위한 '더멋진세상'의 하나님의 선교는 그런 의미에서 오늘 우리에게 신선한 반향을 불러일으키는 것이다.